大陸對海峽兩岸刑事司法之研究與實踐

從金門協議到兩岸電信詐騙的司法合作

崧燁文化

目錄

前言

第一章 海峽兩岸關係的發展與刑事司法互助歷程

 第一節 海峽兩岸關係的發展與刑事司法互助歷程

  一、民間交往階段（1979—1987）

  二、間接交往階段（1987—1990）

  三、半官方交往階段（1990—2009）

 第二節 《金門協議》簡析

  一、《金門協議》簽署的背景

  二、《金門協議》的內容和特點

  三、《金門協議》的歷史意義

  四、《金門協議》的侷限性——與《南京協議》比較

 第三節 《南京協議》評析

  一、《南京協議》的內容

  二、《南京協議》的學理解讀

  三、《南京協議》的現實缺憾

第二章 海峽兩岸刑事管轄權的衝突及解決

 第一節 海峽兩岸劫機犯罪與刑事管轄權

  一、海峽兩岸劫機犯罪情況及原因分析

  二、海峽兩岸劫機犯遣返的曲折歷程

  三、海峽兩岸劫機犯遣返涉及的問題

 第二節 海峽兩岸刑事管轄權的衝突

  一、刑事管轄權的法律依據

  二、海峽兩岸刑事管轄權衝突的原因分析

三、海峽兩岸刑事管轄權衝突的種類
四、海峽兩岸刑事管轄權衝突的性質和特點
第三節 海峽兩岸刑事管轄權衝突的解決
一、基本原則
二、具體規則

第三章 海峽兩岸刑事司法互助之逃犯移交
第一節 概述
一、引渡、逃犯移交、遣返的名稱辨析
二、中國的引渡制度
第二節 內地與港澳之間的逃犯移交
一、內地與香港的逃犯移交
二、內地與澳門的逃犯移交
三、內地與港澳逃犯移交合作的前景
第三節 美國州際逃犯移交
一、美國州際逃犯移交的法律基礎
二、美國州際逃犯移交的原則
三、美國州際逃犯移交的程序
四、美國州際逃犯移交的特點
第四節 海峽兩岸的逃犯移交
一、海峽兩岸逃犯移交協議
二、海峽兩岸逃犯移交的實踐
三、海峽兩岸逃犯移交面臨的主要問題
四、海峽兩岸逃犯移交的原則構建
第五節 海峽兩岸逃犯移交中的「政治犯罪」
一、國際刑事司法協助中的「政治犯罪」
二、歐盟、美國刑事司法協助中的「政治犯罪」

三、海峽兩岸逃犯移交中的「政治犯罪」問題

第四章 海峽兩岸刑事司法互助之文書送達
　　第一節 兩岸及港、澳相互送達民商事司法文書
　　　　一、內地與港澳相互送達民商事司法文書
　　　　二、海峽兩岸相互送達民商事司法文書
　　第二節 海峽兩岸相互送達刑事司法文書
　　　　一、海峽兩岸相互送達刑事司法文書的主要類型
　　　　二、《南京協議》約定的兩岸相互送達刑事司法文書
　　　　三、海峽兩岸刑事司法文書送達互助制度的完善

第五章 海峽兩岸刑事司法互助之調查取證
　　第一節 概述
　　　　一、海峽兩岸相互協助調查取證的措施
　　　　二、海峽兩岸相互協助調查取證的程序依據
　　第二節 《南京協議》約定的調查取證措施
　　　　一、查找或者辨認有關人員
　　　　　　——確定關係人所在或確認其身分
　　　　二、委託詢問證人——取得證言及陳述
　　　　三、調取書證材料——提供書證等
　　　　四、搜查、扣押和凍結——搜索及扣押等
　　　　五、聯合偵查
　　第三節 《南京協議》未約定的調查取證措施
　　　　一、解送在押人員出庭作證
　　　　二、派員調查取證
　　　　三、遠程視頻取證
　　　　四、特殊偵查手段

第六章 海峽兩岸司法互助之罪贓移交

第一節 概述

一、相關概念辨析

二、國際刑事司法協助中的「追繳犯罪所得」

第二節 海峽兩岸罪贓移交之基本制度

一、建立「罪贓分享制度」

二、透過民事訴訟直接追回財產

三、建立「不經定罪的沒收制度」

四、承認與執行對岸刑事裁決中的沒收

五、在特定犯罪中實行舉證責任倒置規則

第三節 海峽兩岸罪贓移交互助與刑法修改

一、將「犯罪所得」擴大到間接犯罪所得

二、將「犯罪所得」的處置方法與國際公約接軌

三、在刑法中增設對「犯罪所得」司法協助的分享制度

四、建立「未定罪沒收」制度

五、完善現行民事訴訟制度以配合國際、區際追贓合作

六、保護善意第三人的財產權

第七章 海峽兩岸刑事司法互助之刑事訴訟移管

第一節 刑事訴訟移管制度的基本內容

一、刑事訴訟移管的含義

二、刑事訴訟移管的產生、發展

三、刑事訴訟移管的原則

四、刑事訴訟移管的渠道

五、刑事訴訟移管的程序

第二節 中國的刑事訴訟移管

一、中國刑事訴訟移管的立法和實踐

二、海峽兩岸刑事訴訟移管的性質
　　三、海峽兩岸適用刑事訴訟移管的具體情形
　第三節 海峽兩岸刑事訴訟移管制度之構建
　　一、海峽兩岸刑事訴訟移管的必要性
　　二、海峽兩岸刑事訴訟移管的可行性
　　三、海峽兩岸刑事訴訟移管制度的構建

第八章 海峽兩岸刑事司法互助之被判刑人移管
　第一節 被判刑人移管制度的基本內容
　　一、「被判刑人移管」的概念辨析
　　二、被判刑人移管的特徵
　　三、被判刑人移管與引渡的區別
　　四、國際刑事司法協助中被判刑人移管的立法概覽
　　五、國際刑事司法協助中被判刑人移管制度的主要內容
　第二節 中國的被判刑人移管
　　一、中國國際刑事司法協助中的被判刑人移管
　　二、中國區際刑事司法協助中的被判刑人移管
　第三節 海峽兩岸被判刑人移管制度之構建
　　一、海峽兩岸被判刑人移管的基本原則
　　二、海峽兩岸被判刑人移管的具體問題

第九章 海峽兩岸司法互助之警務合作
　第一節 海峽兩岸警務合作的現狀
　　一、海峽兩岸警務合作歷程
　　二、海峽兩岸警務合作的主要內容
　　三、閩臺警務合作實踐的新內容

第二節 海峽兩岸警務合作的發展
　　一、當前海峽兩岸警務合作面臨的主要問題
　　二、海峽兩岸警務合作的發展
第三節 海峽兩岸警務合作之打擊跨境電信詐騙
　　一、海峽兩岸跨境電信詐騙犯罪的現狀
　　二、兩岸打擊跨境電信詐騙的合作方式
　　三、兩岸合作打擊跨境電信詐騙的難題及原因分析
　　四、兩岸合作打擊跨境電信詐騙的對策

結語
主要參考文獻

前 言

在海峽兩岸隔絕時期，刑事司法互助問題並不突出。隨著全球化的進程和兩岸人員、經貿、文化等各方面交流往來日益頻繁，跨境犯罪不僅大量滋生，而且從趨勢看，更是利用海峽兩岸尚未統一的現狀，利用兩岸刑事司法互助並不暢通的客觀事實而大勢實施，一定時間內甚至出現某些或者某類犯罪特別突出的情況。

兩岸的刑事司法互助與其他領域的合作一樣，與臺灣的政治生態密切相關。在兩岸關係朝著和平方向發展之前，合作打擊跨境犯罪與刑事司法互助並不具備現實的條件。《海峽兩岸共同打擊犯罪及司法互助協議》是兩岸關係進一步回暖之後簽署的一系列協議之一，它不僅順應兩岸交往的現實需要，而且是繼《金門協議》之後又一個具有里程碑意義的兩岸司法互助協議。但是，《海峽兩岸共同打擊犯罪及司法互助協議》只是一個框架性協議，對共同打擊犯罪和司法互助只做原則性規定，大量的法律問題、實務操作問題還有待於研究和探索，本書正是對這一現實問題的回應。

兩岸的政治格局還不是真正意義上的「一國兩制」。所以，兩岸刑事司法互助模式應有別於一般的區際刑事司法協助，也有別於大陸與港、澳之間的刑事司法協助，必須探求並建立彼此可以接受的全新的模式。

由於「海峽兩岸刑事司法互助」尚處於探索中，更因作者水平所限，書中定有疏漏、甚至錯誤之處，敬祈專家、學者批評指正！

張淑平

大陸對海峽兩岸 刑事司法
之研究與實踐 從金門協議到
兩岸電信詐騙的司法合作

第一章 海峽兩岸關係的發展與刑事司法互助歷程

2009年4月26日海峽兩岸關係協會會長陳雲林和海峽交流基金會董事長江丙坤在南京簽署《海峽兩岸共同打擊犯罪及司法互助協議》（簡稱《南京協議》）。《南京協議》的簽訂主體雖為民間組織，但因為分別獲得兩岸官方的授權，所以實際上完全代表了兩岸官方真實的意思表示，而且因其內容涉及眾多互助事項，因此是中國第一個綜合性的區際刑事司法互助協議，它標誌著海峽兩岸刑事司法互助進入了一個準官方的、全面合作的時代。

然而，在此之前，漫長的60年間，隨著兩岸關係的曲折發展，兩岸的刑事司法互助卻經歷了一個從無到有、起伏反覆的過程。

第一節 海峽兩岸關係的發展與刑事司法互助歷程

1949年，中國人民取得了新民主主義革命的勝利，中華人民共和國成立，國民黨退踞臺灣，此後兩岸開始了長達三十年的對峙。政治對立、軍事對立，經濟、文化隔絕，無論是高層還是民間，兩岸停止了一切形式上的聯繫和交往。這個階段，兩岸刑事司法互助無從談起。

一、民間交往階段（1979—1987）

從1970年代開始，世界局勢日趨緩和。隨著中共中央將工作重心轉移到經濟建設上，大陸開始改革開放後，兩岸關係開始鬆動。1979年元旦，全國人大常委會發表《告臺灣同胞書》，闡明大陸對發展兩岸關係的基本立場，宣布了用和平方式統一祖國的基本方針政策。同時提出，在解決統一問題時，將「尊重臺灣現狀和臺灣各界人士的意見，採取合情合理的政策和辦法，不使臺灣人民蒙受損失」。隨即在刑事司法方面，相繼頒布一系列法律文件：首先，1982年，最高人民法院、最高人民檢察院和公安部聯合發布《對非法越境去臺人員的處理意見》。其第3條第（四）項規定：「普通公民純屬好逸惡勞，羨慕資本主義生活方式或出於探親、訪友等目的而非法偷渡去臺的，一般可不追究刑事責任，但應酌情給予必要的批評教育、訓誡或者責令具結悔過。」其次，1988年3月14日，最高人民法院和最高人民檢察院共同發表《關於不再追訴去臺人員在中華人民共和國成立前犯罪行為的公告》；緊接著，又於9月7日發表《關於不再追訴去臺人員在中華人民共和國成立後當地人民政權建立前的犯罪行為的公告》。兩個公告的宗旨即在於「進一步發展祖國大陸與臺灣經濟、文化交流和人員往來，促進祖國和平統一大業」，並強調「來祖國大陸的臺灣同胞應遵守國家的法律，其探親、旅遊、貿易、投資等正當活動，均受法律保護」。

但是，面對大陸提出的「和平統一」新方針，臺灣方面先是以「絕不接觸、絕不談判、絕不妥協」的「三不政策」作為回應，後又通過了「以三民主義統一中國」的決議。然而，在中國大陸的大力推動下，臺灣民眾要求開放大陸探親的呼聲越來越高。1987年7月15日，臺灣宣布解除實施了39年的「戒嚴」，並出臺了一系列法規，允許臺灣居民有條件赴大陸探親。此後兩岸經濟開始了交流溝通，兩岸的民間交往也開始活躍，興起了臺商回大陸投資辦廠以及臺胞回大陸探親的高潮，特別在沿海地區的福建、廣東等地，臺胞為當地的經濟和社

會發展做出較大貢獻。概括之，這一階段，兩岸關係雖然開始解凍，對立局面趨於緩和，但也僅限於民間交往，仍未涉及兩岸區際刑事司法互助問題。

二、間接交往階段（1987—1990）

1987年之後，隨著兩岸各類民間交往的全面展開，各類跨境民事、刑事案件開始湧現。在民事方面，繼承、婚姻、經濟糾紛不斷增多；在刑事方面，走私、私渡、販運毒品、槍支、劫機等犯罪劇增，兩岸交往的現實呼喚兩岸司法協助的誕生。但是，囿於當時的政治形勢，兩岸在司法領域的協助仍屬於敏感地帶。總之1987年至1990年期間，兩岸的刑事司法互助零星開展、內容單一（僅遣1返）、而且透過第三地或者國際刑警組織間接進行。如1989年4月，臺灣殺人犯楊明宗在大陸落網後，大陸警方透過新加坡警方將案犯移交給臺灣警方。同年，大陸盜竊銀行匯票外逃的罪犯吳大鵬被臺灣警方查獲，後者透過國際刑警組織將吳大鵬遣返大陸。可以說，該階段，兩岸刑事司法互助起步維艱、困難重重。

三、半官方交往階段（1990-2009）

隨著兩岸經濟、人員來往日益增多，兩岸進行刑事司法互助、共同打擊犯罪的需求也日趨旺盛。1990年9月，海峽兩岸紅十字組織在金門簽署《有關海上遣返協議》（通稱《金門協議》），專門針對「違反有關規定進入對方地區的居民」和「刑事嫌疑犯或刑事犯」的海上雙向遣返達成一致協議。1991年，公安部發布《關於實施大陸與臺灣雙向遣返工作的通知》，對海上遣返的工作原則、人員範圍、業務部門分工、遣返程序、工作要求等做出規定。1992年6月17日，臺灣「行

政院大陸委員會」制定「大陸地區人民非法入境遣返實施要點」。《金門協議》內容雖然簡單,但卻是兩岸第一個刑事司法互助協議,被譽為兩岸區際司法協助的第一個里程碑。此後,海峽兩岸開始了長達19年的「金門協議」合作模式。

　　1990年11月2日,臺灣首先成立「財團法人海峽交流基金會」(簡稱海基會),作為處理兩岸關係的「中介團體」,其組織章程第3條第(二)項規定,該組織接受「政府」委託辦理「大陸地區文書之驗證、身分關係之證明、協助訴訟文書之送達及兩地人犯之遣返等事宜。」1991年12月16日,大陸隨即在北京成立「海峽兩岸關係協會」(簡稱「海協」),其工作重點即「就合作打擊臺灣海峽海上走私、搶劫問題與臺灣授權組織海基會具體商談。」1993年4月2日,公安部、國務院臺灣事務辦公室發布《關於協調處理涉臺重大刑事案件的通知》,規定「海協是授權協調大陸各部門和各地與臺灣海峽交流基金會進行聯繫的機構。各地公安機關需要透過海協與臺方聯繫或者交涉的事項,由公安部、國臺辦與海協協商統一口徑」、「臺灣警方透過海基會與海協聯繫請求大陸公安機關予以協查的實行,由公安部商國臺辦後通知有關地區公安機關辦理;需要當地臺辦協助的,由當地公安機關提出,各地臺辦應積極配合」。海協和海基會(簡稱兩會)名義上是民間團體,實質上具有官方性質(海基會有臺灣「白手套」之稱)。為解決政治上分立的局面,兩岸透過設立並委託民間團體來協商、交流、合作及解決糾紛,是一種政治智慧的體現,兩會的建立為兩岸刑事司法合作提供了新的渠道。此後直至2009年,兩岸之間的刑事司法互助主要透過兩會開展,但是內容還是圍繞遣返進行。1993年,海峽之間劫機案件頻發,兩會對劫機犯遣返事宜曾進行多次會談。1995年還達成《兩岸劫機犯遣返及相關事宜協議(草案)》,後來由於臺灣方面堅持劫機犯要與偷渡客協議連同漁事糾紛協議一併簽署,而後雙方在漁事管轄權方面出現爭議,最後沒有正式簽署。

90年代後期到2009年前，隨著島內政治氣候的變化，同時由於個案處理上的分歧（如1994年的「千島湖事件」），兩岸刑事司法合作議題被擱置。特別是李登輝執政和陳水扁為代表的民進黨執政期間，兩岸刑事司法合作擱淺、甚至出現倒退現象。

第二節　《金門協議》簡析

　　1990年9月12日，為了合作打擊兩岸間不斷增多的違法犯罪活動，中國紅十字會總會與臺灣紅十字會組織在金門舉行商談，就「違反有關規定進入對方地區的居民」及「刑事嫌疑犯或刑事犯」的遣返問題達成《有關海上遣返協議》，即《金門協議》。

一、《金門協議》簽署的背景

　　1980年代後期，由於臺灣當侷限制大陸民眾與臺灣的正常交往，在沿海地區出現大陸居民私渡去臺的現象。臺灣軍警對大陸私渡人員採取不人道的「並船遣返」的做法。致使臺灣海峽連續發生數起大陸同胞在遣返中遭受人身傷亡的事件。1990年7、8月間，1990年9月，為了合作打擊兩岸間的違法犯罪活動，兩岸紅十字組織在金門舉行會談，就「違反有關規定進入對方地區的居民及刑事嫌疑犯或刑事犯」的遣返問題達成《有關海上遣返協議》。

二、《金門協議》的內容和特點

　　《金門協議》共五條502字，非常簡短。內容包括遣返原則、遣返對象、遣返交接地點、遣返程序等四個方面：1.確立了「人道精神與安全便利」的遣返原則。2.明確了兩類遣返對象。一是「違反有關規

定進入對方地區的居民」（俗稱「私渡人員」）；二是「刑事嫌疑犯或刑事犯」。3.商定以「馬尾—馬祖」、「廈門—金門」（簡稱兩馬、兩門）作為唯一遣返交接地點。4.規定了遣返程序。包括資料送達、覆核、專用船使用、交接見證等。

從協議全文看，有以下特點：

（一）《金門協議》規定的司法互助內容單一。首先，《金門協議》僅針對「違反有關規定進入對方地區的居民」及「刑事嫌疑犯或刑事犯」的「遣返」事宜，不涉及文書送達、調查取證、犯罪情報交流等其他司法互助事項。其次，遣返對象中的前者——「違反有關規定進入對方地區的居民」，實際上就是指「私渡人員」，這些人不構成犯罪，對其遣返不屬於司法行為。對「刑事嫌疑犯或刑事犯」的遣返才屬於刑事司法互助的範圍。此外，從刑事司法互助角度看，雖使用「遣返」一詞，實際上，《金門協議》就是兩岸關於逃犯移交的專門協定。

（二）《金門協議》規定的司法互助程序繁瑣與內容單一不同的是，《金門協議》規定的遣返程序則頗為複雜：一方應將被遣返人員的有關資料通知對方，對方應於20日內核查答覆；雙方應按商定時間、地點遣返交接。遣返雙方均使用紅十字專用船，並由民用船隻在約定地點引導。無論遣返船、引導船都必須懸掛白底紅十字旗，不懸掛其他旗幟，不使用其他的標誌。遣返交接時，應由雙方事先約定的代表兩人簽署交接見證書等。

（三）《金門協議》規定的遣返地點唯一。根據《金門協議》，無論是對私渡人員，還是對刑事嫌疑犯或刑事犯，其遣返地點僅限於馬尾—馬祖，廈門—金門。從大陸方面說，在全國任何地方抓獲的刑事犯和刑事嫌疑犯，都要輾轉送到福建的馬尾和廈門進行遣返作業，交給臺灣方面。

三、《金門協議》的歷史意義

《金門協議》是1949年以來兩岸分別授權民間團體簽訂的第一個刑事司法互助協議，是兩岸刑事司法互助的第一個里程碑。據統計，《金門協議》簽署之後到《南京協議》訂立之前的19年間，雙方根據《金門協議》實施雙向遣返作業200餘次，涉及38936人次。其中，大陸向臺灣遣返私渡人員、刑事犯和刑事嫌疑犯共91批366人次，大陸接回私渡人員3870人次。雖然，數據顯示被遣返的大部分是私渡人員，刑事犯和刑事嫌疑犯只占少數，但是《金門協議》卻開啟了兩岸合作遣返刑事犯和刑事嫌疑犯的大門，在兩岸聯手打擊犯罪方面發揮了重要作用。特別是2007年1月25日、26日，大陸順利完成臺灣重大通緝要犯陳益華、薛球、李漢揚、李金瓚等人，以及黃玉蘭、楊介文兩個電信詐騙團夥的遣返，在海峽兩岸引起了很大反響。

四、《金門協議》的侷限性——與《南京協議》比較

應當說，《金門協議》內容雖然簡單，但是作為兩岸第一個刑事司法互助協議，其所建立的兩岸間遣返刑事嫌疑犯或刑事犯的渠道是暢通的，運作是有效的。歷史翻過十幾年，隨著兩岸人民交往的日益加深和經貿文化的進一步融合，涉及兩岸的犯罪也呈現多樣化和複雜化。從今天看，面對兩岸犯罪的新態勢，《金門協議》這一模式所能夠提供的刑事司法合作的空間實在太有限了。《南京協議》不僅是兩岸關係發生重大變化的標誌，也是共同打擊跨海峽犯罪新態勢的現實需求。

（一）從遣返對象看，根據《金門協議》遣返的「刑事犯和刑事嫌疑犯」主要是重大的暴力性犯罪。對於劫機犯，當時大陸要求按照

《金門協議》遣返，臺灣自認為也具備管轄權，不能根據《金門協議》遣返，而屬於「個案協助」範圍。《南京協議》後，遣返的則不僅是重大暴力性「刑事犯和刑事嫌疑犯」，也包括經濟犯罪、劫機犯罪、職務犯罪和恐怖犯罪等「雙方均認為涉嫌犯罪」的「刑事犯和刑事嫌疑犯」，還包括「一方認為涉嫌犯罪，另一方認為未涉嫌犯罪但有重大社會危害，得經雙方同意個案協助」的「刑事犯和刑事嫌疑犯」。

（二）從遣返地點和途徑看，《金門協議》地點僅限於馬尾—馬祖，廈門—金門。《南京協議》對遣返地點沒有加以限制，可以是大陸和臺灣有直航點的任何地方。在遣返方式上增加了海運或空運直航方式。也就是說，《南京協議》後，兩岸遣返「刑事犯和刑事嫌疑犯」的作業，可以在兩岸的任何地點以海運或空運直航方式進行。

（三）從遣返的原則和程序看，《金門協議》遣返的原則是「人道精神與安全便利」，程序則相當複雜。《南京協議》則規定，遣返的原則為「人道、安全、迅速、便利」——增加了「迅速」的原則。為此程序也大大簡化：以書面形式提出，並附所需資料，對方於10日內以書面確認；根據協議及己方規定協助執行——僅此而已。此外《南京協議》還規定雙方在提供證據、司法文書等資料時「互免證明」，這顯然也能使相關司法互助更加便捷。

雖然《金門協議》與《南京協議》相比有其侷限性，但並不因此抹殺其兩岸第一個區際司法互助里程碑的歷史功績。而且，《南京協議》的簽署並不意味著《金門協議》歸於無效。因為《金門協議》並不是純粹的司法合作協議，它還包括對「私渡人員」的遣返。儘管《南京協議》的相關內容已經取代了《金門協議》對刑事犯和刑事嫌疑犯遣返的規定，但是如果兩岸沒有另外簽署其他關於「私渡人員」遣返的協議，《金門協議》仍是目前和未來兩岸遣返「私渡人員」的

主要依據。當然，隨著近年大陸經濟的蓬勃發展，私渡去臺人員已經大為減少。放眼長遠，海峽兩岸必將走向統一，那時，《金門協議》才會真正退出歷史舞臺。

第三節 《南京協議》評析

在全球化和大陸經濟繁榮的背景之下，兩岸經濟交流和融合日益緊密，涉及兩岸的各類犯罪活動也呈上升趨勢。但由於兩岸司法部門缺乏順暢的溝通配合機制，嚴重影響了兩岸司法機關對不法分子的打擊與懲處力度，最終危害的是兩岸同胞的福祉。2009年4月26日，大陸海峽兩岸關係協會會長陳雲林和臺灣海峽交流基金會董事長江丙坤在南京簽署《海峽兩岸共同打擊犯罪及司法互助協議》，即《南京協議》。1

一、《南京協議》的內容

《南京協議》共24條2130字。分五章：第一章「總則」部分規定了合作事項的範圍、業務交流和聯繫主體；第二章「共同打擊犯罪」部分規定了合作範圍、協助偵查、人員遣返；第三章「司法互助」部分規定了文書送達、調查取證、罪贓移交、裁判認可、罪犯移管（接返）、人道探視；第四章「請求程序」部分規定了提出和執行請求的基本程序，並對請求的不予協助、資料的保密、限制用途、互免證明、文書格式和協助費用等進行明確；第五章「附則」部分則對協議的履行與變更、爭議的解決等做出規定。從名稱和內容看，《南京協議》旨在透過協議，建立兩岸「共同打擊犯罪及司法互助」的基本框架和機制，既有刑事司法互助，也含民事司法互助。本文僅就刑事司法互助部分，將內容分解為以下四大部分：

（一）建立海峽兩岸共同打擊犯罪及司法互助機制

1.聯繫主體

《南京協議》第3條約定：「本協議議定事項，由各方主管部門指定之聯絡人聯繫實施。必要時，經雙方同意得指定其他單位進行聯繫。」這裡的「各方主管部門」所指，根據第三次「江陳會」預備磋商會議定的內容，臺灣是「法務部」，大陸為「公（公安機關）檢（檢察院）法（法院）司（司法行政機關）」。2「其他單位」，應指業已建立的臺灣駐澳門事務處或今後需要指定的其他單位。3也就是說，《南京協議》簽訂主體雖然是兩會，但是具體執行機構卻是兩岸公權力機關。儘管過去兩岸已經在共同打擊犯罪方面積累了一定的經驗，但往往採取個案解決模式，限制了雙方共同打擊犯罪的力度和辦案效率。根據協議，兩岸司法機關將各自指定專人與專門機構，建立直接、正式以及制度化的業務合作關係，實現司法溝通的常態化，這意味著兩岸司法機構更深層次合作的開始。

2.業務交流

《南京協議》第2條約定：「雙方同意業務主管部門人員進行定期工作會晤、人員互訪與業務培訓合作，交流雙方制度規範、裁判文書及其他相關資訊。」由於兩岸法學傳統的差異，也由於當前兩岸跨境犯罪的途徑、手段日益多樣化、高科技化，雙方對共同打擊跨境犯罪都有著迫切的需要。而兩岸司法界欲建立直接、全面、深度的合作關係，兩岸警方加強業務交流是前提。實際上，兩岸相關部門均對建立兩岸司法界交流和組團互訪的呼聲很高，亟盼建立這樣一個共同的平臺。

（二）確立共同打擊犯罪的原則和模式

《南京協議》第二章首先明確了共同打擊犯罪的「合作範圍」：

一是普通民眾關切的重大刑事犯罪——殺人、搶劫、綁架、走私、槍械、毒品、人口販運、組織偷渡及跨境有組織犯罪等。二是侵占、背信、詐騙、洗錢、偽造或變造貨幣及有價證券等經濟犯罪。在涉及兩岸的跨境犯罪中，近年一些犯罪團夥更利用兩岸治安防治無法對接之機，大肆實施包括跨境電信詐騙在內的經濟犯罪，兩岸都遍嘗經濟犯罪的苦果，所以在此次簽署協議時，一致將經濟犯罪也納入共同打擊犯罪範圍。三是貪汙、賄賂、瀆職等犯罪。目前，有一些職務犯罪人同樣將臺灣海峽作為逃避打擊的防火牆，造成兩岸司法機關打擊犯罪中的取證難、追刑難、追贓難。四、劫持航空器、船舶及涉恐怖活動等犯罪。這一類屬於國際犯罪，同樣屬於危害兩岸人民的犯罪。五是其他刑事犯罪。總之，就共同打擊犯罪的範圍而言，是實行「全面合作，重點打擊」的策略。

　　在共同打擊犯罪方面，協議確立了「有例外的雙重犯罪原則」。協議第4條第1款規定「雙方同意採取措施共同打擊雙方均認為涉嫌犯罪的行為」，並在第2款列舉了合作打擊的具體犯罪種類。從這兩款規定看，在共同打擊犯罪方面，兩岸採取的基本立場是「雙重犯罪原則」：即請求方和被請求方的境內立法均規定為犯罪的情況下，才進行刑事司法互助。從第2款列舉的合作打擊犯罪種類可以看出，兩岸共同關注並著重予以打擊的犯罪基本都屬於嚴重犯罪。但是，由於兩岸實行不同的法律制度，有些犯罪一方法律規定為犯罪，另一方則不認為是犯罪的情況一定存在，為避免因兩岸法律差異導致一些嚴重犯罪逃脫應有的制裁，第3款進一步規定「一方認為涉嫌犯罪，另一方認為未涉嫌犯罪但有重大社會危害，得經雙方同意個案協助」，這就是「雙重犯罪原則」的例外。

　　《南京協議》確立了共同打擊犯罪的「有例外的雙重犯罪原則」，從互助的模式看，也可以說是確立了「類案協同與個案互助」的合作模式：也就是說，兩岸共同打擊雙方均認為涉嫌犯罪的行為，

但如果出現雙方對是否涉嫌犯罪認定不一致時，雙方同意在案件有重大社會危害的共識下，針對個案進行專門的司法互助。同時，這一規定也說明兩岸在共同打擊犯罪方面可以突破雙重犯罪原則的限制開展個案協助。可見，《南京協議》在第4條的表述不僅明確了共同打擊犯罪的原則，同時也解決了雙方刑事法律衝突可能帶來的問題，從而確保有效打擊涉及兩岸的犯罪行為。

（三）明確刑事司法互助的範圍

《南京協議》確立文書送達、調查取證、罪贓移交、裁判認可、罪犯移管（接返）、人道探視等事項屬於兩岸司法互助範圍，這些都是當前兩岸現實緊迫需要開展的互助事項。其中，文書送達和調查取證涵蓋了刑事和民事訴訟領域；罪贓移交、罪犯移管（接返）和人道探視則僅發生在刑事司法互助領域。而對於裁判認可，《南京協議》特別指出僅「相互認可及執行民事確定裁判與仲裁裁決（仲裁判斷）」。實際上，兩岸在司法互助方面，民事司法合作一直走在前面。因為刑事司法合作涉及公權力，比民事司法合作更為敏感。特別是對刑事判決的認可與執行，牽涉兩岸的刑事管轄權之爭，而這個問題在目前兩岸的司法互助中是核心問題，尚不屬於可以「商談」的問題。在國際刑事司法協助中，國與國之間的刑事司法管轄權本身就是一個錯綜複雜的難題，世界範圍內並沒有一致認可的做法。不過，雖然如此，但是學界認為，罪犯移管（接返）作為體現人道主義的一種刑事司法互助方式，實際上也是間接的認可與執行對方刑事管轄權的一項具體措施。兩岸之間，在本部分已經確立了該項協助內容，本身已是可喜的進步。

另外，根據國際刑事司法協助實踐，以是否允許請求方司法人員在被請求方管轄區域內進行調查取證等活動，刑事司法協助可以分為積極的刑事司法協助和消極的刑事司法協助。前者是指被請求方以其

積極的作為向請求方提供便利、幫助或者合作，即被請求方主管機關應請求方的請求為其訴訟行為提供協助；後者是指被請求方以消極的不作為提供協助，即允許請求方有關主管機關在其管轄區域內進行訴訟行為。從第8條「調查取證」與第5條「協助偵查」的規定看，《南京協議》採取的是積極的刑事司法協助方式，尚不允許對方進入本方管轄區域進行偵查或者調查。最後，值得注意的是關於調查取證，第8條第3款還有一個規定，即「受請求方協助取得相關證據資料，應及時移交請求方。但受請求方已進行偵查、起訴或審判程序者，不在此限。」——可見協議強調被請求方的刑事司法程序優先於刑事互助程序。

（四）確定協助偵查的範圍

《南京協議》第5條規定：「雙方同意交換涉及犯罪有關情資，協助緝捕、遣返刑事犯與刑事嫌疑犯，並於必要時合作協查、偵辦。」據此，雙方協助偵查的內容包括四項：一是交換涉及犯罪有關情資，即交換有關犯罪的情報、訊息和資訊；二是協助緝捕刑事犯與刑事嫌疑犯；三是遣返刑事犯與刑事嫌疑犯；四是必要時合作協查、偵辦。該條規定雖然簡短，但是卻涵蓋了兩岸協助偵查案件可能涉及的基本事項。

（五）完善遣返制度

在《金門協議》的基礎上，《南京協議》關於遣返的規定更加全面和完善。協議第6條首先明確了遣返的基本原則，即「人道、安全、迅速、便利」原則，這個原則對於建立穩定而有效的遣返機制具有積極意義。由於兩岸已經實現了海運、空運的直航，因而遣返可以採取更便捷的方式。此外，還規定交接時移交有關證據（卷證）、簽署交接書等程序和細節。

值得重視的是，《金門協議》並沒有遣返的限制，但是《南京協

議》則在第6條規定了三項限制條件：一是，遣返程序後置於受請求方已經開始的司法程序。二是，如果出現受請求方重大關切利益等特殊情形時，受請求方可以根據情形決定是否遣返。三是，請求方原則上只能就遣返請求中的行為對遣返對象進行追訴。在國際刑事司法協助中，遣返有時被視為事實引渡。《南京協議》對遣返規定的三項限制條件，不僅借鑑了國際刑事司法協助中有益的經驗，也是兩岸在《金門協議》後近20年的遣返實踐的經驗總結，是遣返這一重要刑事司法互助方式更加完善、成熟的體現。

（六）規定刑事互助的基本程序和雙方義務

《南京協議》第四章對請求程序做了較為詳細的規定。包括請求的提出、執行、拒絕請求的情況：請求書一般要求以書面形式提供；雙方在執行中要及時通報執行情況；如果執行請求將妨礙己方正在進行的偵查、起訴或審判程序，可暫緩協助；如果無法完成請求事項，應向對方說明；如果協助請求不符合己方規定或執行請求將損害己方公共秩序或善良風俗等情形，構成拒絕協助的理由。雙方的義務包括：1.資料保密義務。2.依請求書所載目的事項使用資料的義務。3.互免資料和文書的證明義務等。

二、《南京協議》的學理解讀

《南京協議》寥寥24條，卻開創了兩岸展開全面司法協助的格局，是《金門協議》之後又一個具有里程碑意義的協議，標誌著海峽兩岸刑事司法合作進入了一個嶄新的時代。對此，兩岸媒體和法律界人士都給予了高度的讚譽。

（一）《南京協議》是中國第一個綜合性的區際刑事司法互助協議

從內容上看，《南京協議》既包含為共同打擊犯罪而進行的刑事司法互助，也包含了為解決民事糾紛所進行的民事司法互助。不僅規定了互助的內容、範圍，也規定了互助主體、互助機制、程序，是民事與刑事司法互助的綜合，也是實體與程序的綜合。

　　從互助範圍看，《南京協議》規定的刑事司法互助具有全面性和綜合性。《金門協議》後，隨著兩岸交往的進一步加深，跨越兩岸的刑事犯罪情況更加複雜，僅限於遣返合作的《金門協議》顯然已經不適應客觀現實的需要。兩岸迫切需要在偵查協助、犯罪情報交流、罪贓移交、被判刑人移管等方面開始全面合作。《南京協議》不僅將《金門協議》確定的遣返合作予以吸納和完善，而且擴大了刑事司法互助的範圍，涉及了共同打擊犯罪和司法互助的諸多內容，將兩岸刑事司法互助活動、乃至中國區際刑事司法互助推向了一個嶄新的階段與層次：《金門協議》規定了刑事嫌疑犯或刑事犯的遣返，即兩岸區際逃犯移交的協議，實際上只涉及區際刑事司法互助的單一形式。雖然港澳已經回歸多年，但是由於種種原因，內地與港澳在區際刑事司法互助方面尚未簽訂任何合作協議。2005年5月20日香港和澳門之間簽訂的《關於移交被判刑人的安排》也僅涉及區際刑事司法互助的單一方面。《金門協議》和《關於移交被判刑人的安排》是《南京協議》之前兩岸四地之間簽訂的僅有的兩份區際刑事司法互助協議，均只涉及區際刑事司法互助的某一方面。所以與《金門協議》相比，《南京協議》不僅在合作機制上顯得更為緊密，而且在合作內容上更加廣泛而深入，被稱為兩岸刑事司法合作的「直通車」十分恰當。

　　（二）《南京協議》是海峽兩岸刑事司法互助去政治化的成功範例

　　首先，《南京協議》的簽訂主體是兩會，兩會的性質是民間機構。但由於兩會在簽訂協議前均有各自公權力機構的授權，協議內容

也完全是兩岸官方意思表示的結果，最終將會被各自公權力機構以各種方式體現和落實，並實際上對兩岸公權力機構具有較強的約束力。有一個形象的比喻是：《南京協議》的簽訂看起來是「白手套」握在一起了，實際上是戴著「白手套」的手握在一起了。

其次，政治因素一直是影響兩岸交流的最主要原因。因為歷史的關係，兩岸雖對同屬於「一個中國」的立場並不持反對意見——這也是兩會在簽訂協議時的基本政治基礎。但是，現階段兩岸在政治上還存在諸多爭議，兩會在刑事司法互助的許多問題上還存在較大分歧。在《南京協議》中，對刑事管轄權、刑事判決的認可與執行等涉及主權的問題上均採取迴避的做法，從而使兩岸刑事司法互助跨越敏感的政治問題而實現常態化和制度化，是將刑事司法協助去政治化的一種努力。有學者甚至認為《南京協議》不僅是兩岸關係發生重大變化的標誌之一，而且其在刑事司法領域的合作方式與內容並不涉及任何政治色彩，因此在任何情況下都能適用。[4]

（三）《南京協議》是海峽兩岸司法互助原則性和靈活性相結合的體現中國區際刑事司法互助是一個逐步探索的新生事物。因眾所周知的原因，《南京協議》未能在協議中直接明確雙方司法協助的主體即為各自的司法機關，內容上也是針對各項司法互助進行框架性規定，包括司法互助的執行機構、爭端的解決、各項互助的程序等，各項內容都比較原則、簡要。雖然其難免造成運作過程中這樣或者那樣的問題，但卻是深思熟慮的結果：一方面，由於兩岸間刑事司法互助的開展尚處於起步階段，還需要進一步積累成熟的經驗，具體操作性的內容有待實踐中不斷探索、細化。另一方面，《南京協議》作為中國第一個綜合性的區際刑事司法互助協議，其主要目的在於確定兩岸司法互助的大原則和大方向，而不是一步到位。實際上，雙方是採取一種先簽約後完善的方法，這是靈活務實的表現，也是原則性和靈活性相結合的體現。

三、《南京協議》的現實缺憾

《南京協議》簽訂後，兩岸的司法協助也並非從此一路坦途。除了政治因素外，協議本身存在的現實缺憾將影響兩岸刑事司法互助的進程。

（一）迴避司法主權突出的互助事項

《南京協議》的簽署，有效構建了兩岸司法互助機制，但是根據現階段的兩岸關係，尚未觸碰司法主權突出的領域。比如，刑事管轄權、刑事判決的認可與執行等。而且《南京協議》第15條規定「因請求內容不符合己方規定或執行請求將損害己方公共秩序或善良風俗等情形，得不予協助」，但對「請求內容不符合己方規定」的情形並沒有明確說明。這種模糊規定，就給雙方刑事管轄權爭議預留了廣泛的空間。又如遣返，雖然《南京協議》已經比《金門協議》完善得多，但在是否借鑑適用國際引渡實踐中的一些基本原則如「己方居民不遣返」、「政治犯罪不遣返」等也因為雙方分歧甚巨而繞開，轉而規定了「人道、安全、迅速、便利」等實際上是針對遣返作業的原則，這些都可能給實踐帶來困惑。

（二）內容相對粗疏

正因為《南京協議》的全面性和框架性，條文顯得粗疏，缺乏直接操作性。不僅在前述互助機制、共同打擊犯罪的原則和模式、刑事司法互助的範圍、協助偵查的範圍、遣返制度、刑事司法互助的基本程序和雙方義務等六個方面內容簡略而原則；而且從更全面的司法互助角度而言，如暫時移交在押人員以便作證、追繳和沒收犯罪工具、刑事強制措施、刑事訴訟移管等重要的刑事司法協助制度均未涉及。從這一點來說，《南京協議》可被視為兩岸的「合作意向書」，需要雙方根據實踐需要進一步協商，解決具體操作性問題。

(三)簽訂主體為民間機構

《南京協議》的簽訂雖是兩岸授權的結果,但是作為簽訂主體的海協和海基會畢竟是民間組織。從嚴格的區際刑事司法互助的角度講,《南京協議》既不是法律,也非條約。形式對實質也有影響,特別是一旦島內政治氣候發生變化之時,對其公權力機構並不形成當然之約束力。實際上,兩岸的刑事司法互助很大程度上依賴於兩岸政治關係發展的程度,伴隨著兩岸關係的起伏,具有漸進性和階段性的特點。所以,《南京協議》的簽訂主體將在某些特定的情況下對兩岸刑事司法互助構成影響。

然而,筆者相信:雖然政黨和政治合作是推動刑事司法協助的前提,但是經濟和社會交往是刑事司法協助的現實需要,兩岸同根同源的歷史文化傳統是兩岸刑事司法互助制度順利運行的社會保障。當前,兩岸經濟、文化、人員等各方面的交流交往不可阻擋,未來兩岸關係和平發展的前景也不可逆轉。《南京協議》的簽署本身就是兩岸政治互信與共識積累到一定程度的結果。所以,我們有理由相信,兩岸區際刑事司法合作的明天更美好!

第二章　海峽兩岸刑事管轄權的衝突及解決

　　海峽兩岸的刑事管轄權衝突及解決是兩岸司法互助中最敏感、最複雜的問題，但也是區際司法互助中最根本的問題。兩岸刑事管轄權的解絕不同於世界上其他國家和地區的區際刑事管轄權衝突。為了使這個複雜而抽象的問題更直觀一些，我們先回顧兩岸刑事管轄權衝突最典型的表現，它也是兩岸刑事司法管轄權衝突最早的例子。

第一節　海峽兩岸劫機犯罪與刑事管轄權

　　進入新世紀後，雖然海峽兩岸再也沒有發生過劫機犯罪現象，但是回顧兩岸劫機犯罪及遣返歷程，可以深刻瞭解上個世紀兩岸關係一路發展的脈絡，也有助於探求未來兩岸刑事管轄權衝突解決的走向。

一、海峽兩岸劫機犯罪情況及原因分析

（一）劫機犯罪情況

1.劫持大陸飛機飛往臺灣

　　中國境內出現劫機犯罪是1980年代以後的事。進入90年代，海峽兩岸劫機犯罪突然增多。1993年至1998年，大陸共有18人劫持14架民航客機前往臺灣。尤其是1993年，共發生劫機事件21起，成功10起，目的地均為臺灣。海峽上空出現了令整個世界都為之瞠目的「劫機

潮」，國際航空界為之震驚。

2.劫持臺灣飛機飛往大陸

1997年3月10日，臺灣居民劉善忠挾持臺灣遠東航空一架高雄飛臺北的波音757客機飛往大陸廈門。這是臺灣飛機被劫持到大陸的唯一一起劫機事件。

（二）原因分析

1.臺灣對劫機犯罪的鼓勵、縱容

早期，臺灣出於政治上的需要，對劫持大陸飛機飛往臺灣的大陸劫機犯基本採取鼓勵、縱容的態度。1983年5月5日，卓長仁等6人劫持大陸飛機迫降韓國漢城春川機場後，臺灣設法將其接到臺灣，封為「反共義士」，先後給予每人超過750萬元臺幣的「生活費」。劫機是國際公約明令禁止的犯罪行為，但是卓長仁等人卻在臺灣成了英雄，國際輿論一時嘩然。1988年5月12日，發生了大陸民航客機第一次被直接劫持到臺灣的張慶國、龍貴雲劫機事件後，臺灣表示「政策上不再歡迎反共義士」，並開始對兩人追究刑事責任，但是兩人出獄後，臺灣「行政院」以專案通過准許兩人留臺。5臺灣方面對兩起事件的處理給劫機犯造成了「只要到了臺灣，金錢美女要啥有啥」的印象，以至於臺灣被視為「劫機者的天堂」。1993年後，臺灣雖然對劫機犯罪都進行了追訴，但都以「姑念其嚮往自由」為名，繼續重罪輕判，又透過假釋、減刑等方法減少實際服刑期。從鼓勵到縱容，臺灣對大陸劫機犯的態度雖然發生了轉變，但卻對劫機犯仍不予遣返，致使一些鋌而走險的犯罪分子視臺灣為庇護所，兩岸劫機犯罪仍頻頻發生。

2.劫機犯罪的動機不外乎逃避刑事制裁和對現狀不滿

當時劫持飛機前往臺灣的劫機犯多是在大陸犯罪後負罪潛逃、有的是對生活現狀不滿。如劉保才因賭博、私藏和販賣槍支，正被當地

公安機關通緝；黃樹剛和王志華因涉嫌貪汙公款準備潛逃；張海、祁大全、袁斌、徐梅因對單位分房不滿等原因與單位有矛盾；張文龍、韓書學、李向譽、高軍的犯罪動機也是對生活現狀不滿。鑒於當時兩岸的形勢，大陸的一些涉嫌刑事犯罪的人員抱著劫機到臺灣可能會逃避處罰的僥倖心態容易理解，其他對生活現狀不滿的人員也實施劫機行為則與80年代末兩岸開放一定的交流有關。當時，許多人瞭解到臺灣的生活水平要優於大陸，除了透過空中劫機方式，更多的特別是南部沿海省份的人透過水路私渡去臺，希望能得到經濟方面的改善。

3.大陸方面航空安全措施缺失

平心而論，劫機事件頻發與大陸當時的航空安全措施缺失有關。地面上的安檢程序寬鬆得讓現在的人可能有點不敢相信，「除了槍支外，什麼都可以帶，包括水果刀」。此外，空乘人員缺乏相應的反劫機訓練也是原因之一。以王志華案為例，當時一個20多歲的乘務員已看見王的手不停發抖，卻沒有引起應有的懷疑。如果「乘務員發現後及時通報機長，機長第一時間報告地面，機組成員慢慢穩住他，當時很有可能反劫機成功」。劫機事件頻發，促使大陸緊急加強了安保措施，改進安全檢查工作，特別加強了對飛往東南沿海城市的客機的檢查，開包（箱）率達100%。總之，雖與大陸方面航空安全措施缺失有關，但其並非根本原因。

二、海峽兩岸劫機犯遣返的曲折歷程

雖然，海峽兩岸的劫機犯罪最早發生在1980年代，但是以當時的兩岸關係，商談劫機犯遣返幾乎不可能。1990年《金門協議》簽訂，兩岸有了溝通的橋樑和渠道，但是劫機犯遣返問題商談的過程並不順利。

（一）商談

特別是1993年，兩會就遣返問題多次進行「事務性商談」中。具體是：

1.1993年4月—10月。1993年4月6日，黃樹剛與劉保才劫機事件後，海峽兩岸關係協會去函海峽交流基金會，首次表達了要求遣返劫機犯的立場。此後海協又兩次向海基會提出這一意願。直至當年10月，海基會首次表示願意解決劫機犯罪問題的意向。

2.1993年11月—12月。兩會在商談開始階段的主要分歧是：海基會提出將其併入「違反有關規定進入對方地區人員之遣返及相關問題」，海協則主張按照《金門協議》有關「遣返刑事犯、刑事嫌疑犯」的問題中進行討論。此外，對於事務性商談中涉及的各自規範差異應當尋求怎樣的共同接受的協議表述方式，是否援用國際刑事司法互助中關於引渡的相關規定遣返劫機犯等均也爭議較大。1993年11月，兩會在廈門達成兩個共識：一是將遣返劫機犯問題作為一個單獨議題列入議程；二是「劫機犯原則上應予遣返」。

3.1994年1月—1995年1月。期間，兩會多次商談、分歧仍很大，臺灣方面處處要求體現所謂的「兩岸對等」、糾纏在「誰代表一個中國」的層面，因此出現多次反覆。1994年8月，兩會就「兩岸劫機犯遣返」等議題的主要分歧達成共識，1995年1月，達成一致的《兩岸劫機犯遣返及相關事宜協議（草案）》，後來由於臺灣方面堅持劫機犯要與偷渡客協議連同漁事糾紛協議一併簽署，而後雙方在漁事管轄權方面出現爭議，最後沒有正式簽署。1995年6月，發生了臺灣領導人訪美的政治事件，使兩會交往的基礎——「一個中國」的原則受到嚴重破壞，兩會商談被迫中止。

（二）轉機

轉機出現在1997年3月10日，這一天發生了臺灣居民劉善忠劫持臺灣客機到大陸的事件。大陸出於懲治劫機犯罪的嚴正立場，出於發展兩岸關係的誠意，在進行必要的偵查之後，依據《金門協議》，於兩個月後的5月14日，率先向臺灣方面遣返了劉善忠。這使臺灣方面的態度發生了轉折，在大陸遣返劉善忠後，臺灣方面表示，將遣返已經被假釋的兩名劫機犯。海基會也正式致函海協，傳達了這一意向。1997年7月16日，臺灣首次將劫機犯黃樹剛、韓鳳英遣返大陸。由此，兩岸之間劫機犯遣返問題終於有了一個良好的開端，涉及兩岸的劫機犯罪基本得到遏制。6

　　（三）海峽兩岸劫機犯遣返情況

　　此後至2008年的11年期間，臺灣方面分4批將其餘16名劫機犯分別遣返大陸：1999年2月9日，將劉保才、羅昌華、王玉英、鄒維強和李向譽共5人遣返大陸；2001年6月28日，將張文龍、師月波、祁大全、韓書學、張海、高軍、袁斌和徐梅共8人遣返大陸；2007年8月14日，將楊明德和林文強遣返大陸；2008年2月28日，在臺的最後一名劫機犯王志華被遣返。至此，兩岸劫機犯罪以及與此有關的商談、遣返以及紛爭宣告終結，歷史翻過一頁。

三、海峽兩岸劫機犯遣返涉及的問題

　　以暴力手段劫持民用航空器的行為是一種嚴重的國際恐怖活動，其不僅傷害無辜平民，而且給民航安全帶來極大危險。因此，國際社會在反對和譴責這種恐怖行為的同時，透過1963年的《東京公約》、1970年的《海牙公約》和1971年的《蒙特利爾公約》將劫機行為規定為一種危害全人類共同利益的國際罪行，大陸和臺灣都參加了這三個公約，且都將其作為一種嚴重的犯罪。1992年12月28日，全國人大常委會《關於懲治劫持航空器犯罪分子的決定》明確劫持航空器是一種

獨立的犯罪，臺灣「民用航空法」第77條第一項也規定「以強暴、脅迫或者其他方法劫持航空器者，處死刑、無期徒刑」。同時臺灣「兩岸關係條例」第18條還規定「進入臺灣地區之大陸人民，有事實認為有犯罪行為者，治安機關得不待司法程序之開始或者終結，逕行強制其出境。」然而，由於兩岸關係的特殊性，單純的劫機犯遣返問題背後卻隱藏著太多複雜的考量。

（一）關於政治犯罪不遣返

1990年《金門協議》簽署，規定要相互遣返刑事犯和刑事嫌疑犯。大陸認為劫持民用航空器作為舉世公認的嚴重刑事犯罪，屬於普通刑事犯或者刑事嫌疑犯，理當屬於遣返之列。從臺灣方面的立法看，劫機犯罪也屬於刑事犯罪無疑，但是一些劫機者到臺灣後卻打著政治避難的幌子，這種情況正好暗合了臺灣的需求，所以臺灣有將劫機犯政治化的傾向。

在國際刑法領域，對政治犯罪的概念本身就沒有統一的標準。對於劫持航空器的行為，不論行為人出於什麼目的、動機，都不影響其作為一種嚴重的恐怖犯罪的成立。這是有關國際公約確認並為包括大陸和臺灣在內的所有締約方所承諾的。從國際上看，對劫機犯罪不適用政治犯罪不引渡原則，已經成為一種國際趨勢。

（二）關於死刑犯不遣返

死刑犯不引渡是二戰以來，受廢除死刑運動的影響，而在國際引渡實踐中興起的一種限制性原則。不否認國際法的某些制度原則對解決兩岸的劫機犯問題有一定的借鑑作用。但是從兩岸的刑事立法看，對死刑問題的立場大致相同，即在保留死刑的前提下，嚴格適用死刑，臺灣的刑法也對劫機犯規定了死刑。由此可見，臺灣方面曾經以「人道考量」，以劫機犯被遣返大陸後可能被判處死刑為由，拒絕遣返大陸劫機犯並不符合其自身的法律原則。

（三）海峽兩岸劫機犯遣返與刑事管轄權

大陸和臺灣由於歷史的原因形成了兩個法域的現實，而跨海峽的劫機行為持續發生在兩個法域，因此不可避免地產生了管轄權衝突的問題。這種衝突在處理兩岸劫機犯問題上產生了兩個後果：

第一，臺灣方面不遣返劫機犯。劫機犯罪發生後，大陸認為劫機犯罪的預備地、行為地均在大陸，根據《刑法》的屬地管轄規定，大陸司法機關擁有管轄權。而且在1993年11月廈門會議中，兩會已經達成：「劫機犯原則上應予遣返」的意見——劫機犯是刑事犯，一方航空器被劫持到另外一方時，另一方應將案犯移送給民航客機所屬方來處理。但是在具體商談劫機犯遣返問題時，仍然難以逃脫政治因素的干擾。臺灣認為劫機犯罪的結果地在臺灣，根據其「刑法」的屬地管轄，也擁有刑事管轄權。如果不對劫機犯進行處置，即是默認了臺灣不具備「司法管轄權」——這會傷害臺灣的行政權和司法權，所以拒絕遣返劫機犯而直接適用臺灣「刑法」對劫機犯進行起訴、審判和執行。

第二，導致兩岸對劫機犯「雙重審判」的結果。由於兩岸政治現狀，雙方並不承認對方的「司法管轄權」，所以在臺灣被判刑，服完刑被遣返大陸後，大陸啟動司法程序對被遣返的劫機者重新審判。雖然「臺灣方面對劫機者的刑期多數都有政治因素的考慮，所以量刑相對過輕」，而從大陸對被遣返的劫機犯所判處的刑期看，法官在量刑時考慮了劫機犯已經在臺灣接受過審判的事實，予以從輕處罰。

劫機犯罪屬於犯罪行為持續發生在兩岸的犯罪，但由於其又屬於嚴重的恐怖犯罪，所以涉及的司法管轄權更為複雜。雖然劫機犯罪已經成為歷史，但隨著開放大陸遊客到臺灣旅遊、兩岸空運、海運直航，新型「跨境」的犯罪及其產生的兩岸刑事管轄權問題已經是繞不過去的問題。

第二節　海峽兩岸刑事管轄權的衝突

在國際司法協助領域，刑事管轄權本身就是一個極為複雜的、極具爭議性的問題。由於海峽兩岸在政治現實和法律傳統上的隔閡，更決定瞭解決兩岸區際刑事法律衝突的艱巨性和複雜性。所以就不難理解《南京協議》雖然構建了海峽兩岸在共同打擊犯罪和司法互助方面的基本框架，但是對共同打擊犯罪和司法互助的前提——刑事管轄權的分配卻予以擱置。隨著全球化的進程的加快，經濟文化進一步融合，犯罪也呈現出新情況、新特點，其中跨境犯罪、有組織犯罪日益突出，合理劃分兩岸對犯罪的刑事管轄權已經成為不容迴避的重要問題。

一、刑事管轄權的法律依據

刑事管轄權是實體問題還是程序問題？這個問題看似簡單，實際上有必要澄清。在傳統認識裡，但凡涉及管轄，一定是程序問題。所以這裡需要區別兩個基本的概念：即刑法中的刑事管轄權與刑事訴訟中的管轄。

刑事管轄權，一般指該國對其所轄領域內的犯罪行為享有的偵查、起訴、審判及執行等一系列司法上的權力。刑事管轄權涉及的是不同法域的國家和地區之間的司法管轄權問題，也就是該國刑法的空間效力，可以視為一國主權的有機組成部分。[7]而刑事訴訟中的管轄，是指司法機關依照法律規定辦理刑事案件的分工。刑事管轄權的有無以及由哪一法域行使，是進行刑事司法互助活動的實體法根據。所以，刑事管轄權衝突主要是指刑法意義上的衝突。刑事管轄權解決的是對某一案件有沒有起訴、審判和執行的權力，即解決的是司法管轄權的有無問題；而刑事管轄分工則是在肯定刑事管轄權存在的基礎

上，確定對個案的具體管轄法院。

可見，刑事管轄權並不等同於刑事管轄分工。前者屬於實體問題，應以刑事實體法作為依據；後者屬於程序問題，以刑事程序法為依據。所以，海峽兩岸的刑事管轄權衝突是在一個中國範圍內，兩法域關於空間效力的規定對特定刑事案件同時享有管轄權，進而形成相互衝突的法律現象。本章要探討的刑事管轄權問題實際上即在兩岸的刑事實體法規定的內容方面展開。

二、海峽兩岸刑事管轄權衝突的原因分析

從國際刑事管轄權衝突的產生及表現形式看，其原因不外乎法律原因和事實原因。但海峽兩岸刑事管轄權的產生有其特殊性，其政治原因是不容忽視。

（一）政治原因

眾所周知，由於歷史的原因造就了海峽兩岸的政治分立，國際社會普遍承認的主權國家是中華人民共和國，但實際上臺灣與大陸地區各自擁有獨立的司法管轄權。兩地法律雖然都規定自己的領域包括整個中國領土，且均將對方的人民納入己方刑法中「人」的適用範圍。但是兩地實際上僅能在各自實際控制的區域行使司法管轄權。這是海峽兩岸刑事管轄權衝突產生的根源和前提。

（二）法律原因

從海峽兩岸刑法關於空間效力的規定看，其刑事管轄權的立法較之內地和港澳之間具有更強的同質性。兩岸刑法的空間效力不僅都規定了屬地管轄、屬人管轄及保護管轄等原則，而且每一種管轄原則的具體規則都非常相似。如屬地管轄中對領域的理解都包括船舶和航空器、犯罪地都包括犯罪行為地和結果地、都規定犯罪行為地和結果地

只要有一項發生在其領域內都屬於在其領域內犯罪；屬人管轄原則都規定了刑法對公務員的絕對適用性和其他本地公民的相對適用性等等。這樣，對於某些刑事案件，一方主張屬地管轄、另一方主張屬人管轄或者保護管轄，或者一方主張犯罪行為地管轄、另一方主張犯罪結果地管轄等，刑事管轄權衝突自然就產生了。（見下表「兩岸刑事管轄權規定比較」）

兩岸刑事管轄權規定比較

	《中華人民共和國刑法》	《中華民國刑法》
屬地管轄權	第六條　凡在中華人民共和國領域內犯罪的，除法律有特別規定的以外，都適用本法。 凡在中華人民共和國船舶或者航空器內犯罪的，也適用本法。 犯罪的行為或者結果有一項發生在中華人民共和國領域內的，就認為是在中華人民共和國領域內犯罪。	第3條　本法於在中華民國領域內犯罪者，適用之。在中華民國領域外之中華民國船艦或航空器內犯罪者，以在中華民國領域內犯罪論。 第4條　犯罪之行為或結果，有一在中華民國領域內者，為在中華民國領域內犯罪。

	《中華人民共和國刑法》	《中華民國刑法》
屬人管轄權	第七條 中華人民共和國公民在中華人民共和國領域外犯本法規定之罪的，適用本法，但是按本法規定的最高刑爲三年以下有期徒刑的，可以不予追究。 中華人民共和國國家工作人元和軍人在中華人民共和國領域外犯本法規定之罪的，適用本法。	第6條 本法於中華民國公務員在中華民國領域外犯左列各罪者，適用之： 一、第一百二十一條至第一百二十三條、第一百二十五條、第一百二十六條、第一百二十九條、第一百三十一條、第一百三十二條及第一百三十四條之瀆職罪。 二、第一百六十三條之脫逃罪。 三、第二百十三條之偽造文書罪。 四、第三百三十六條第一項之侵占罪 第7條 本法於中華民國人民在中華民國領域外犯前兩條以外之罪，而其最輕本刑爲三年以上有期徒刑者，適用之。但依犯罪地之法律不罰者，不在此限。
保護管束轄權	第八條 外國人在中華人民共和國領域外對中華人民共和國國家或者公民犯罪，而按本法規定的最低刑爲三年以上有期徒刑的，可以適用本法，但是按照犯罪地的法律不受處罰的除外。	第8條 前條之規定，於在中華民國領域外對於中華民國人民犯罪之外國人，准用之。 第5條 本法於凡在中華民國領域外犯下列各罪者，適用之： 一、內亂罪。 二、外患罪。 三、第一百三十五條、第一百三十六條及第一百三十八條之妨害公務罪。 四、第一百八十五條之一及第一百八十五條之二之公共危險罪。 五、偽造貨幣罪。 六、第二百零一條至第二百零二條之偽造有價證券罪。 七、第二百十一條、第二百十四條、第二百十八條及第二百十六條行使第二百十一條、第二百十三條、第二百十四條文書之偽造文書罪。 八、毒品罪。但施用毒品及持有毒品、種子、施用毒品器具罪，不在此限 九、第二百九十六條及第二百九十六條之一之妨害自由罪。 十、第三百三十三條殺及第三百三十四條之海盜罪。

雖然因為政治原因、法律原因，兩岸刑事管轄權本身就存在衝突的可能性，但是如果沒有涉及兩岸的犯罪行為發生，這種衝突僅僅是在靜態的。只有涉及兩岸的犯罪行為發生時，刑事管轄權衝突才真正發生。

三、海峽兩岸刑事管轄權衝突的種類

兩岸刑事管轄權衝突的發生是因為發生了跨海峽兩岸的刑事案件，即所謂的跨境犯罪。海峽兩岸跨境犯罪，就是在犯罪主體、犯罪行為等犯罪構成要素方面在海峽兩岸之間具有跨越性或者延伸性。[8]目前，理論界對兩岸刑事管轄權衝突的種類和具體表現形式做了各種概括，角度各異，有的分類和列舉的具體表現形式甚至已經非常全面，達到20多種，但是基本還沒有形成共識，而且現實操作性弱。筆者以為，對兩岸刑事管轄權衝突的種類和具體表現形式進行概括是為了梳理實踐中紛繁複雜的跨境犯罪現象，以便於研究解決。所以本章試圖從解決海峽兩岸的刑事管轄權的衝突的難易角度做以下區分。

（一）簡單的跨境犯罪

簡單的跨境犯罪是指犯罪主體具有跨境因素，而犯罪行為不跨境，可以用兩岸共同認可的「犯罪地」確定管轄的情況。「犯罪主體具有跨境因素」，即臺灣居民在大陸犯罪，大陸居民在臺灣犯罪的情況。也可以是臺灣人和大陸人共同在臺灣或者大陸犯罪的情形。「犯罪行為不跨境」指犯罪行為地和犯罪結果地、犯罪預備地和犯罪實行地、主要犯罪地和次要犯罪地均不存在分離的情況。兩岸可以根據相同的各自刑事管轄權的首要原則——屬地原則決定管轄權歸屬。

（二）複雜的跨境犯罪

這主要是指犯罪地具有跨境因素的情形，這類案件不能根據雙方

認可的屬地管轄解決管轄權問題。相反，根據屬地管轄，雙方的刑事管轄權衝突就將發生。這是協調區際管轄權衝突的難點。包括犯罪行為地和犯罪結果地、犯罪主要實行行為地和犯罪次要實行行為地、犯罪預備地和犯罪實行地、甚至數罪分別發生在大陸和臺灣的情況。這類案件雙方均可以根據屬地原則主張管轄權。如一方根據犯罪行為地、另一方根據犯罪結果地主張管轄權，不僅都屬於屬地管轄，而且在個案中可能均具有其合理性。如果是兩岸居民共同犯罪，情況就更複雜些。如現在常見的電信詐騙案：主犯在臺灣遙控指揮，僱傭一些大陸馬仔從事詐騙活動。犯罪的預謀、策劃、指揮、部分實行行為在臺灣，大陸馬仔負責電話聯繫被害人和取款或者轉帳等，部分犯罪實行行為、結果在大陸等等。這類案件中雙方如果均以屬地管轄原則主張管轄權，則必然是公說公有理婆說婆有理。

刑事管轄權涉及公權，敏感而複雜，《南京協議》對「簡單的跨境犯罪」的管轄尚且沒有明確的書面協議，就更遑論「複雜的跨境犯罪」的刑事管轄權分配了。所以面對錯綜複雜的跨境犯罪，我們採用「簡單的跨境犯罪」和「複雜的跨境犯罪」之分主要是為了便於在實踐中先易後難，逐步解決。9

（三）特殊的跨境犯罪

特殊的跨境犯罪主要指犯罪的主體或者行為特殊兩種情況。前者如公務人員、駐軍人員被派往對岸執行公務時，觸犯了一地或者兩地刑法的情況；後者如背叛祖國、分裂國家等危害國家安全的特殊的犯罪。基於當前兩岸的政治狀況，對於這兩類案件，其管轄權的確立應當更具靈活性。

四、海峽兩岸刑事管轄權衝突的性質和特點

海峽兩岸關係特殊，所以，我們必須首先對其管轄權衝突性質和特點在法律上有一個明確的認識。

(一)性質——是一種區際刑事管轄權衝突

區際刑事管轄權，指一個主權國家內部的不同地區對相關罪行在適用法律上存在的差異和衝突。刑事管轄權是基於國家主權派生的一項基本權利，國家在其主權範圍內，透過國內刑事立法確立其刑事管轄權，以解決一國刑法適用於什麼地方以及適用於什麼人的問題。對中國這樣一個「一國兩制三法系四法域」的國家而言，兩岸只有一個主權。雖然海峽兩岸司法管轄權互相獨立是個現實，臺灣擁有刑事司法管轄權，但其實際上來源於統一的中國的主權，在法律性質上與國家主權無關。海峽兩岸的刑事管轄權衝突是一個國家主權之下發生的區際刑事管轄權衝突。與國際刑事管轄權衝突根本不同，不涉及主權，也不具有國際刑事管轄權的特性。因此，在解決中國區際刑事管轄權衝突時，雖然可以借鑑國際刑事管轄權衝突解決的合理因素，但是不能照搬，特別要剔除涉及主權的國家間解決刑事管轄權衝突之規則。

(二)特點

1.不同於世界上其他國家和地區的區際刑事管轄權衝突

從美國的法律實踐看，州與州之間的刑事管轄權基本上採取屬地原則，只要犯罪行為或者結果有一項發生在這個州，就屬於這個州管轄；其當州法衝突時，按照美國聯邦刑法的規定，對於州與州之間在管轄上有爭議的案件，可以適用聯邦刑法，由聯邦法院系統審理；如果一個案件聯邦刑法和州刑法都可以管轄，則根據「聯邦優先」原則由聯邦法院管轄。聯邦德國法律實踐中採用「區際刑法（inner lokales Strafrecht）」：法院在進行刑事審判中對應適用的刑法進行選擇，也就是在行為地刑法、被告人居住地刑法和法院地刑法之間選擇應適用

的刑法規定。在這種情況下,不考慮刑事管轄權衝突的問題,因為哪一個州法院審理並不重要,重要的是法院選擇了哪個州的刑法。聯邦德國作為一個聯邦制國家,各州法律雖然存在差異,但是法律傳統、法律制度在總體上是相同或者相通的。因而法院採用其地區(州)的法律,從技術層面上講沒有障礙。[10]

正如美國模式,世界上一些多法域國家,在發生管轄權衝突時,一般由各法域共同的最高司法機關進行協調。中國是個單一制國家,中國範圍內存在四個法域,四個法域之上不僅沒有共同的刑法,也沒有最高的司法機關,各有自己的最高司法機關,這在國際上是極其少見的。所以這種模式雖好,但是也無法借鑑。無論美國、聯邦德國,還是當今世界上其他多法域的國家和地區,都是在相同社會制度下、相同法系、相同法域內的法律衝突,而中國的區際刑事法律衝突則是不同社會制度、法系、法域之下的法律衝突。其法律制度上的差異性要多於共同點。如果四個法域能夠逐漸接軌以至融合,或者各個司法機構能比較瞭解熟悉彼此的法律制度,一法域的法院有能力適用另一法域的刑法,則聯邦德國模式無疑有利於提高效率和降低程序成本。顯然,這對目前的中國各個法域來說,太不現實。[11]

2.也不同於內地與港澳間的區際刑事管轄權衝突

港澳回歸後,作為中國的特別行政區,在「一國兩制」的基本原則下雖然享有高度的自治權,但是必須遵循《中華人民共和國憲法》和《香港特別行政區基本法》、《澳門特別行政區基本法》。海峽兩岸目前仍是「未統一」的關係,臺灣雖然承認「一個中國」,但是還不認可「一國兩制」。所以臺灣與大陸還不是真正意義上的「一國兩制兩法域」的關係。臺灣也沒有承認其是中華人民共和國的一個地方政府,不完全等同於港澳。目前海峽兩岸沒有中央憲法和特別行政區基本法可供遵循。雖然近年兩岸關係緩和、民間交往和經貿往來日益

頻繁，但是政治上的未統一，使雙方的司法互助受政治因素的影響嚴重，海峽兩岸的刑事管轄權衝突比內地與港澳之間的法律衝突更不容易解決。

第三節　海峽兩岸刑事管轄權衝突的解決

由於兩岸刑事法律制度差距甚大，案件由大陸還是臺灣管轄，不僅對於當事人有實質性的區別，而且涉及本地區的根本利益與社會秩序。實踐中，每個案件實際上都涉及管轄權問題，據公開報導，內地與港澳臺刑事管轄權衝突也時有發生。1990年代末涉香港地區與內地的張子強案件，曾經使得區際刑事管轄權衝突問題引起廣泛的關注和爭論。雖然港澳已經回歸多年，但是在解決與內地的刑事管轄衝突方面也並沒有積累多少經驗，基本還是處於探索階段。如前所述，海峽兩岸刑事管轄權作為一種特殊的高度複雜性的區際刑事管轄權衝突，其解決沒有先例可尋，只能透過實踐進行探索。本人讚同在海峽兩岸刑事管轄權衝突的解決上劃分為基本原則和具體規則兩個層次。[12]

一、基本原則

（一）一個中國原則

這是解決兩岸刑事管轄權衝突的基本原則、首要原則。「一個中國」是「九二共識」的精髓和靈魂，海峽兩岸都認同世界上只有一個中國，大陸和臺灣同屬於中國的領土範疇。這是兩岸政治立場的最大公約數，是兩岸共同堅守的政治理念，也是兩岸建立政治互信的基石，應當作為兩岸刑事管轄權衝突解決中不可踰越的底線。大陸和臺

灣之間的刑事管轄權衝突屬於一個主權國家內部的刑事法律問題，是同一國家不同法域之間的問題，絕對不可將跨境犯罪問題國際化。遵循這一原則，就意味著必須遵循「一事不再理」，「一罪不二罰」等原則。

（二）兩個法域平等原則

法域一般是指法律體系和司法制度的有效管轄或者使用的範圍。應當承認，海峽兩岸法律都未能現實地及於對方管轄的範圍，兩岸實際上形成了兩個法域，這是雙方都不能迴避的現實。現階段，比較務實的是兩岸可採取不同法域的定位，尊重對方的法律體系和法治秩序，平等協商，積極化解刑事管轄衝突問題。法域平等原則是指各法域地位平等，即各法域之間在進行區際刑事司法合作時，法律地位平等，而不是指「主權」的平等。

（三）協商原則

在兩岸關係不斷改善的情況下，溝通渠道增加，還可透過相關部門具體協調，雙方協商解決涉及管轄權的問題。

二、具體規則

關於解決中國區際刑事管轄權衝突的具體規則，理論界有提出主要管轄原則、輔助管轄原則、補充管轄原則的設計的，也有根據每一種跨境犯罪的具體情形設計管轄具體規則的。這些理論上的探索都給我們提供瞭解決問題的豐富思路，但是仔細推敲，前者顯得抽象、後者又陷入太具體的弊端。也是在他們研究的基礎上，筆者大膽做個折中：擬根據前文對海峽兩岸刑事管轄權衝突的分類，分別確定管轄的具體規則。

（一）簡單的跨境犯罪——「屬地管轄原則」[13]

簡單的跨境犯罪中，犯罪地不具有跨越性、或者犯罪地沒有爭議的案件，適用屬地管轄原則。這主要是因為：

1.犯罪在哪個地域發生，就由哪個地域管轄——以屬地管轄作為解決兩岸刑事管轄權衝突的具體規則，體現了相互尊重對方司法自治權的「法域平等」的基本原則，作為一種合理劃分不同法域之間司法自治權的原則，也不涉及國家主權問題，符合「一個中國」的基本原則。

2.海峽兩岸刑法關於空間效力的規定都把屬地管轄作為首要的主要的管轄原則，屬地管轄也是國際社會比較認同的解決國際、區際刑事管轄權衝突的主要規則。

3.犯罪地是證據最集中的地方，由犯罪地行使管轄權便於及時有效懲治犯罪。

4.雖然，《南京協議》對兩岸刑事管轄權衝突的解決採取的是迴避的態度，即便對簡單的跨境犯罪也沒有涉及，但是司法實踐中，兩岸的司法機關對這類案件基本上比較默契地根據屬地原則各自行使管轄權。不少學者在論及海峽兩岸刑事管轄權衝突的時候，往往認為一方主張屬地管轄，另一方主張屬人管轄或者保護管轄，則兩岸刑事管轄權衝突就產生了。實際上，根據目前兩岸司法機關的實踐，這種情況很少發生。另一個有力的例證是，對於本地居民犯罪後潛逃到對岸的情況，從《金門協議》後，雙方也已多次成功進行遣返作業。這種遣返行為實際上就是以承認對岸的屬地管轄為前提。

（二）複雜的跨境犯罪——以「實際控制管轄原則」為主，以「協商管轄原則」為輔

1.「實際控制管轄原則」為主

根據前述對複雜跨境犯罪的界定，複雜的跨境犯罪是指雙方均根

據屬地管轄原則分別主張刑事管轄權的情形。對此有學者主張「合理、有效懲治防範犯罪原則」,14「法益受損嚴重方管轄原則」等15。筆者以為,這些原則還是具有抽象性,面對實踐時彈性很大。至於「最初受理管轄原則」的主張,16筆者認為不如「實際控制管轄」。「最初受理管轄原則」是指對犯罪行為涉及不同法域,該不同法域都有管轄權,由最先受理的法域行使管轄權的情況。最初受理管轄是對屬地管轄原則的延伸和發展,適用最初受理管轄原則可以及時有效懲治犯罪,但是最初受理管轄原則的前提是實際控制。只有犯罪嫌疑人或者被告人被實際控制,司法活動才具有真實的意義。如果犯罪嫌疑人或者被告人沒有被實際控制,最初受理管轄原則是難以實現的。

　　針對複雜的跨境犯罪,不少論者還進一步提出:①犯罪行為與結果分屬兩地的:有的主張應以犯罪行為地管轄,「因為行為乃犯罪的識別標誌,所謂『無行為即無犯罪』,並且犯罪行為地比犯罪結果地更方便收集證據,由行為地行使管轄權更有利案件的偵辦」。而與之相反的主張是「犯罪結果較犯罪行為更集中地反映犯罪的危害性,所以由犯罪結果地行使管轄權更合理」。②犯罪主要實行行為地和犯罪次要實行行為地分屬兩地的:則應適用主要實行行為地法。③犯罪預備地和犯罪實行地分屬兩地的:以犯罪實行地行使管轄權。④數罪分別發生在大陸和臺灣的:以主要犯罪行為地確定管轄。等等,對此,筆者認為:對於犯罪行為地與犯罪結果地分離的狀況,犯罪行為與犯罪結果作為犯罪的整體,很難說哪個危害性大、哪個更能反映犯罪的本質特徵,至於犯罪行為地還是結果地證據更集中就更是因個案而異。至於犯罪主要實行行為地和犯罪次要實行行為地、犯罪預備地和犯罪實行地、甚至數罪分別跨越海峽兩岸的案件的管轄權,分別確立「適用主要實行行為地法」、「以犯罪實行地行使管轄權」、「以主要犯罪行為地確定管轄」在理論上不難令人信服,但是實踐起來的情

況就複雜了，因為這些概念本身在個案中都可能存在爭議，實踐中往往很難明確地區分個案中哪個行為是「主要」的，哪個行為是「次要」的——這還不包括兩岸在概念上的不同解釋。

所以，「實際控制管轄原則」不僅是實踐中比較具備操作性的，也是化繁為簡地解決複雜跨境犯罪中兩岸管轄權衝突的具體規則。實際上，就我們瞭解，如果不是特殊敏感案件，這也是目前兩岸司法機構針對複雜跨境犯罪案件約定俗成的做法。

2.「協商管轄原則」為輔

「協商管轄原則」為輔是指針對個別在兩岸具有重大影響力或者敏感性的複雜跨境犯罪，這時「非實際控制方」可與「實際控制方」本著善意和誠意協商解決管轄問題。所以，這裡的協商，其實主要是指「個案協商」。「個案協商」因為溝通渠道、程序繁瑣、耗時耗力，不宜適用於一般案件，否則將降低司法效率，影響共同打擊犯罪的效果。但是，「實際控制管轄原則」畢竟有其侷限性，其侷限性即在於對於一些特殊案件，一方僅憑藉「實際控制管轄原則」行使管轄權可能有悖全案的客觀事實。實際上，在國際刑事管轄權衝突發生的案件中，雖然有國際公約規定在先，但是國與國之間爭奪管轄權的最後，解決辦法往往都是「個案協商」，然後以引渡或者刑事訴訟移管的方式利用刑事司法協助渠道解決。[17]區際刑事管轄權衝突的解決，「個案協商」也是屢見不鮮。

（三）特殊的跨境犯罪——「協商管轄原則」

此外，協商管轄原則還適用於特殊的跨境犯罪。由於當前兩岸特殊的政治狀況，這類案件涉及更敏感的問題，最適宜採取的應是協商管轄原則。與前述的「個案協商」不同，這裡的協商管轄原則側重指：海峽兩岸在「一國兩制」、「兩個法域平等」的基本原則下進行磋商，透過訂立協議的方式決定管轄權的歸屬原則。如不一定遵循屬

地管轄原則、實際控制管轄原則，可以區分情況考慮其他原則。如果兩岸對特殊的跨境犯罪，能夠平等協商、妥善解決管轄衝突，就能極大促成海峽兩岸良好司法互助局面的形成。

最後，臺灣和大陸合則兩利，對抗則兩損的關係，在兩岸劫機事件中反映最為直觀。對跨海峽劫機犯罪，由於行為地橫跨兩岸，屬於複雜的跨境犯罪，但是由於劫機犯罪是一種嚴重的國際恐怖犯罪，所有又不同於一般的跨海峽犯罪，可屬於「特殊敏感案件」，其刑事管轄權應以「協商管轄原則」來解決。從法理上講，臺灣作為被劫持航空器的最初降落地，在一定程度上具有管轄權，但是大陸作為犯罪的主要發生地、航空器登記地、犯罪人居住地以及多數受害者居住地，在法律上享有比臺灣更優先的管轄權。另外劫機事件發生後，一般採取「人機分離」的辦法——劫機犯留下，飛機和乘客很快被送回大陸，臺灣方面很難進行有關的調查取證工作，加之許多劫機犯在去臺之前就犯有其他罪行，因此將劫機犯遣返大陸，由大陸行使管轄權更有利打擊和預防劫機犯罪行為。

第三章　海峽兩岸刑事司法互助之逃犯移交

　　逃犯移交是海峽兩岸之間最早開展的司法互助事項。與刑事管轄權相比，海峽兩岸逃犯移交不如刑事管轄權問題複雜和敏感，但作為區際刑事司法互助，其重要性恰如引渡在國際刑事司法協助領域的地位。

第一節　概述

　　在論及兩岸有關司法互助的學術文獻中，我們常見「逃犯移交」、「遣返」、「引渡」、「遣返刑事嫌疑犯或刑事犯」等不同的稱謂，所以本節有必要先釐清這些概念的差異。

一、引渡、逃犯移交、遣返的名稱辨析

（一）「引渡」與「逃犯移交」

　　「引渡」是指一國把當時在其境內，並被另一國指控犯罪、通緝或判刑的人，應有關國家的請求，根據引渡條約的規定或以互惠為條件，按照引渡原則，透過外交途徑，移交給對罪犯有管轄權的請求國以便進行審判或處罰的國際司法協助行為。[18]「逃犯移交」則指一法域將當時在其境內，並被另一法域指控為犯罪並進行追捕、通緝或者判刑的人，應有關法域的要求，根據相關的移交協議或者習慣，透過一定的途徑將其移交給有管轄權的法域，以便該法域對其進行審判或處罰的區際刑事司法協助行為。[19]簡言之，國家之間相互移交逃犯的

活動被稱為「引渡」；為區別於國家之間的「引渡」，國家內部不同法域之間不涉及國家主權的該項活動被稱為「移交」。也就是說，「引渡」是國際刑事司法協助的專有名詞，而「逃犯移交」是區際刑事司法協助用語。[20]引渡不僅歷史悠久、而且作為一個專有名詞是公認的和國際通用的，區際刑事司法協助興盛於近年，所以「逃犯移交」還是一個非常年輕的名詞。對於「逃犯移交」一詞，有不同觀點認為，相對於國家之間對逃犯的移交協助被稱為「國際引渡」，一國內不同法域之間對逃犯的移交應當叫做「區際引渡」。但是由於「區際引渡」的稱謂既沒有國際法的基礎，也有違中國「一國兩制」的基本精神，因此這種主張在國際、中國國內都並沒有成為主流。

國際上最早使用「逃犯移交」一詞的是1967年英國議會制定的《逃犯法》。該法在表述協助主體——英聯邦之間的特殊關係時，規避「引渡」字樣而使用「逃犯移交」的概念。承襲英國法制的香港透過1998年第23、25號法律公告頒布實施的《逃犯條例》對於香港與外國之間相互「移交逃犯」做出了詳盡的安排。內地與澳門之間相互移交被追捕、通緝或者判刑的人基本上也沿用「逃犯移交」一詞。

（二）「引渡」與「遣返」

「遣返」是指將不具有合法居留身分的外國入境者遣送回國。它是遣返國為維護本國安全和秩序而單方面作出的決定，是針對非法移民的一項制度。而引渡的目的是協助對外國人進行刑事追訴或者執行刑罰，是一種國際刑事司法合作的方式。可見，遣返和引渡是截然不同的兩種制度。實踐中，面對引渡合作的諸多法律障礙，國與國之間在不可能開展引渡合作的情況下，往往利用「遣返」非法移民的方式達到引渡的目的。這種情況下，無論作出遣返決定的國家具有怎樣的意願，客觀上都造成了與引渡相同的結果，因而遣返在國際刑事司法協助中已經成為引渡的一種替代措施，甚至被稱為「事實引渡」。[21]

（三）「遣返刑事嫌疑犯或刑事犯」與「逃犯移交」

海峽兩岸之間進行的逃犯移交合作在官方語言和理論上同時使用幾個稱謂：「案犯移交」、「緝捕移交案犯」、「緝捕和遣返犯罪嫌疑人」、「遣返刑事嫌疑犯或刑事犯」等。22但是，從語義和與國際接軌角度，筆者傾向於採用「逃犯移交」一詞：

1.「逃犯」比「案犯」準確

因為「逃犯移交」能表達出被移交對象的動態狀況，而「案犯」一詞不包括這層含義。

2.前面冠以「緝捕」實屬不必

因為「緝捕」是移交的前提，不是獨立的司法合作方式，移交才是目的。所以在「移交案犯」或「遣返犯罪嫌疑人」之前冠以「緝捕」顯屬多餘。

3.「刑事嫌疑犯或刑事犯」比「犯罪嫌疑人」準確

因為無論是引渡還是移交，對象不僅包括刑事犯罪嫌疑人、被告人，還包括已經被判刑的人。23顯然，「刑事嫌疑犯或刑事犯」所指對象比「犯罪嫌疑人」更全面而準確。

4.「逃犯移交」比「遣返刑事嫌疑犯或刑事犯」更準確、形象、簡練

「遣返刑事嫌疑犯或刑事犯」一詞最早來源於《金門協議》。《金門協議》將「刑事嫌疑犯或刑事犯」與「違反有關規定進入對方地區的居民」進行相同處理——遣返。從含義看，「逃犯移交」就是區際「引渡」，是針對犯罪、被通緝或判刑的人，而遣返則是對非法移民而言。所以，《金門協議》約定對「違反有關規定進入對方地區的居民」進行「遣返」屬「用詞得當」，而對於「刑事嫌疑犯或刑事

犯」也進行「遣返」實際上並不準確。「遣返刑事嫌疑犯或刑事犯」相比「逃犯移交」也沒有表達出被移交對象跨境的動態特徵，還不如後者簡練。但是，《南京協議》仍然使用「遣返刑事嫌疑犯或刑事犯」來表達兩岸逃犯移交的互助事項，不僅是因為對《金門協議》的沿襲需要，也與「逃犯移交」一詞在區際刑事司法互助領域尚未成為一個成熟的概念有關，或許還有其他政治分歧摻雜其中也未可知。24

二、中國的引渡制度

中國區際刑事司法互助中的逃犯移交與國際刑事司法協助中的引渡，性質不同，問題相似。25所以，構建海峽兩岸逃犯移交合作機制，需要瞭解中國的引渡制度。

（一）中國引渡制度的法律基礎

從法律的角度講，引渡既是國際法的一部分，又是國內法的一部分。

1.中國國內法律規範

中國最早規範引渡制度的是1992年外交部、最高人民法院、最高人民檢察院、公安部、司法部聯合發布的《關於辦理引渡案件若干問題的規定》。1996年，新修訂的《中華人民共和國刑事訴訟法》第17條規定：「根據中華人民共和國締結或者參加的國際條約，或者按照互惠原則，中國司法機關和外國司法機關可以相互請求刑事司法協助。」這裡的「刑事司法協助」也包括了引渡在內。262000年12月28日《中華人民共和國引渡法》（以下簡稱《引渡法》）頒布，該法是目前中國開展對外引渡的主要國內法依據。

2.國際法律規範

（1）雙邊條約

中國與外國簽訂的第一個引渡條約是1993年的《中華人民共和國和泰王國引渡條約》（下稱《中泰引渡條約》）。截至2010年12月，中國一共與32個國家簽訂了雙邊引渡條約。其中，泰國、白俄羅斯、俄羅斯、保加利亞、哈薩克斯坦、羅馬尼亞、蒙古、吉爾吉斯、烏克蘭、柬埔寨、烏茲別克斯坦、阿拉伯聯合酋長國、立陶宛、韓國等14個國家是在《引渡法》頒布前根據《關於辦理引渡案件若干問題的規定》簽訂的；與菲律賓、祕魯、突尼斯、南非、寮國、巴基斯坦、萊索托、巴西、亞塞拜然、西班牙、納米比亞、安哥拉、阿爾及利亞、葡萄牙、法蘭西、澳大利亞、墨西哥、印度尼西亞等18個國家簽訂的雙邊引渡條約是根據《引渡法》締結的。（見附表一）

中國與外國簽訂的引渡雙邊條約在內容和結構上都十分相似。主要有：①引渡義務。②可引渡的犯罪。③應當拒絕引渡的情形。④可以拒絕引渡的情形。⑤在被請求方境內依法進行刑事訴訟的義務（不引渡本國公民的後果）。⑥聯繫途徑。⑦文字。⑧引渡請求及所附文件。⑨引渡請求應附的材料。⑩補充材料。⑪為引渡而逮捕。⑫收到引渡請求前的羈押。⑬移交被引渡人。⑭暫緩移交和臨時移交。⑮重新引渡。⑯數國提出的引渡請求。⑰移交與犯罪有關的物品。⑱過境。⑲通報結果。⑳處理引渡請求適用的法律。㉑與引渡有關的費用。㉒爭議的解決。㉓與多邊國際公約的關係。

（2）國際公約

除了雙邊引渡條約外，中國還加入了包含引渡條款的12個國際公約。這些公約包括《維也納領事公約》、《防止及懲治滅絕種族罪公約》、《關於非法劫持航空器的公約》、《禁止酷刑和其他殘忍、不人道或有辱人格的待遇或處罰公約》、《聯合國禁止非法販運麻醉品和精神藥品公約》等。此外，中國還派員參加聯合國制定的關於國際

刑事司法合作的示範條例，包括《引渡示範條例》、《刑事互助示範條約》等。國際公約、雙邊條約和《引渡法》共同形成了中國引渡制度的基本法律體系，是中國與外國開展引渡合作的主要依據，而這些示範性條約也成為中國與其他國家談判及簽訂雙邊條約的參考性文本。（見附表二）

（二）中國引渡制度的原則

引渡原則，是指那些從國際法基本原則中派生、引申出來的，被各國公認的，具有法律效力的，構成引渡制度的基礎和核心的原則。《引渡法》和中國與外國簽訂的引渡雙邊條約基本上都確立了以下幾項國際上公認的原則：

1.雙重犯罪原則

雙重犯罪原則，指按照請求方和被請求方各自的國內法、或者按照請求方和被請求方共同參與的國際公約規定，被請求引渡人的行為均構成犯罪。《引渡法》第7條規定：「引渡請求所指的行為，依照中華人民共和國法律和請求國法律均構成犯罪」，才能準予引渡。中國與外國簽署的引渡條約，都會堅持雙重犯罪原則。但這項原則不要求證明一項犯罪行為在請求方和被請求方國內的罪名和犯罪歸類完全相同，而只要被請求方根據本國法律判斷也構成犯罪即可。可引渡的犯罪除了要求雙重犯罪的標準外，還需要符合一定刑期的規定。這裡需要區別兩種引渡，一是為訴訟而引渡，二是為執行刑罰而引渡，兩者對刑期的要求不一樣。根據《引渡法》，為了提起刑事訴訟而請求引渡的，根據中華人民共和國法律和請求國法律，對於引渡請求所指的犯罪均可判處一年以上有期徒刑或者其他更重的刑罰；為了執行刑罰而請求引渡的，在提出引渡請求時，被請求引渡人尚未服完的刑期至少為六個月。

2.本國公民不引渡原則

本國公民不引渡原則指不將本國公民向外進行引渡。本國公民不引渡原則雖算不上一條被普遍接受的國際法原則，但卻被包括中國在內的許多國家奉為禁止性規範，屬於絕對禁止引渡的情形。一般在刑事司法管轄問題上奉行屬人主義立場的國家認為自己對本國國民擁有優先管轄權，同時，出於保護本國國民的考慮而不願意將在外國犯罪的本國國民移交給外國審判或者在異國服刑。而另一些在刑事司法管轄上持屬地主義原則的國家認為犯罪人應當在犯罪地接受審判和處罰，以便受到犯罪行為侵害的當地的秩序和正義得到回覆和伸張。如英美法系國家的引渡立法和相互間的引渡條約一般不禁止引渡本國國民，甚至明確規定可以相互引渡本國國民。中國《引渡法》第8條規定「根據中華人民共和國法律，被請求引渡人具有中華人民共和國國籍的」中國應當拒絕引渡。但是，《引渡法》中這種絕對禁止引渡本國公民的規定在中國與其他一些國家簽訂的引渡條約中也存在例外。如《中泰引渡條約》就沒有將此列舉為強制性拒絕條款，而是在其第5條第1款靈活地規定：「締約雙方有權拒絕引渡其本國國民。」

3.政治犯罪不引渡原則

政治犯罪不引渡原則，指被請求引渡人的罪行被視為政治犯罪或者與政治有關的犯罪的，不應予以引渡。中國引渡立法中關於政治犯罪不引渡的規定最早見於《關於辦理引渡案件若干問題的規定》第7條第一款：「請求國提出的引渡請求所依據的犯罪屬於因為政治原因的犯罪」，應當拒絕引渡。此處「政治原因」一詞來源於《中華人民共和國憲法》第32條第二款的規定：「中華人民共和國對於因為政治原因要求避難的外國人，可以給予受庇護的權利。」後來的《引渡法》改而使用「政治犯罪」：《引渡法》第8條「因政治犯罪而請求引渡的，或者中華人民共和國已經給予被請求引渡人受庇護權利的」，應當拒絕引渡。在中國與其他國家簽訂的雙邊引渡條約中，對於政治犯罪不引渡原則採取的作法是：（1）明確引進「政治犯罪」這個概念。

如《中泰引渡條約》第3條第一款,「被請求方認為請求方提出的引渡請求所涉及的犯罪屬於政治犯罪」時,不應當進行引渡。但是,「政治犯罪不應包括謀殺或企圖謀殺國家元首、政府首腦及其家庭成員」。1999年,中國與柬埔寨簽訂引渡協議時,在貫徹「政治犯罪不引渡」原則方面採取了與泰國條約完全相同的表述。(2)不直接使用「政治犯罪」這個概念,而是採取把「給予政治庇護」作為拒絕引渡的理由和「政治犯罪不引渡」的替代模式。這種情況是最多的:如與俄羅斯、白俄羅斯、保加利亞、哈薩克、吉爾吉斯和烏克蘭等國的引渡條約。中國與這些國家以給予政治庇護作為拒絕引渡的理由是因為比較符合彼此國家的法律習慣。27(3)不直接使用「政治犯罪」這個概念,而使用「政治性質的犯罪」的概念。如1996年,中國與羅馬尼亞簽訂《中羅引渡條約》第3條第2款規定:如果「被請求方認為引渡請求所涉及的犯罪屬於政治性質的犯罪」,應當拒絕引渡。這種表述方法與聯合國《引渡示範條約》的相關條文的表述是相同的。

另外,除俄羅斯、吉爾吉斯和烏克蘭外,中國與泰國、保加利亞、哈薩克、羅馬尼亞、蒙古和柬埔寨等分別簽訂的引渡條約都含有這樣的條款:如果「被請求方有充分理由認為請求方提出的引渡請求旨在對被請求引渡人因其種族、宗教、國籍、性別、政治見解(或者政治信仰)等原因而提起刑事訴訟或者執行刑罰,或者被請求引渡人在司法程序中的地位將會因上述原因受到損害」,便不應予以引渡。該條款是對政治犯罪不引渡原則的補充規定,其重點不在於犯罪的政治屬性,而是著眼於訴訟活動和引渡的政治性質。目的是防止犯有普通罪行的人在引渡後受到政治迫害。

根據中國曾經簽訂的多項國際公約,一些具有政治特性的罪行,會被排除在「政治犯罪不引渡」原則的適用範圍之外。這些罪行包括:A、戰爭罪行和危害人類罪行。B、侵害應受國際保護人員包括外交代表罪。C、滅絕種族罪和種族隔離罪。D、違反人道主義罪行。

E、非法劫持航空器和危害國際民用航空安全罪。28

  4.關於死刑不引渡原則

  「死刑不引渡」原則，是指如被請求方認為在引渡後，被引渡人可能被處死刑，則可以不引渡。中國刑法中死刑適用比較廣泛，《引渡法》對於死刑不引渡沒有規定，但是在中國與其他國家的雙邊引渡條約中部分確立了「死刑不引渡」的原則，只是儘量避免在條文中作直接表述，而採取四種處理方式：A、儘量說服對方對「死刑不引渡」原則不作規定。例如在與泰國、哈薩克、蒙古、吉爾吉斯、烏克蘭和柬埔寨的引渡條約中。B、使用比較籠統的措辭，以避免直接表述。如《中俄引渡條約》第3條第6款：「根據被請求的締約一方的法律規定，不予引渡。」C、在正式的條文中擱置，在會談紀要中說明。中國與白俄羅斯在條約談判後簽署的《會談紀要》中，說明雙方在出現引渡案件可能涉及死刑時，將由雙方具體商談引渡的條件。D、在正式的條文中作籠統規定，同時也在會談紀要中附加說明。如中國與羅馬尼亞談判引渡條約時，後者已經廢除死刑，故堅持在條約中約定「死刑不引渡」原則。最後，在正式條約文本中，拒絕引渡的情況包括「與被請求方法律的一些基本原則相牴觸」。而在《會談紀要》中，更將有關的條款與死刑引渡問題直接作出聯繫。中國與保加利亞的引渡條約也採取同樣的方式解決死刑不引渡問題。29

  近年，死刑不引渡在國際司法合作中越來越受到重視。一個國家是否保留死刑與是否主張和承認「死刑不引渡」原則沒有必然聯繫。中國與其他國家談判簽訂引渡條約時，一些依然保留死刑的國家如俄羅斯、白俄羅斯、保加利亞，均要求將此原則寫進雙邊條約內。總的來說，在目前的引渡司法實踐中，中國對「死刑不引渡」原則「表現出若干程度上的接受」。30

  此外，中國的引渡法還確立了一事不再理、軍事犯罪不引渡、已

51

過追訴時效或被赦免不引渡、酷刑不引渡、非正當程序不引渡等原則。[31]這些都是絕對禁止引渡的情形。根據《引渡法》第9條規定，還有兩種相對禁止引渡的情形：對於引渡請求所指的犯罪具有刑事管轄權，並且對被請求引渡人正在進行刑事訴訟或者準備提起刑事訴訟的；由於被請求引渡人的年齡、健康等原因，根據人道主義原則不宜引渡的，中國也可以拒絕引渡。

第二節　大陸與港澳之間的逃犯移交

海峽兩岸之間的逃犯移交雖然也不同於大陸與港澳的逃犯移交，但是同屬於區際刑事司法協助，是「一個中國」範圍內的逃犯移交合作，在許多方面有相同的經驗可供參照。

一、大陸與香港的逃犯移交

（一）香港的逃犯移交立法

香港規管逃犯移交的法律規範是《逃犯條例》（香港法例第503章）和《刑事事宜相互法律協助》（香港法例第525章）。但其並不適用於大陸。按照《中華人民共和國香港特別行政區基本法》（以下簡稱《香港特別行政區基本法》），香港獲得中央政府授權與外國談判和簽訂逃犯移交協議。到目前為止，香港已經與世界上10多個國家簽訂移交逃犯協議。

（二）大陸與香港逃犯移交的合作現狀

《香港特別行政區基本法》第95條規定：「香港特別行政區可與全國其他地區的司法機關透過協商依法進行司法方面的聯繫和相互提供協助。」目前大陸與香港分別於1999年3月、8月、11月和2000年3月

就逃犯移交進行過四輪專家會談，但尚未簽訂正式的逃犯移交協定，僅有一項行政安排。該行政安排表明，大陸如果捕獲在香港犯罪的嫌疑人，將交還香港審訊。由於沒有其他安排，香港尚未把任何逃犯移交大陸審判。在大陸與香港針對逃犯移交的多次商談中，香港方面主要考慮應否採納國際間認可的原則和標準。肯定的意見認為香港的《逃犯條例》中規定的程序和審查機制，有助於保障市民的基本權益，應該作為未來兩地移交逃犯協定的基礎；反對的意見認為兩地屬於區域性的司法互助，應該以簡便、快速和有效打擊跨境犯罪為原則，國家間的原則和慣例不一定適用。大陸的商談意見比較傾向於後者。

（三）大陸與香港逃犯移交的具體問題

1. 雙重犯罪問題

香港《逃犯條例》和大陸《引渡法》均規定可以引渡的犯罪行為根據請求方和被請求方的法律均構成犯罪，而且均規定最低刑期為1年以上有期徒刑（香港為12個月監禁），區別僅在於《引渡法》採用淘汰法——以可判處的刑罰的限制來規定可以引渡的犯罪，而《逃犯條例》採用列舉法規定了46種可以引渡的罪行。今後大陸與香港逃犯移交安排中應否採納雙重犯罪原則、是採取列舉法還是淘汰法？有意見認為雙重犯罪原則是國與國引渡司法實踐中的一項國際慣例，在兩地司法協助中不宜採用，因為兩地刑事犯罪規定各有不同，而且應當按照屬地管轄原則將罪犯移交犯罪地司法機關。反對的意見認為雙重犯罪原則是引渡的重要前提，兩地的逃犯移交也應遵循該原則。[32]

2. 死刑問題

中國刑法中死刑適用比較廣泛，前文已述，中國《引渡法》對於死刑是否引渡沒有規定，但中國與一些國家的雙邊引渡條約中確立了「死刑不引渡」的原則。也就是說，在大陸的引渡司法實踐中，可以

接受「死刑不引渡」原則。1993年，香港已經廢除了死刑，而且明確遵循「死刑不引渡」原則。根據香港《逃犯條例》第13（5）款的規定，如移交罪行可處以死刑，行政長官只可在得到請求方保證逃犯移交後不會被判處或執行死刑，才可作出移交。香港與其他國家簽訂的移交逃犯協定，在遇到死刑問題時，會列明除非得到請求方保證被移交者不會被判死刑或即使被判死刑也不會執行，否則被請求方可拒絕移交。1997年香港根據《逃犯條例》訂立《逃犯（酷刑）令》，規定行政長官可行使酌情決定權，拒絕將可能遭受酷刑危險的逃犯移交另一司法管轄區。[33]如果香港要求「死刑不引渡」，則可能成為大陸嚴重犯罪分子的避風港；否則又有違香港法治。既要維護基本法確立的香港司法主權，又要達到有效懲治犯罪的目的，在兩地逃犯移交的商談，是否適用「死刑不引渡」原則也是成為大陸的兩難之選。

3.政治犯罪問題

《引渡法》第8條第（三）項規定：「因政治犯罪而請求引渡的，或者中華人民共和國已經給予被請求引渡人受庇護權利的」，應當拒絕引渡。在中國與其他國家簽訂的引渡雙邊條約中，大部分明確約定了這項原則。香港《逃犯條例》第5（1）（a）、（c）條規定，如果逃犯所涉及的罪行屬於政治性質的罪行、或者移交請求的目的是針對逃犯政治見解而提起刑事檢控或者執行刑罰，便不得進行移交。

由於國際社會並沒有共同接受的「政治犯罪」的定義，每一個國家可以根據本國的法律制度和酌情權對其作出判斷，從而決定是否引渡。《香港特別行政區基本法》第23條規定：「香港特別行政區應自行立法禁止任何叛國、分裂國家、煽動叛亂、顛覆中央人民政府及竊取國家機密的行為，禁止外國的政治性組織或者團體在香港特別行政區進行政治活動，禁止香港特別行政區的政治性組織或團體與外國的政治性組織或者團體建立聯繫。」目前，香港尚未完成上述立法，所

以兩地逃犯移交的協議是否規定政治犯罪不移交，不僅「高度敏感」，而且相信比其他移交原則更具複雜性。

4.審查機制問題

大陸和香港對引渡審查實行的都是「行政審查＋司法審查＋行政審查」的機制。區別在於：大陸對引渡的審查主要是形式審查，不對引渡請求所針對的案件進行實質審查；而香港對外國的每一個引渡請求所涉及的犯罪卻會進行一定程度上的實質性審查。雖然香港的這種實質性審查有利於保障個人的基本權益，但是作為區域性刑事司法合作，似乎更應當強調簡便和高效的原則。所以審查機制也是兩地逃犯移交詳細商討的問題。34

二、大陸與澳門的逃犯移交

（一）澳門的逃犯移交立法

澳門《刑事訴訟法》第217條規定，「將不法分子移交至另一地區或國家，由特別法規範之。」目前，此「特別法」即指2006年通過的澳門《刑事司法互助》（第6/2006號法律）。該法第1條即開宗明義地指出，「本法規範澳門特別行政區在中央人民政府協助及授權下，與中華人民共和國以外的國家或者地區進行刑事司法互助。」可見，澳門與大陸之間的刑事司法互助也並不屬於該法調整的範圍。

有關大陸與澳門之間移交逃犯及其他刑事司法互助的現有立法僅為《中華人民共和國澳門特別行政區基本法》（以下簡稱《澳門特別行政區基本法》）第93條「澳門特別行政區可與全國其他地區的司法機關透過協商依法進行司法方面的聯繫和相互提供協助」。作為中國的一個特別行政區，澳門與其他國家及地區間包括移交逃犯在內的刑事司法協助的相關立法不斷取得進展，但是澳門與大陸之間在移交逃

犯問題上也屬無法可依。

(二)大陸與澳門逃犯移交的實踐

正如大陸與香港之間的情形一致，由於沒有協議，大陸與澳門之間的逃犯移交也主要是透過國際刑警組織進行，渠道同樣並不順暢，原因也類似。有代表性的案件如涉嫌生產盜版光盤和走私的A某被大陸檢察機關批准逮捕後，逃至澳門，被澳門治安警察局出入境事務廳截獲後，澳門助理檢察長根據國際刑警組織的紅色通緝令作出將其移交大陸海關的決定。但是，A某提出人身保護令申請後，2007年，澳門終審法院合議庭作出的「12/2007號」裁判，就判定「現時並沒有區際法律和本地法律規範大陸與澳門特別行政區之間移交逃犯的事宜。因此，即使是為了執行國際刑警組織發出的紅色通緝令，在沒有可適用的專門法律規範的情況下，包括檢察院、司法警察局在內的任何公共機關均不能以把國際刑警通緝的人士移交作為請求方的大陸為目的拘留該人士」，因此裁判將逃犯移交給大陸「屬於違法」。實際上，澳門回歸前後均有相關案例出現。當然，也不乏澳門與大陸相互進行逃犯移交的案例，如2001至2006年廣東省公安廳「320」跨境追逃機制中，就向澳門警方移交了逃至大陸的重要嫌疑犯，澳門警方同樣亦協助廣東警方抓獲15名重要的外逃犯罪嫌疑人。由於兩地畢竟未簽署相關協議，所以如進行逃犯移交協助，也僅屬個案合作。

(三)大陸與澳門逃犯移交面臨的主要問題

澳門《刑事司法互助法》對於主要的逃犯移交原則，包括雙重犯罪原則、政治犯罪不移交原則、本地居民不移交原則以及死刑犯不移交原則等均在調整表述方式的前提下予以採納。在兩地移交逃犯方面，澳門傾向於援用雙重犯罪原則、死刑犯不移交原則，而大陸則持不同或者相反的立場。但是對於本地居民不移交原則和剔除政治犯罪不移交原則，兩地認識則漸趨一致。

1.雙重犯罪問題

澳門方面比較有代表性的觀點認為，既然是一國內的不同法域，就意味著必須承認法律制度不同的現實。從對「法域」的實質理解出發，援用雙重犯罪原則既是對澳門法律的尊重，也是對大陸法律的尊重。如果認為這樣做會導致對「一國」的損害，實際上是將「一國」與「兩制」對立起來，為了強調「一國」而忽視了「兩制」；或者是將大陸誤為一國。

2.死刑犯不移交問題

由於澳門與香港一樣已經廢除死刑，所以對於死刑犯不移交原則，兩地爭議較大。同樣，大陸學者的主流觀點是在大陸與澳門的逃犯移交中，應不適用死刑犯不移交原則，否則是對大陸死刑制度的干涉，是對相互尊重、互不干涉的「兩制」原則的嚴重違反。35但是澳門學者多數認為應當適用，其理由包括：大陸雖然保留死刑，但是在與其他國家簽訂的引渡條約中，實際上已經多數採納該原則。2005年簽署的《中華人民共和國和西班牙共和國引渡條約》第3條「應當拒絕引渡的理由」規定得已經非常明確：「根據請求方法律，被請求引渡人可能因引渡請求所針對的犯罪被判死刑，除非請求方作出被請求方認為足夠的保證不判處死刑，或者在判處死刑的情況下不執行死刑」。此外，2007年中國與法國、澳大利亞簽署的引渡條約均有同樣條款。但是澳門學者也認為，為了避免涉嫌嚴重犯罪的人反而逃脫被移交，可以透過保證不判處死刑（立即執行）作為不移交的例外。

3.本方居民不移交問題

對於本地居民不移交原則，兩地學者觀點比較一致。即該原則主要涉及主權，兩地同屬於一個主權國家，所以該原則不應出現在「一國」下的澳門與大陸間移交逃犯的協議中，但考慮到澳門居民國籍的複雜性，應當預留國籍國請求方的例外空間。

4.政治犯罪不移交問題

對於政治犯罪不移交原則，原本爭議較大，但因為在同一主權國家範圍內，政治犯罪不移交原則，並無其獨立存在的憲政基礎和法律意義。特別是澳門為履行《澳門特別行政區基本法》第23條的憲政責任而制定的《維護國家安全法》已於2009年2月26日生效，其中明確規定了「叛國」、「分裂國家」、「顛覆中央人民政府」、「煽動叛亂」、「竊取國家機密」以及「外國的政治性組織或團體在澳門作出危害國家安全的行為」、「澳門的政治性組織或團體與外國的政治性組織或團體建立聯繫作出危害國家安全的行為」等內容。據此，政治犯罪一詞已無獨立存在的價值，而且相關犯罪可以直接依據《維護國家安全法》和雙重犯罪原則進行移交。對此，兩地學者看法也比較一致。

三、大陸與港澳逃犯移交合作的前景

大陸、香港、澳門均各自與外國簽訂了眾多的引渡、或者移交逃犯雙邊條約或者協定，與外國在引渡或逃犯移交的問題上均有明確的法律依據，但是相互之間的逃犯移交問題上卻無法可依，因此也沒有理想的逃犯移交渠道。當前隨著不斷融合，跨境犯罪和需要移交協助的案件不斷增多，大陸與港、澳主要依靠協商解決的個案合作進一步暴露出辦案週期長、效率低、成本高的缺陷，這種於法無據的立法現狀無疑嚴重妨礙了共同打擊犯罪和社會治安秩序。所以，尋求大陸與港、澳逃犯移交合作的共識亦屬迫在眉睫。

（一）大陸與港澳逃犯移交合作的重點

港、澳已經回歸，成功實現「一國兩制」。海峽兩岸的逃犯移交與之不同的是：大陸與臺灣尚未統一，兩岸都認同「一個中國」，但

臺灣卻未承認「兩制」。所以相比較而言，大陸與港、澳之間的逃犯移交合作比海峽兩岸之間少了政治考量，其重點在於如何消弭、協調彼此法律傳統和制度差異。儘管這不是短期內能解決的問題，但是有了「一國兩制」和基本法的大前提，同根同祖的同胞終有解決的共同智慧。

（二）大陸與港澳逃犯移交合作的難點

作為區際刑事司法合作，大陸與港、澳逃犯移交合作的最高原則當然是「一國兩制」。但是難就難在對「一國兩制」的全面理解。實際上，正如澳門學者所言「對於『一國兩制』原則的重視，各方都言之鑿鑿，但是得出的結論卻往往南轅北轍。究其原因，無非是在有意無意地對『一國兩制』原則的選擇性遵守：或者只談『一國』，以『一國兩制』遮蔽『兩制』；或者只談『兩制』，以『兩制』抹殺『一國』。只有在全面理解『一國兩制』的前提下，才能在準確定位兩地間刑事司法互助性質的基礎上，為有關基本原則上的分歧找到根本解決之道」。大陸與香港、大陸與澳門，雙方都不具備獨立或者半獨立的「政治實體」身分，兩地並非「中華人民共和國」與「香港特別行政區」、「澳門特別行政區」，而是「中國大陸」與「中國香港」、「中國澳門」。[36]總之，全面、準確理解「一國兩制」原則，在逃犯移交的原則上剔除與主權有關的內容，逃犯移交原則問題的解決即成為可能。

第三節　美國州際逃犯移交

雖然海峽兩岸之間的逃犯移交互助在世界上沒有可以移植的現成的版本，但是瞭解世界上其他國家的區際逃犯移交，對我們構建兩個特殊法域之間的逃犯移交原則或許不無裨益。

一、美國州際逃犯移交的法律基礎

美國州際逃犯移交主要是由美國憲法、聯邦法例及州際立法進行規管，當然也包括一些聯邦最高法院及州最高法院的判例。

（一）憲法

美國憲法第4條第1款規定：「各個州對於所有其他州的公共法律、文件檔案和司法程序，應給予充分的信任和尊重。國會得以一般法律規定證明此種法律、文件檔案和司法程序的方法和所具有的效力。」同款第二段規定：「在任何一州被控告犯有叛國罪、重罪或其他罪行，逃脫法網而在他州被尋獲之人，應根據他所逃出之州行政當局的要求將他交出，以便解送到對犯罪行為有管轄的州。」此中的「其他罪行」，在美國早期的司法界曾出現很大的爭議。直至1860年，美國聯邦最高法院在Kentuchy v.Dennison一案中，明確了「其他罪行」是指所有在請求遣返州可構成懲罰的罪行，即使在普通法或其他州（包括被請求遣返的州）的法律之下並不構成犯罪，該逃犯仍需被移交進行審訊。

（二）聯邦法例

因為憲法中並沒有明確逃犯移交的形式或方法等事宜，導致各州採用不同的程序和安排，引起很多紛爭和混亂。為了避免各州之間發生衝突，損害彼此的和睦，聯邦政府和各州在立國初期均欲草擬一套通行全國的逃犯移交法規，以統一全國的移交程序。1793年，美國國會通過了《遣返法》，該法案後來併入法案修訂本中，其主要內容是：當某一州或者地區的行政當局提出遣返逃犯的要求，並且向被請求州提供起訴書時，被請求州應將逃犯拘捕，同時通知請求州的行政當局，並將逃犯轉交行政當局委派的人士。

上述聯邦法例的訂立雖使各州之間逃犯移交的程序有了統一的依

據，但是並未平息州際逃犯遣返方面的爭議，尤其是州長擁有很大的酌情權。有些州長以保障逃犯的人權和自由、或者避免逃犯被遣返後遭到不公平對待等理由拒絕遣返逃犯，遂又引起州與州之間的爭執，被拒絕遣返州的州長甚至為了報復同樣作出拒絕遣返的決定。

（三）州際法例

1926年，美國全國統一州際法專員會議草擬了《刑事引渡統一法案》。該法案在1935年修訂一次。除了密西西比州和南卡羅來納州外，其他各州均已將其採納為本州的法律。該法案規定，任何一個州的州長，有責任將觸犯叛國罪、重罪和其他罪行而在他的州被尋獲的逃犯，根據犯人所逃出的州行政當局的要求，將犯人遣返。此外，該法案還詳細訂明要求和請求文件的形式、逮捕和拘押、保釋、人身保護令訴訟程序等事宜。此外，美國各州還訂立三個協議：一是《緊迫追捕的統一法案》。該法案授權其他州的警務人員，在進行緊迫追捕行動時，可拘捕跨越州界的逃犯及犯罪者。這便免除了在拘捕行動後需要進行逃犯遣返程序。二是《監督州外假釋犯人或感化犯人的州際相互協約》。協約主要是容許某一個州的假釋犯人或感化犯人，可移居到另一個有簽訂協約的州，接受該州的適當監督。如有需要，假釋犯人或感化犯人可以被送返原本被定罪的州，而犯人移交的法律程序會被免除。三是《拘留犯人州際相互協議》。該協議容許將正在某一個州服刑的犯人，由另一州暫時拘押，以便對犯人進行另一項審訊。待審訊完畢後，不論審訊結果如何，犯人會歸還犯人原先正在服刑的州。

二、美國州際逃犯移交的原則

美國州際逃犯移交主要涉及兩個原則問題：

（一）死刑問題

美國現有38個州設有死刑，另12個州完全廢除死刑。各州可判處死刑的罪行都有所不同，大致上包括謀殺、綁架、劫機和叛國罪等。如前所述，州與州在考量是否移交逃犯時，只會著眼於有關程序是否符合法律上的要求。假如一個沒有死刑的被請求州，須把被控以一級謀殺罪的逃犯交予另一個設有死刑的請求州時，並不會因該逃犯可能會被判死刑而拒絕移交。

（二）政治犯罪問題

美國州與州在考量應否移交逃犯時，也不會因政治犯罪問題而拒絕移交。美國憲法更明文規定被控告犯有叛國罪的逃犯，應當移交。一直以來，美國司法界都在爭議可能受到政治迫害和不能獲得公平審訊是否可以成為免於移交逃犯的理由，但是，這種「逃犯權利」的觀點一直沒有得到美國司法界的普遍支持。

三、美國州際逃犯移交的程序

美國州際逃犯移交是一項簡易和強制性的行政程序，被請求州並不需對請求進行詳細的審查，僅在有限的情況下受到司法上的審查。如果有表面證據顯示請求符合憲法及法律上的要求，被請求州的州長就將根據請求州提供的起訴書作出移交決定。假如當事人不願意被移交，可向法院申請人身保護令，法院只能考量以下四個因素：1.請求移交的文件是否齊備。2.被要求移交的當事人是否在請求州被指控犯有某些罪行。3.被請求移交的人是否就是移交文件中所指的當事人。4.被請求移交的當事人是否屬「逃犯」。總之，美國各州之間在決定移交與否時只需要考慮相關程序是否符合規定，而不會考慮當事人是否清白。

四、美國州際逃犯移交的特點

（一）有統一的憲法和聯邦法例

美國州際法律雖有不同，但是逃犯移交制度有統一和共同遵守的憲法和聯邦法例，州與州之間的立法和司法制度，均受到憲法所約束，不能違反憲法對公民權利的保障。

（二）以示範法的方式解決州際法律衝突

憲法、聯邦法例和州際法例構成了美國州際逃犯移交制度的基本法律基礎。特別是其中的州際法例，在解決州際法律衝突方面發揮了很好的作用。由於美國早期州與州之間司法制度和人權保障上的差異，在逃犯移交問題上曾經帶來不少爭議。為瞭解決州際法律衝突，美國採取由一些官方、半官方或者民間組織草擬出一套「示範法」，再經由各州的立法機關採納為本身的法律，來達到各州法律上的統一。前述的《刑事引渡統一法案》就是由美國全國統一州際法專員會議草擬。這個組織從1892年開始就致力於州際法律的統一，該組織的主要工作就是草擬「統一」或者「模範」法案，並且向各州推介。1983年，該組織又草擬了一個新的《引渡及遣返統一法案》，修訂了《刑事引渡統一法案》，目前北達科他州已經採納其為州法律。

（三）不受國際引渡規則所規範

美國州際逃犯移交制度不同於國與國之間的逃犯引渡，所以基本不受國際引渡規則所規範，如雙重犯罪原則、死刑犯不引渡原則、政治犯罪不引渡原則等均不適用。在程序上也只進行簡單的司法審查和表面程序合法性的審查。[37]

第四節　海峽兩岸的逃犯移交

《引渡法》第2條規定「中華人民共和國和外國之間的引渡，依照本法進行。」引渡是國與國之間的逃犯移交，《引渡法》自然不適用於大陸與港澳臺之間。目前兩岸尚未有關於相互移交逃犯的各自立法，但可喜的是，卻早在1990年就簽署了相互移交逃犯的協議。

一、海峽兩岸逃犯移交協議

1980年代後期，海峽兩岸接觸日益增多，同時也出現了不同形式的跨海峽犯罪行為。進入90年代，兩岸開始進行有關刑事司法互助的商談。但由於眾所周知的政治原因，1990年簽訂的《金門協議》只規定了遣返的對像是：「違反有關規定進入對方地區的居民」和「刑事嫌疑犯或刑事犯」；遣返的原則是：「人道精神與安全便利的原則」。隨後，由於兩岸劫機犯罪嚴重，所以兩岸轉而著重就遣返劫機犯問題多次另行商談，但是因為劫機犯罪涉及兩岸刑事管轄權，問題更加複雜，最終僅形成協議的草案，未正式簽署協議。《金門協議》是中國第一個區際刑事司法協助協議，也是中國第一個區際逃犯移交協議。《南京協議》則在三個方面完善了「刑事嫌疑犯或刑事犯」的遣返：1.遣返原則。即人道、安全、迅速、便利原則。2.遣返方式。在「原有基礎上，增加海運或空運直航方式」。3.遣返程序。《南京協議》第四章規定的遣返適用的司法互助程序比《金門協議》更加便捷。

但是，從《金門協議》到《南京協議》，不僅都迴避使用「逃犯移交」一詞而使用「遣返」來表達，而且僅規定了人道、安全、迅速、便利等「原則」。與其說人道、安全、迅速、便利是遣返的「原則」，不如說是「遣返」作業的總體要求。逃犯移交雖與引渡性質不同，但問題相似。「遣返」對象——即哪些「刑事嫌疑犯或刑事犯」可以被遣返，哪些應當、可以拒絕遣返等決定區際逃犯移交「基礎和

核心的」實質性原則，《金門協議》和《南京協議》都採取了迴避的方式。

二、海峽兩岸逃犯移交的實踐

迄今為止，海峽兩岸之間開展的逃犯移交實踐可以概括為以下三種：

（一）透過第三地

1989年，臺灣殺人犯楊明宗在大陸落網。由於海峽兩岸尚未建立逃犯移交管道，最後大陸警方以楊明宗還涉嫌偽造新加坡護照為由，將楊明宗移交給新加坡警方，然後由新加坡警方當場將逃犯再移交給臺灣警方。這種透過第三地輾轉移交的途徑主要適用於1990年《金門協議》簽訂前海峽兩岸無法直接接觸的特殊時期。

（二）透過國際刑警組織

實際上，透過第三地進行逃犯移交只是個案。1990年前，大陸與港澳臺開展逃犯移交的主要方式還是透過國際刑警組織。國際刑警組織在香港和臺灣設有中心局，與澳門警方亦有聯繫。中國政府於1984年加入國際刑警組織後，專門設立了國際刑警組織中國國家中心局廣東聯絡處，以管理涉港澳臺的案件。如1989年大陸逃犯吳大鵬盜竊中國銀行匯票外逃，國際刑警組織中國國家中心局向國際刑警組織總祕書處提出協助請求，總祕書處隨即對吳大鵬發出紅色通緝令，並向新加坡、瑞士、美國、香港及臺灣警方緊急通報案情，要求協查並緝捕吳大鵬。最後臺灣警方積極配合，逮捕了逃至臺灣的吳大鵬並遣返大陸，同時在上述有關國家和地區的配合下被盜的300萬元巨款被追回。

（三）司法途徑

《金門協議》後,兩岸在互惠的前提下積極開展了直接的逃犯移交合作。依據雙方遣返的概略統計,從《金門協議》到《南京協議》的近20年間,海峽兩岸雙向遣返總次數212次38936人次。其中,大陸向臺灣遣返非法入境人員、刑事犯和刑事嫌疑犯366人,接回私渡人員38570人。38《南京協議》簽署後至2010年2月,雙方依其所進行的互助業務已達5000餘件。其中,大陸方面遣返臺灣通緝犯18名,包含涉嫌詐欺、擄人勒贖、毒品等。39從《金門協議》到《南京協議》,雖然簽訂主體是民間機構,但是在進行具體的遣返作業時,依照協議所規定的程序,具體負責聯絡和辦理相關事宜的機構並不是簽訂協議的兩個主體,而是雙方的「業務主管部門」——司法機關。

三、海峽兩岸逃犯移交面臨的主要問題

在國際刑事司法協助中,國與國之間簽訂引渡條約或者進行引渡實踐的主要障礙是有關雙重犯罪、政治犯罪、死刑犯、本方居民移交、或移交或起訴、特定罪名等原則問題。這些原則也是引渡的「基礎和核心」問題。實際上,區際刑事司法協助在移交逃犯方面的主要爭議點也概莫能外。根據海峽兩岸多次商討的情況,兩岸移交逃犯面臨的主要障礙和爭議點是:

(一)雙重犯罪問題

相比刑事訴訟文書送達、調查取證等狹義的國際刑事司法協助形式而言,引渡對於當事人來說是一種最體現否定評價的合作形式。送達文書、調查取證等只是為請求方的刑事訴訟活動提供輔助性的中立的協助,這種協助有可能有利於被追訴人,也有可能不利於被追訴人,它不對被追訴人的行為性質及請求方的追訴活動進行法律評價。而引渡和移交逃犯的性質與效果則大不相同,它表明被請求方對請求方刑事訴訟活動的支持甚至參與態度;它將使被請求移交人在被請求

國境內接受人身強制措施；它將不顧被請求移交人的相反意願強行將其移交給請求國，以使其接受刑事追訴或者刑罰的執行。總之，對於被請求引渡人來說，它將帶來絕對不利的法律後果。因此，在國際刑事司法協助中，各國普遍認為必須嚴格以雙重犯罪原則作為合作的必要條件。

（二）政治犯罪問題

政治犯罪不移交原則是18世紀末期法國資產階級革命以後逐步形成的一項國際上普遍承認的原則，最早在1793年法國憲法中就規定了政治犯罪不引渡原則，後來逐漸成為各國公認的國際法原則。但是，由於各國對「政治犯罪」的不同理解而導致該原則無論是理論上還是實際中都存在不少問題。著名的義大利刑法學家貝卡利亞認為，政治犯罪即「不具有惡意，而僅僅是出於自由的願望而造成損害」。[40]西方犯罪實證派代表菲利認為，政治犯罪「不是出於利己動機，而是出於利他動機，反對現代社會秩序的不公平的進化型犯罪」。[41]在國際引渡實踐中，有時候政治犯罪僅被限定為「純政治犯罪」，有時候又包括那些行為和罪名均屬普通犯罪，而行為人犯罪的目的或者動機或者某些特定情節有一定政治因素的犯罪。總之，最大的問題是確定政治犯罪的標準具有很大的伸縮性。

（三）軍事犯罪問題

軍事犯是指僅僅違反一國軍事法律，但根據該國的普通刑事法律則不構成犯罪的行為。軍事犯罪具有鮮明的政治性和排他性，現代各國一般都認為，刑事司法協助屬於普通刑事法上的事務，不涉及軍法領域，對任何軍事法的犯罪行為，都不在刑事司法協助的範疇之內。中國與外國簽訂的雙邊引渡條約也將軍事犯罪排除在合作的範圍之外，約定引渡請求所涉及的犯罪只是軍事性質的犯罪，而根據普通刑法不構成犯罪的，應當拒絕引渡。

（四）死刑犯問題

「死刑犯不引渡」原則是第二次世界大戰以後，由於廢除死刑運動的影響，而在國際引渡實踐中興起的一種限制性原則。例如，1957年的《歐洲引渡公約》第11條規定，如果要求引渡的罪行，根據請求國的法律將被處死刑，而被請求國的法律對這種罪行沒有處死刑的規定，或者通常不執行死刑，引渡可以被拒絕，除非請求國做出能使被請求國滿意的保證：死刑將不執行。在國際刑事司法協助中，死刑問題一般是死刑保留國與死刑廢止國之間締結引渡條約的巨大障礙。隨著國際社會對死刑觀念的不斷變化，甚至在死刑保留國之間簽署引渡條約時，也同樣面臨是否確立死刑犯不移交的問題。在區際司法協助中，死刑犯是否移交也成為不同法域之間展開合作的主要障礙。

（五）本方居民移交問題

在國際引渡實踐中，這個原則被稱為「本國公民不引渡」原則。對本國公民是否可以引渡給他國的問題，各國的做法不同。以英國為代表的普通法系國家贊成或者不反對引渡本國公民。而歐洲大陸和拉丁美洲國家則堅持本國公民不引渡原則。導致這一區別的根源除了各國引渡歷史傳統方面的影響外，主要在於兩類國家所確定的刑事管轄標準不同。普通法系國家一向嚴格奉行屬地管轄原則，本國公民在外國的犯罪行為應由犯罪地國行使管轄權，所以將本國公民引渡給犯罪地國審判並不損害本國的司法權。相反，歐洲大陸和拉丁美洲國家均有屬人管轄權的規定，甚至將本國刑法中的全部罪名都適用於本國公民在外國的犯罪，所以，本國公民在外國犯罪後逃回本國，且根據本國刑法也構成犯罪，如果不由本國審判而將其引渡給外國，就等於放棄了本國的刑事管轄權。

（六）或移交或起訴問題

「或移交或起訴」原則來源於國際刑事司法協助的「或引渡或起

訴」原則。「或引渡或起訴」原則的含義是：對於國際公約或者國際條約所規定的犯罪，一締約國接到另一締約國提出關於引渡犯罪嫌疑人的請求時必須作出這樣的選擇：或者對被請求引渡人實行引渡，或者將其移交本國司法機關進行追訴和審判。42該原則與「本國公民不引渡」原則密切相關。第二次世界大戰後，國際刑事訴訟領域同時出現了跨國犯罪日益增多和人權保障意識逐漸受到重視的趨勢，一國對在國外犯罪的本國公民予以庇護而不予引渡在國際刑事司法協助領域也漸成風氣，這無疑妨礙對國際犯罪的打擊。為解決這一問題，一些國家提出了「或引渡或起訴」的主張，以對「本國公民不引渡」原則的漏洞進行補救。該原則是國際刑事司法合作的一項重要制度，也是在當今條件下對國際犯罪進行審判和制裁的行之有效的方法。

（七）特定罪名問題

根據國際實踐和許多有關國際刑事司法合作的條約規定，為了防止請求方以國際刑事司法合作為藉口迫害被請求方應該給予保護的人，在引渡後，請求方只能就請求刑事司法協助時所指控的罪名對被引渡人予以審判和處理，不得審理、處罰不同於該罪名的任何其他罪行，否則，被請求方有抗議的權利，請求方也沒有單方面決定將逃犯轉移給第三國的權利，這就是「特定罪名原則」。該原則實際上是隨著政治犯罪不移交原則的產生而發展起來的。因為如果請求方以搶劫之類的普通犯罪為由請求移交，在被請求方移交之後卻以政治犯罪進行追訴的話，就規避了政治犯罪不移交的原則，也侵害了被請求方的主權。所以，一般認為，堅持政治犯罪不移交原則，就應當確立特定罪名原則。

四、海峽兩岸逃犯移交的原則構建

雖然兩岸移交逃犯與國家間的引渡並不相同，但畢竟兩岸在政治

經濟和司法制度上有著明顯的差異，而且兩岸之間不像美國一樣有一個統一的憲法和聯邦法例，所以這種區際逃犯移交與引渡有更多的相似問題，更需要適當參照國際慣例。但是哪些國際慣例適宜採用，哪些慣例不適宜採用，可謂「知易行難」、也沒有先例可供借鑑。但不管怎樣，任何移交都應遵循這樣的大前提：既要考慮兩岸在政治經濟和司法制度上的巨大差異，更要貫徹「一個中國」原則；既要保障個人人權，也要防止罪犯逍遙法外。

（一）確立有例外的雙重犯罪原則

雙重犯罪原則是國與國之間引渡的一項重要原則，它實際上是「罪刑法定原則」在國際刑事司法合作領域的體現。海峽兩岸移交逃犯是否適用雙重犯罪，多數學者認為雙方法律對該種行為都作出否定評價是實現移交的基本前提，所以在區際刑事司法協助中也應當堅持雙重犯罪原則[43]；也有觀點認為在特殊關係的法域間移交逃犯早有排除雙重犯罪原則的先例，例如英國的《逃犯法（1967年）》在規定英國與英聯邦成員之間的移交時即排除雙重犯罪原則。

筆者認為：大陸和臺灣各有自己的司法體系，請求方司法認為是犯罪或者嚴重犯罪的行為，被請求方的司法如果不認為是犯罪，其司法互助行為無從展開。雙重犯罪原則正是在一國的前提下尊重「兩制」的體現。非雙重犯罪原則雖也有其道理，是尊重了「一國」，卻忽略了「兩制」。所以，鑑於逃犯移交的性質和兩岸差異的客觀事實，兩岸移交逃犯應堅持雙重犯罪原則。但是，為避免對方成為犯罪行為的避風港，有必要考慮設定例外情況。實際上《南京協議》第二章「共同打擊犯罪」第四部分就體現了這樣的原則和例外：「雙方同意採取措施共同打擊雙方均認為涉嫌犯罪的行為」，而且「一方認為涉嫌犯罪，另一方認為未涉嫌犯罪但有重大社會危害，得經雙方同意個案協助」。這應當是未來兩岸司法協助在這個問題上的務實的成熟

的做法。

(二) 剔除政治犯罪、軍事犯罪不移交原則

政治犯罪不移交原則本身爭議較大，不僅大陸立法對「政治犯罪」也沒有規定，而且兩岸在基本社會制度、意識形態等方面存在重大差異，很難就「政治犯罪」形成共識。在這樣的情形下，設定政治犯罪不移交原則，無疑將給移交合作設置難以踰越的障礙。44目前，兩岸都贊同「一個中國」，只要把握「一國」，即兩地的移交是在同一主權國家內不同法域之間的刑事司法協助，那麼這種爭議實際上就顯得毫無意義。因為在同一主權國家範圍內，政治犯罪不移交，甚至政治犯罪一詞，並無其獨立存在的意義。45類似的道理，軍事犯罪不移交原則也應在剔除之列，此不贅述。

(三) 剔除死刑犯不移交原則

香港和澳門已經廢除死刑，所以大陸與港、澳移交逃犯的商談中，對死刑犯是否移交更難抉擇。但是大陸和臺灣對死刑的態度大致相同，即保留死刑，但是儘量限制死刑的適用，所以在死刑的適用上，兩地並不存在本質的衝突。從法律的規定看，可處死刑的罪行一般都是重罪，如果對於這些重罪逃犯不予移交，必然導致罪犯逍遙法外，不利於震懾嚴重刑事犯罪活動。其次，即便刑法規定該罪可能判處死刑，但最終是否判處死刑不僅要經過偵查、起訴、審判，不僅要考慮法定情節還要考慮酌定情節，作為並不熟悉對方法律和刑事審判實踐的被請求方，由其判斷該案是否要判處死刑客觀上也是很困難的。所以，未來兩岸移交逃犯合作中，宜剔除死刑犯不移交原則。

(四) 剔除本方居民不移交原則

如前所述，國際引渡實踐中是否確立「本國公民不引渡」原則主要是因為不同國家刑法確定的刑事管轄標準不同。其次，也有出於保

護本國公民的考慮而在與外國的引渡實踐中實行「本國公民不引渡」。

兩岸之間移交逃犯應剔除本方居民不移交原則的理由有：

1.大陸和臺灣都在刑事管轄權上奉行同樣的屬地管轄為主、屬人管轄等為輔的原則。在哪裡犯罪，就應當在哪裡被追究刑事責任，因此，應剔除本方居民不移交原則。

2.在實行雙重犯罪原則的前提下，兩地都認為是犯罪行為，移交或者不移交都不影響對被移交人的刑事追訴（隻影響量刑）。所以，堅持雙重犯罪原則就沒有必要再適用本方居民不移交原則。

3.大陸與港澳臺地區的公民，無論在哪個地區的法院受審，其身分都是中華人民共和國公民，法律上不存在區別對待的問題。兩岸居民同屬炎黃子孫，在刑事訴訟過程中，不存在內外有別的問題，也不存在對臺灣居民虐待酷刑問題。實際上，在大陸的司法實踐中，對臺灣居民的訴訟權利更加保護。而且公正審判的前提是事實清楚，證據確實充分，要實現這一前提，最好的辦法是將其移交給犯罪地法院。

4.在「一個中國」的共識下，海峽兩岸都屬於同一個主權國家，由誰來對逃犯追究刑事責任並不像國際間那樣具有實質性意義。

（五）剔除或移交或起訴原則

既然「或引渡或起訴」原則是對「本國公民不引渡」原則的漏洞進行補救，那麼如果在海峽兩岸之間剔除了本地居民不移交原則，則就不存在這方面的漏洞。所以確立或移交或起訴原則也就失去了其本身的意義。

（六）確立特定罪名原則

從前述特定罪名原則與政治犯罪不移交原則的關係看，確立特定

罪名原則能夠避免有關請求國透過司法協助的方式達到迫害「政治犯罪」的目的，兩個原則密不可分。則堅持政治犯罪不移交原則，就應當確立特定罪名原則。同樣，剔除政治犯罪不移交原則，特定罪名原則似乎也失去了其存在的意義。但是，為了避免請求方在涉及其他罪名的移交合作中規避法律，仍然可以在沒有政治犯罪的相關規定下，確立這一原則。《南京協議》第6條「人員遣返」第四項約定：「非經受請求方同意，請求方不得對遣返對象追訴遣返請求以外的行為」，可見海峽兩岸對此已經達成一致。

第五節　海峽兩岸逃犯移交中的「政治犯罪」

　　無論《金門協議》還是《南京協議》，對構成區際逃犯移交「基礎和核心」的實質性原則——雙重犯罪、政治犯罪、軍事犯罪、本地居民犯罪、死刑犯等移交原則均採取了迴避的方式。迴避並非長久之計，隨著兩岸關係的進一步發展，這些問題將一一呈現在我們面前，亟需雙方應對。以下選取最敏感的「政治犯罪」為例，詳細探求並希望從中窺見兩岸逃犯移交合作的走向。

一、國際刑事司法協助中的「政治犯罪」

　　我們知道，逃犯移交是區際刑事司法協助術語，被喻為「區際引渡」。「政治犯罪不移交」就脫胎於國際刑事司法協助中的「政治犯罪不引渡」。[46]所以，海峽兩岸司法互助中的「政治犯罪不移交」需要從國際刑事司法協助中的「政治犯罪不引渡」談起。

（一）「政治犯罪」的含義

同「經濟犯罪」、「財產犯罪」等概念一樣，「政治犯罪」（political offence）是對具有政治特點的犯罪的概括表述。47大陸法系國家，通常將政治犯罪分為純粹政治犯罪（purely political offence）和相對政治犯罪（relative political offence）。前者是指涉及政治或者具有政治性質，從而被認為屬於政治犯罪的普通犯罪；後者又可以分為複合政治犯罪和牽連政治犯罪。複合政治犯罪，是指行為人出於政治目的或者動機所實施的，其犯罪情節或者行為手段具有政治性質，而形式上符合普通犯罪構成要件的政治犯罪。牽連政治犯罪，是從主客觀方面都構成純粹的普通犯罪，但是與某種政治行為有牽連關係的犯罪。48由於法律傳統的不同，英美法系在認定政治犯罪問題上則與大陸法系國家不同，其不存在純粹政治犯罪和相對政治犯罪的劃分，而主要以判例法認定事實和行為的性質，所以其認定標準也極其不穩定。以美國為例，其傳統上把政治犯罪分為兩類：1.純粹的政治犯罪行為。2.「與政治有關聯的」犯罪行為。前者大約是指直接指向政府、並且不具有任何普通犯罪因素的犯罪行為。這類罪行包括：叛國罪、煽動叛亂罪和間諜罪。在美國對外締結的所有引渡條約中，這類罪行都被排除在可以引渡的罪行的清單之外。而「與政治有關聯的」犯罪行為更沒有一個明確的定義，通常是指「與政治活動和事件有關的」普通犯罪行為。換言之，如果不是由於這類犯罪行為具有政治因素，則是通常允許引渡的普通犯罪行為。為了確定某一特定的犯罪行為是否是政治犯罪而決定引渡與否，美國在傳統上是採用英國在雷·卡斯蒂奧尼案中的審查方法。49

據不完全統計，目前世界各國在各自憲法、國內引渡法等法律文件中對「政治犯罪」所下的定義或解釋不下20多種。50但由於各國政治制度、歷史傳統等方面的巨大差異，「對這個名詞規定一個滿意的概念的一切嘗試都失敗了，而且事理也許永遠排斥找出一個滿意的概念或者定義的可能」，51所以國際上至今沒有公認的「政治犯罪」概

念或者法律涵義。正因如此,在國際引渡實踐中,有時候政治犯罪僅被限定為「純政治犯罪」,包括如維護國家罪、間諜罪、妨礙他人選舉權利罪等「一切侵害國家政治利益和公民的政治權利的犯罪」,有時候政治犯罪又包括那些行為和罪名均屬普通犯罪,而行為人犯罪的目的或者動機或者某些特定情節有一定政治因素的犯罪,如出於政治目的而劫持私人飛機,為給某一政治集團籌集資金而販賣毒品等;有時候,政治犯罪甚至可以包括發生在一定社會背景下的純粹的普通犯罪。可見,它可以在需要的時候把一切普通犯罪都納入,也可以把某些具有明顯政治目的的犯罪排除在外。正是由於其巨大的伸縮性,才被視為國際引渡合作中的「安全閥」,發揮著保障各國在引渡合作中根據本國利益進退自如的特殊作用。

(二)「政治犯罪不引渡」的來源

1.早期引渡的對象——政治犯罪

引渡制度產生於歐洲。中世紀歐洲的君主們透過引渡直接危害一國統治的政治犯罪、或者是因為政治原因的逃亡者,並處以酷刑以維護其專制統治。所以,其早期專門將叛國罪、弒君罪、異教徒或反對君主制的犯罪等作為引渡的對象。相反,普通犯罪很少被引渡。正所謂:「竊賊和盜匪可以很容易地逃亡外國,但起義者卻遭到逮捕——所有不同的專制統治者的利益在這點上是不謀而合的。」[52]可見,引渡制度正是基於引渡政治犯罪的目的而產生的。而且,那時不僅沒有引渡國內法,也沒有引渡條約,引渡與否取決於君主的意志,被請求國考慮的主要是接受請求能給自己帶來多大的好處或者是自己與請求國君主的私人關係。所以,早期的引渡活動實際上是掌握在統治者手中的一件政治工具,是國王之間進行政治交易的籌碼。

2.「政治犯罪不引渡」原則的產生

18世紀末19世紀初,西歐各國資產階級革命中,資產階級刑法改

革的先驅者、義大利刑法學家貝卡利亞在其名著《論犯罪與刑罰》一書中呼籲人們不要把引渡作為迫害政治對手、維護專制統治的工具，並首次提出了對被引渡者的法律保障。1793年法國大革命後制定的《憲法》第120條規定：「法國給予為了爭取自由而從本國流亡到法國的外國人以庇護。」此規定為「政治犯罪不引渡」原則的產生奠定了基礎。1833年10月1日，比利時頒布了世界上第一部《引渡法》，其第6條規定：「在締結條約時將明文規定，外國人不得因引渡以前的政治犯罪、與政治有關的行為或本法沒有規定的重罪或輕罪而受追訴或被處罰；在這種情況下，拒絕一切形式的引渡和臨時逮捕。」這一包含禁止引渡外國政治犯罪的法令在當時影響很大，被稱為「比利時原則」。1834年，比利時與法國簽訂了引渡條約，明文規定不引渡政治犯罪。此後，在歐洲國家之間、歐洲國家與美國簽訂的引渡條約中都確立了政治犯罪不引渡原則。19世紀末，「政治犯罪不引渡」逐漸成為國際刑事司法協助的一個重要原則。

（三）「政治犯罪不引渡」原則的發展——「政治犯罪例外」

伴隨著「政治犯罪不引渡」原則在世界範圍內被普遍認可的同時，各國發現「政治犯罪」容易被一些實施嚴重犯罪後逃亡他國的人利用，作為逃脫應有懲罰的護身符。特別是一些國際犯罪組織或者個人為了實現自己的政治觀點和目的，採取特別殘忍的暴力手段實施針對平民的犯罪。這些行為雖然帶有政治性質，卻是對人類共同價值準則的粗暴踐踏，有必要將其排除出「政治犯罪」的範疇，這就是引渡的「非政治化努力」。國際社會透過一系列公約，逐步確立危害和平罪、戰爭罪、危害人類罪、侵害應受國際保護人員包括外交代表罪、滅絕種族罪和種族隔離罪、違反人道主義罪、非法劫持航空器和危害國際民用航空安全罪、非法販運麻醉品和精神藥品罪等不屬於政治犯罪——即「政治犯罪例外」，應當受到懲罰，從而大大縮小了政治犯罪的範圍。誕生於2000年的《聯合國打擊跨國有組織犯罪公約》、

2003年的《聯合國反腐敗公約》更是對傳統的包括「政治犯罪不引渡」在內的引渡重要原則進行了不同程度的突破。毋庸置疑,在國際引渡實踐中,「政治犯罪不引渡」已經呈現出不斷被限縮的趨勢。

二、歐盟、美國刑事司法協助中的「政治犯罪」

海峽兩岸的逃犯移交作為區際刑事司法互助,顯然不同於國與國之間的引渡;又因其尚未回歸,所以也不同於大陸與港澳之間的區際司法互助,但卻與引渡、大陸與港澳之間的逃犯移交面臨相似的問題。瞭解世界上最相類似的刑事司法協助實踐對待「政治犯罪」的態度,或許有助於我們思考兩岸逃犯移交中的政治犯罪問題。

(一)歐盟引渡合作中的「政治犯罪」問題

歐盟國家之間開展的刑事司法協助雖然仍屬於國際刑事司法協助,但是作為集政治實體和經濟實體於一身、在世界上具有最高一體化程度的國家聯合體,其成功構建的一系列司法協助制度又極具區際刑事司法協助的特徵,對於區際刑事司法協助制度具有很強的示範意義。

規範歐盟國家間引渡問題的主要是歐盟國家就引渡問題專門締結的區域性多邊公約,主要包括:1957年12月13日歐洲理事會在巴黎訂立的《歐洲引渡公約》;1975年10月5日在斯特拉斯堡訂立的《歐洲引渡公約附加議定書》;1978年3月17日在斯特拉斯堡訂立的《歐洲引渡公約第二附加議定書》;1977年1月27日在斯特拉斯堡訂立的《懲治恐怖主義的歐洲公約》;尤其是1996年9月27日締結的旨在對前述公約和議定書進行補充的《歐洲成員國間引渡公約》。其中,《歐洲引渡公約》列舉了國際公約中不應被視為政治犯罪的若干情形,《歐洲成員國間引渡公約》更是對弱化、摒棄「政治犯罪不引渡」原則作出極大

努力。《歐洲成員國間引渡公約》第5條第1款規定：「被請求國不得視任何犯罪為政治犯罪而拒絕引渡。」雖然該公約同時允許締約國透過保留的方式排除前述規定的適用，53但「其貢獻在於從理論上建立了完全排除政治犯罪不引渡的可能性」。54從歐盟引渡制度的發展看，隨著經濟、政治一體化的進程，歐盟國家間可以引渡的範圍日趨擴大，包括政治犯罪不引渡在內的國與國之間引渡的許多重要原則已經被不同程度地突破。

（二）美國州際逃犯移交中的「政治犯罪」問題

美國州際逃犯移交中的「政治犯罪」問題不妨從其引渡中的「政治犯罪」問題說起。1848年，美國第一部《引渡法》包含了「政治犯罪不引渡」原則。直到1970年代，「在意識動機上不幫助其他國家鎮壓內部的政治反對派」始終是美國考慮與其他國家之間開展引渡合作的重要因素之一。因此，在與其他國家締結的眾多引渡條約中，美國一般都規定了「政治犯罪不引渡」原則。但隨後直到90年代，由於國際犯罪和國際恐怖主義活動的猖獗，美國朝野和公眾開始反思「政治犯罪不引渡」，並意識到為了保護真正由於政治原因逃亡美國的罪犯，同時又避免其成為國際犯罪和恐怖分子的護身符，無疑需要對「政治犯罪不引渡」原則進行限制。所以，當今美國在其國內立法、雙邊引渡條約、多邊國際公約中逐步確立一系列「政治犯罪例外」，一方面力求保護「一切人」的政治自由，另一方面確保國際犯罪和恐怖分子得到應有的審判和懲罰。進入21世紀後，美國的態度又有更新的變化。特別值得注意的是，2007年4月26日美國與英國簽署生效的《引渡條約》規定，「任何可處1年以上監禁的犯罪行為均屬引渡之列」，改變了政治犯罪、軍事犯罪、宗教犯罪、死刑犯等特殊犯罪不引渡的規定。雖然，這個條約是美國與其在社會制度、價值觀等方面具有高度認同的盟國之間簽署，但仍然說明為適應形勢需要，國際引渡實踐的突破性變革正在發生。

對於國內州際逃犯移交，美國更完全不同於國與國之間的引渡，基本不適用雙重犯罪原則、死刑犯不引渡原則、政治犯罪不引渡原則等國際引渡規則。美國州與州之間在考量應否移交逃犯時，不會因政治犯罪問題而拒絕移交。美國憲法更明文規定被控犯有叛國罪的逃犯，州與州之間應當移交。此外，逃犯被移交後可能受到政治迫害和不能獲得公平審訊（即「政治迫害」條款）是否可以成為免於移交的理由，多年來在美國司法界始終存在爭議，但是，美國州際逃犯移交中這種「逃犯權利」的觀點一直都沒有得到美國司法界的普遍支持。55

三、海峽兩岸逃犯移交中的「政治犯罪」問題

（一）兩岸各自引渡立法中的「政治犯罪」

《引渡法》第8條第（三）項規定：「因政治犯罪而請求引渡的，或者中華人民共和國已經給予被請求引渡人受庇護權利的」，應當拒絕引渡。這是中國第一次以國內立法的形式確認了政治犯罪不引渡原則。目前在中國與33個國家簽訂的雙邊引渡條約中，大部分明確約定了這項原則。56 臺灣1980年制定的「引渡法」第3條規定：「犯罪行為具有軍事、政治、宗教性時，得拒絕引渡。但左列行為不得視為政治性之犯罪：一故意殺害國家元首或政府要員之行為。二共產黨之叛亂活動。」1984年至今，臺灣共與馬拉威等7個國家簽有「引渡條約」。在這7個條約中，都有政治犯罪不引渡的相關規定，個別還吸納了政治犯罪的例外規定。57

《引渡法》雖然直接引用「政治犯罪」的概念，但是大陸的法律也沒有解釋什麼叫「政治犯罪」；同樣，在臺灣，法律上也沒有可資對「政治犯罪」進行認定的任何標準。兩岸學術界對該概念的理解與國際上一樣，沒有共同接受的「政治犯罪」的定義。

（二）兩岸逃犯移交協議中的「政治犯罪」

《引渡法》第2條規定「中華人民共和國和外國之間的引渡，依照本法進行。」《引渡法》不適用於大陸與港澳臺之間，同樣，臺灣的「引渡法」也不適用於大陸。規定兩岸逃犯移交的最早協議——《金門協議》規定了逃犯移交的對像是「刑事犯、刑事嫌疑犯」；原則是「人道精神與安全便利」。《南京協議》沿襲了《金門協議》的對象規定，對移交原則修改為「人道、安全、迅速、便利」。[58]那麼，兩岸逃犯移交的對像是否已經明確了呢？或曰，兩岸是否已經確定了逃犯移交的「原則」呢？

引渡制度包括引渡對象、原則、程序、渠道、費用等一系列問題，其中引渡對象和原則是關鍵。經過長期的實踐，世界各國逐漸形成確立引渡對象的一些標準，這就是引渡原則。「引渡原則，是指那些從國際法基本原則中派生、引申出來的，被各國公認的，具有法律效力的，構成引渡制度的基礎和核心的原則。」[59]具體而言是指：被引渡人的行為根據引渡請求國和被請求國的法律是否均需構成犯罪（即雙重犯罪）、政治犯罪是否引渡、軍事犯罪是否引渡、死刑犯是否引渡、本國公民是否引渡等。區際刑事司法協助在移交逃犯方面的主要爭議點也類同。但是，無論是《金門協議》還是《南京協議》，約定的移交對象和移交原則都沒有回答這些問題：移交的對像當然是「刑事犯、刑事嫌疑犯」，但這些「刑事犯、刑事嫌疑犯」如果屬於政治犯罪、軍事犯罪、死刑犯和本方居民還移不移交？無論「人道精神與安全便利」還是「人道、安全、迅速、便利」，與其說是移交的「原則」，不如說是「遣返」作業的總體要求。[60]雖使用「原則」一詞，但規定的內容卻並不是區際逃犯移交意義上的「原則」。所以，可以說，兩岸目前的司法互助協議既沒有明確逃犯移交的對象，也迴避了包括政治犯罪是否移交在內的區際逃犯移交「原則」。

（三）未來兩岸逃犯移交應剔除「政治犯罪不移交」原則

從大陸與香港關於逃犯移交多次商討而未果的情況可以預見未來兩岸這方面的商談不會一帆風順。目前，學界對兩岸逃犯移交是否確立雙重犯罪原則、本地居民不移交原則、死刑犯不移交原則的研究較多，也許是因為政治犯罪和軍事犯罪與兩岸政治關係更為密切，所以更具敏感性的緣故，專門論述這類問題的研究成果難得一見，偶有論及該問題的觀點也多半夾雜於兩岸司法互助的其他問題中，比較零散。61筆者認為未來兩岸逃犯移交應剔除「政治犯罪不移交」原則、而且基於以下理由：

1.「政治犯罪」概念本身模糊不清

前文已述，由於國際上並不存在統一的「政治犯罪」概念或認定標準，導致在實踐中政治犯罪不引渡原則適用的隨意性、甚至被濫用，這無疑削減了該原則本身存在的價值。同樣，海峽兩岸各自的引渡立法沒有、也不可能給出「政治犯罪」的涵義解釋。兩岸由於長期隔絕，政治制度、法律制度和意識形態已經走向完全不同的發展道路，對「政治犯罪」認識的分歧不可避免。如果在兩岸逃犯移交合作中引入「政治犯罪不移交」原則，實踐起來不僅很難就「政治犯罪」形成共識，而且可能導致普通刑事案件的互助也陷入政治糾葛。則兩岸司法互助不僅得不到發展，甚至要走向倒退。這不僅不是兩岸民眾願意看到的，也不符合兩岸關係和司法互助發展的歷史規律。

2.「政治犯罪不引渡」在國際引渡實踐中日漸式微

從前述的政治犯罪不引渡在國際刑事司法協助中不斷「被例外」，到在《聯合國打擊跨國有組織犯罪公約》和《聯合國反腐敗公約》中「被突破」，再到《歐洲成員國間引渡公約》和美英《引渡條約》的「被排除」，應當認識到：雖然保護人權仍是當代國際法的一項重要職能，國際社會政治犯罪不引渡原則的理論基礎尚未完全消

失,但這個原則在國際引渡領域不僅已經失去了「往日的輝煌」,而且明顯呈日漸式微態勢。國際刑法理論界甚至對這個原則究竟應該何去何從已經形成兩種設想:一是「取消說」;二是「取代說」。[62]無論「取消說」還是「取代說」,前提都是否定。如果兩岸逃犯移交重拾「政治犯罪」的有關原則,顯然並不合時宜。

3.「政治犯罪」容易成為政治交易的工具,區際刑事司法協助應當「去政治化」

從引渡制度的產生看,其本身就是政治交易的產物。雖說國際刑事司法協助的實踐往往不同程度地受到國與國之間政治關係的影響,但是在諸多國際法原則中,由於政治犯罪不引渡原則本身與政治的密切關係,其受政治因素的影響遠遠大於其他原則。在引渡實踐中,各國不僅要從法律角度,而且主要是從國際政治、國家關係的角度考察具體案件,甚至可以說對引渡的政治後果的考慮要先於和重於對其法律後果的考慮。也就是說,對於「政治犯罪」的考量,實際上已經超出了純粹的司法協助範疇,而上升為國家的重要對外政策,以至於有的學者感嘆政治犯罪不引渡已經「淪為新的政治交易工具」。

政治因素過去一直是影響兩岸交流的最主要原因,但是,近年兩岸在經貿、文化交流合作方面之所以能取得長足的發展,主要秉承「先經濟後政治」或者「只談經濟,不談政治」的共識。逃犯移交畢竟屬於司法領域的合作,也應當「政治的歸政治、司法的歸司法」。如果糾纏於政治問題,任何合作不可能展開。《南京協議》能在刑事司法領域規定全面合作,本身便是對政治問題的擱置,是兩岸司法互助「去政治化」的成功範例。[63]其次,兩岸都贊同「一個中國」,也就是說,雙方對兩地的逃犯移交是在同一主權國家內不同法域之間的刑事司法協助不會有歧義,那麼政治犯罪不移交,甚至政治犯罪一詞的律基礎又何在?美國是一個最講「政治自由」的國度,在其逃犯移

交的州際合作中就不認可「政治犯罪不移交」。

附表一：

中國對外締結的雙邊引渡條約一覽表

	國名	簽署日期	生效日期
1	泰國	1993 年 08 月 26 日	1999 年 03 月 07 日
2	白俄羅斯	1995 年 06 月 22 日	1998 年 05 月 07 日
3	俄羅斯	1995 年 06 月 26 日	1997 年 01 月 10 日
4	保加利亞	1996 年 05 月 20 日	1997 年 07 月 03 日
5	羅馬尼亞	1996 年 07 月 01 日	1999 年 01 月 16 日
6	哈薩克斯坦	1996 年 07 月 05 日	1998 年 02 月 10 日
7	蒙古國	1997 年 08 月 19 日	1999 年 01 月 10 日
8	吉爾吉斯斯坦	1998 年 04 月 27 日	2004 年 04 月 27 日
9	烏克蘭斯坦	1998 年 12 月 10 日	2000 年 07 月 13 日
10	柬埔寨	1999 年 02. 月 09 日	2000 年 12 月 13 日
11	烏茲別克	1999 年 11 月 08 日	2000 年 09 月 29 日
12	韓國	2000 年 10 月 18 日	2002 年 04 月 12 日
13	菲律賓	2001 年 10 月 30 日	2006 年 03 月 12 日
14	秘魯	2001 年 11 月 05 日	2003 年 04 月 05 日
15	突尼西亞	2001 年 11 月 19 日	2005 年 12 月 29 日
16	南非	2001 年 12 月 10 日	2004 年 11 月 17 日

續表

	國名	簽署日期	生效日期
17	寮國	2002 年 02 月 04 日	2003 年 08 月 13 日
18	阿拉伯聯合大公國	2002 年 05 月 13 日	2004 年 05 月 24 日
19	立陶宛	2002 年 06 月 17 日	2003 年 06 月 21 日
20	巴基斯坦	2003 年 11 月 03 日	2005 年 12 月 29 日
21	賴索托	2003 年 11 月 06 日	2005 年 10 月 30 日
22	巴西	2004 年 01 月 12 日	2006 年 04 月 29 日
23	亞塞拜然	2005 年 03 月 17 日	2006 年 10 月 31 日
24	西班牙	2005 年 11 月 14 日	2007 年 04 月 04 日
25	納米比亞	2005 年 12 月 19 日	2007 年 04 月 27 日
26	安哥拉	2006 年 06 月 20 日	2007 年 04 月 27 日
27	阿爾及利亞	2006 年 11 月 06 日	2008 年 06 月 26 日
28	葡萄牙	2007 年 01 月 31 日	2008 年 10 月 28 日
29	法國	2007 年 03 月 20 日	2008 年 04 月 24 日
30	澳大利亞	2007 年 09 月 06 日	2008 年 04 月 24 日
31	墨西哥	2008 年 07 月 11 日	2009 年 02 月 28 日
32	印尼	2009 年 07 月 01 日	2009 年 04 月 29 日

附表二：

中國已經加入的包含引渡條款的國際公約

國際公約名稱	加入時間
《關於在航空器內的犯罪和其他某些罪行的公約》	1978 年 11 月 14 日
《關於非法劫持航空器的公約》	1980 年 09 月 10 日
《關於制止危害民用航空安全的非法行為的公約》	1980 年 09 月 10 日
《防止及懲罰滅絕種族罪公約》	1983 年 03 月 05 日
《禁止並懲治種族隔離罪行國際公約》	1983 年 04 月 18 日
《1961年麻醉品單一公約》	1985 年 06 月 18 日
《1971精神藥物公約》	1985 年 06 月 18 日
《關於防止和懲處侵害應受國際保護人員包括外交代表的罪行的公約》	1987 年 06 月 23 日
《禁止酷刑和其他殘忍、不人道或有辱人格的待遇或處罰公約》	1988 年 09 月 05 日
《聯合國禁止非法販運麻醉品和精神藥品公約》	1989 年 09 月 04 日
《制止危及海上航行安全非法行為公約》	1991 年 06 月 29 日
《反對劫持人質國際公約》	1992 年 12 月 28 日

第四章　海峽兩岸刑事司法互助之文書送達

司法文書的送達往往直接影響訴訟程序的有效進行，也關聯著判決、裁定的承認與執行。所以，文書送達在刑事司法協助中具有重要意義。

第一節　兩岸及港、澳相互送達民商事司法文書

作為區際司法協助開展較早的領域，兩岸及港、澳相互送達司法文書，是從民商事司法文書開始。

一、大陸與港澳相互送達民商事司法文書

（一）發展過程

1997年香港回歸之前，大陸與香港之間相互送達民商事司法文書的重要法律依據有：1987年10月19日最高人民法院的《關於審理涉港澳經濟糾紛案件若干問題的解答》；1992年的《中華人民共和國民事訴訟法》和最高人民法院《關於適用〈中華人民共和國民事訴訟法〉若干問題的意見》中涉及涉外民事程序的規定。1991年3月2日，全國人大常委會批准中國加入《關於向國外送達民事或者商事司法文書和司法外文書公約》（又稱《海牙送達公約》），1992年1月1日，《海牙送達公約》對中國生效。1992年，最高人民法院、外交部、司法部

通過《關於執行〈關於向國外送達民事或者商事司法文書和司法外文書公約〉有關程序的通知》、《關於執行海牙送達公約的實施辦法》等規定《海牙送達公約》適用於香港。但是，由於《海牙送達公約》規定的送達程序極為繁瑣——中國向公約國公民或第三國公民或無國籍人送達民商事司法文書和司法外文書，各地需要先送省、自治區、直轄市高級人民法院交最高人民法院轉司法部，再由司法部轉往公約成員國的中央機關。因此，實踐中很少被採用，絕大部分大陸法院向香港當事人送達文書時仍然根據前述的最高人民法院《關於審理涉港澳經濟糾紛案件若干問題的解答》和《中華人民共和國民事訴訟法》中涉外民事程序的送達規定。

根據《香港特別行政區基本法》第95條，香港特別行政區可與全國其他地區的司法機關透過協商依法進行司法方面的聯繫和相互提供協助。在這個法律基礎之上，大陸和香港的有關機關一直以積極和建設性的態度進行協商。1998年最高人民法院與香港特別行政區達成《關於大陸與香港特別行政區相互委託送達民商事司法文書的安排》（下稱「大陸與香港的《安排》」）。1999年3月29日，最高人民法院以司法解釋的形式對《安排》予以公布施行。

澳門的情況與此類似。澳門回歸前，由於大陸與澳門之間在司法協助方面沒有任何協議，兩地間有關民商事司法文書的送達主要也是透過前述與香港相似的渠道進行。同樣由於這些程序繁瑣，致使兩地之間互涉民商事案件審理週期過長。回歸後，兩地經濟貿易和民間交往不斷發展，兩地互涉民商事案件不斷增多，所涉及的相關法律事務也相應增加。根據《澳門特別行政區基本法》第93條規定，澳門特別行政區可與全國其他地區的司法機關透過協商依法進行司法方面的聯繫和相互提供協助。經過多次磋商，2001年，最高人民法院與澳門特別行政區達成了《關於大陸與澳門特別行政區就民商事案件相互委託送達司法文書和調取證據的安排》（下稱「大陸與澳門的《安

排》」）。

（二）《安排》的主要內容、特點

上述兩個《安排》的主要內容很相似，包括：在大陸委託送達司法文書的主管機關為大陸各高級人民法院和最高人民法院，在香港為香港特區高等法院，澳門為澳門終審法院；各法域法院在審理案件時需要向其他法域訴訟當事人或者訴訟代理人送達司法文書得透過上述法院提出委託申請，送達司法文書費用互免，如委託方請求的特定送達方式所產生的費用則由委託方負擔；受託方接到委託書後應當及時完成送達，最遲不得超過自收到委託書之日起2個月。大陸與澳門的《安排》還規定受託方法院應優先安排受託事務，送達司法文書應按照受託方所在地法律規定的程序進行，並出具送達回證或者送達證明書，註明相關法律事宜等。

大陸與港、澳的《安排》規定的司法文書送達方式均省去了國際司法協助中「中央機關」的收轉程序，規定直接在法院之間進行送達，減少了中間環節，使送達更為高效便捷，一定程度上避免送達遲延，保障了當事人的合法權益。

（三）意義

兩個《安排》簽訂後，大陸與港澳再各自立法，透過各自的法律落實達成的協議。如大陸與香港的《安排》就規定，兩地法院就司法協助協商的結果，大陸由最高人民法院以司法解釋的形式予以公布，由大陸人民法院執行；香港特別行政區由立法機關修改或者制定相關的法例以保證兩地司法協助的進行。司法解釋是大陸的一種法律制度，是指司法機關對如何適用法律規範所作的解釋，或在將法律規範適用於具體案件、事項時所作的解釋。香港的司法機關無權解釋法律、法令，只有立法機關才有這種權利。所以規定由其立法機關修改或指定相關的法例，哪一種辦法由香港特別行政區自己決定。這樣的

規定，既符合香港基本法，又與兩地法律相一致。司法實踐中，有了《安排》和為落實《安排》而相應的各自立法，大陸與港澳都認真執行，彼此協助送達已進入規範化運作軌道。

從大陸與香港、澳門民商事文書送達的發展過程看，是先簽署協議、再各自立法。兩個《安排》不僅為大陸與港澳提供了正式的制度化的相互送達民商事司法文書的渠道，更為海峽兩岸的文書送達提供了良好示範，被稱為港澳模式。

二、海峽兩岸相互送達民商事司法文書

1987年臺灣開放臺灣民眾赴大陸探親後，兩岸經貿往來、人員交往迅猛發展，互涉民商事案件開始增多，使得相互送達民商事司法文書成為緊迫的需要。

（一）大陸的立法和實踐

1.立法的發展過程

1984年8月29日，最高人民法院針對上海市高級人民法院的請示，作出《關於如何給在臺灣的當事人送達法律文書的批覆》，認為在透過正常途徑不能有效送達的情況下，可以適用公告送達的方式，並由一方當事人將公告內容轉告被公告送達的當事人，公告期間屆滿，即視為已經送達。1991年《中華人民共和國民事訴訟法》施行後，大陸司法機關審理涉臺民商事案件均適用民事訴訟法關於涉外程序的規定。但是由於是單方立法，送達的渠道並不暢通。為瞭解決涉臺民商事案件送達難的問題，大陸司法機關一直在釋放合作的誠意。1991年11月，時任最高人民法院副院長馬原曾經表示希望臺灣有關法院盡快來大陸同有關法院，特別是福建省高級人民法院加強聯繫，並建議早日促成臺灣法院和福建省高級人民法院進行具體的直接磋商，就相互

委託送達民商事司法文書等問題取得共識。1993年，最高人民法院院長任建新在其工作報告中指出：「根據法律的有關規定，高級人民法院經最高人民法院同意可與臺灣有關法院透過適當途徑，妥善解決相互委託代為送達訴訟文書、調查取證和執行等問題。我希望，今後海峽兩岸有關法院能就相互委託代為一定訴訟行為的途徑和方式等問題，進行接觸商談，達成具體協議，以利於保護兩岸當事人的合法權益。」[64]1993年4月，在新加坡舉行的「辜汪會談」中，大陸和臺灣分別授權海協和海基會就兩岸有關民商事司法協助事項進行協商，形成了階段性的成果——《兩岸公證書使用查證協議》等4項協議，該協議約定對兩岸互涉的公證書副本的送達、查證，由臺灣海基會直接與大陸的中國公證員協會及其分支機構聯繫辦理。但是，由於《兩岸公證書使用查證協議》僅涉及有關繼承、收養、婚姻、出生、死亡、委託、學歷、定居、撫養、親屬及財產權利證明的公證書副本的送達，未包括兩岸之間的其他訴訟文書的相互送達，適用範圍非常有限，沒有解決兩岸互涉民商事案件送達的主要問題。2005年12月26日，最高人民法院印發《第二次全國涉外商事海事審判工作會議紀要》，對涉臺司法文書的送達進行了規範：人民法院向住所地在臺灣的當事人送達司法文書，可以郵寄送達。郵寄送達時要附有送達回證，如果當事人未在送達回證上簽收，但在郵件回執上簽收，視為已經送達。自郵寄之日起滿二個月，雖未得到送達與否的證明文件，但是根據其他情況足以認定已經送達的，期間屆滿之日視為送達。自郵寄之日起滿二個月，未得到送達與否的證明文件，且根據其他情況不足以認定已經送達的，視為不能適用郵寄送達。住所地在臺灣的當事人如果在大陸沒有可以代其接受送達的代理人或者相關機構，人民法院也不能透過郵寄方式送達的，可以透過公告方式送達。透過公告方式向住所地在臺灣的當事人送達司法文書，自公告之日起滿60日，視為送達。但是，該會議紀要既沒有系統規範涉臺司法文書的送達，也不是正式法

律文件。

2008年4月23日,最高人民法院出臺《關於涉臺民事訴訟文書送達的若干規定》(下稱《若干規定》)第一次較為系統地對涉臺司法文書的送達進行規定。內容不僅包括大陸人民法院審理涉臺民事案件向住所地在臺灣的當事人送達民事訴訟文書,還包括人民法院接受臺灣法院的委託代為向住所地在大陸的當事人送達民事訴訟文書。

2.《若干規定》的主要內容

《若干規定》的送達對象僅限於民事訴訟文書,包括起訴狀副本、上訴狀副本、反訴狀副本、答辯狀副本、授權委託書、傳票、判決書、調解書、裁定書、支付令、決定書、通知書、證明書、送達回證以及民事訴訟有關的其他文書。其系統規定的送達方式有:(1)受送達人居住在大陸的,直接送達。受送達人是自然人,本人不在的,可以交其同住成年家屬簽收;受送達人是法人或者其他組織的,應當由法人的法定代表人、其他組織的主要負責人或者該法人、組織負責收件的人簽收,受送達人不在大陸居住,但送達時在大陸的,可以直接送達。(2)受送達人在大陸有訴訟代理人的,向其訴訟代理人送達。受送達人在授權委託書中明確表示其訴訟代理人無權代為接收的除外;(3)受送達人有指定代收人的,向代收人送達。(4)受送達人在大陸有代表機構、分支機構、業務代辦人的,向其代表機構或者經受送達人明確授權接受送達的分支機構、業務代辦人送達。採用上述(1)至(4)方式送達的,出現拒絕簽收或者蓋章的,可以依法留置送達。(5)受送達人在臺灣的地址明確的,可以郵寄送達。自郵寄之日起滿3個月,如果未能收到送達與否的證明文件、且根據各種情況不足以認定已經送達的,視為未送達。(6)有明確的傳真號碼、電子郵箱地址的,可以透過傳真、電子郵件方式向受送達人送達。(7)按照兩岸認可的其他途徑送達。採用上述方式不能送達,或者臺灣的當

事人下落不明的，公告送達。採用公告方式送達的，公告內容應當在境內外公開發行的報刊或者權威網站上刊登。公告送達的，自公告之日起滿3個月，即視為送達。

另一方面，《若干規定》也規定了大陸協助臺灣法院送達民商事法律文書的要求：臺灣法院委託大陸法院送達司法文書的，經審查符合條件的，應當在收到委託函之日起2個月內完成。涉臺司法文書的送達原則是，應當遵守一個中國原則和法律的基本原則、不違反社會公共利益。受委託的大陸人民法院對臺灣有關法院委託送達的民事訴訟文書的內容和後果不負法律責任。

3.《若干規定》的執行情況

《若干規定》看似內容豐富，但是實際上只是解決了涉臺案件法院送達程序的規範問題，並不能真正解決涉臺民事司法文書無法有效送達的現狀：第（1）至（4）種規定的是大陸境內送達，而在大陸對臺灣當事人的送達本身就不存在問題。出現問題最多的是在臺灣的當事人的送達問題，《若干規定》規定可採用郵寄送達、傳真、電子郵件送達和公告送達，但是一些民事案件的被告本身就故意逃避訴訟，所以郵寄送達容易被退回，送達的成功率低。傳真和電子郵件送達遇到的問題類似，受送達人即使已經收到，但是由於勝訴無望，往往不配合，是否送達仍然處於不確定狀態，只能認定未送達。公告送達是當事人不積極應訴的情況下使用較多的一種送達方式，但是公告送達是不得已而為之，因為案件要審結，只好透過公告來完成送達程序。實際上，根據法院部門的統計，因看到公告來應訴的當事人幾乎沒有，至於委託法院送達，因兩岸未協商一致，有一相情願之嫌，實踐中可操作性不強。所以，《若干規定》可以說只規範了審判行為，未能解決司法實踐中送達難的問題。所以，當前大陸民事司法實踐中，法院在送達臺灣當事人司法文書時更多採用的仍然是海基會送達、當

事人委託臺灣律師送達的方式。65

另一方面，根據《若干規定》，大陸人民法院協助臺灣法院送達民商事法律文書的實踐情況未見詳細、系統的報導，但是根據網路、報刊的零星報導，大陸不少人民法院接到海基會協助送達的函件，是從「講政治」的高度不遺餘力地協助完成送達任務。66

（二）臺灣的「立法」和實踐

1.臺灣的「立法」

臺灣就與大陸互涉民商事司法文書的送達規範，最早見於1992年其制定的「臺灣與大陸地區人民關係條例」第7條規定：「在大陸地區製作之文書，經臺灣行政當局設立或指定之機構或委託之民間團體驗證者，推定為真正。」第8條規定：應於大陸地區送達司法文書或為必要之調查者，司法機關得囑咐或選擇第4條之機構或民間團體（主要是指海基會）為之。但是對於接受大陸法院委託協助送達司法文書給在臺灣的當事人則沒有規定。

2008年9月8日，海基會起草的「財團法人海峽交流基金會辦理兩岸司法及行政文書送達作業規定」（下稱「作業規定」）通過臺灣「陸委會」核備，並於2009年1月1日實施。該「作業規定」指明其是依據「臺灣與大陸地區人民關係條例」第8條。「作業規定」彌補了前述不足，不僅沿襲規定了通過海基會的「臺灣司法文書向大陸送達」，還詳細規定了「大陸司法文書向臺灣送達」，而且包括民事、刑事、及行政訴訟文書：海基會先將大陸法院送達正本留置卷內，於7日內轉請臺灣管轄法院協助送達；隨後將臺灣法院協助送達大陸法院文書之送達結果及送達證書正本，並同原留存之空白送達回證正本、轉復大陸囑託機關。如果大陸法院直接請求臺灣法院協助送達法律文書予臺灣人民時，應先由該會統一協調處理後，再由該會轉請各級法院協處，並將結果轉由該會函覆大陸囑託法院。這是臺灣方面第一次

作出這樣的規定。

2.臺灣的實踐

在司法實踐中，臺灣司法主管部門及相關機構已委託海基會處理有關向大陸地區送達文書等事項。其具體做法是，臺灣各級法院直接函請海基會代為送達司法文書，而以副本送司法主管部門（「司法院」）民事廳。送達完成後，再由海基會將送達證書（即送達回證）寄還特定法院，且以副本送司法主管部門。但是對於接受大陸法院委託協助送達司法文書的情況鮮見披露。

（三）海峽兩岸相互送達民商事司法文書協議——《南京協議》的規定和意義

2009年4月26日，海峽兩岸簽署《南京協議》。《南京協議》第7條「送達文書」首次就兩岸所有的「司法文書」送達進行了規定，其規定不僅包括民商事、也包括刑事司法文書的送達。雖然只有寥寥三項內容，但卻是一個涉及所有司法文書的送達協助的框架性的協定。從民商事送達的複雜情況看，《南京協議》的三項規定顯然太籠統和原則，所以雙方在適用中顯然要輔之以前述的各自立法——大陸是《若干規定》，臺灣是「作業規定」。除此以外，從《南京協議》第3條「聯繫主體」規定的「本協議議定事項，由各方主管部門指定之聯絡人聯繫實施。必要時，經雙方同意得指定其他單位進行聯繫」看，《南京協議》名為民間團體協議，實際執行主體是兩岸有關司法機關。所以從民商事案件的角度，今後執行送達協助的主體是法院。

《南京協議》簽訂前，兩岸就司法文書送達並無正式協議，所以《南京協議》的「送達文書」部分被稱為「開啟兩岸正式司法文書送達里程碑」。同時，《南京協議》的意義還在於：民商事案件送達的港澳模式是先協商一致，再各自立法。而兩岸民商事案件的送達，從大陸的《若干規定》、臺灣的「作業規定」等到兩岸之間的《南京協

議》，可謂是創立了先各自立法、再協商一致的「兩岸模式」。當然，與港澳模式不同的是，兩岸之間的「協商一致」的主體是民間機構，從民間機構到兩岸之間有關機構的「協商一致」，中間還有很長的路要走。

第二節　海峽兩岸相互送達刑事司法文書

在本節中，原本應當從大陸與港澳相互送達刑事司法文書說起，但是目前大陸與港、澳就刑事司法文書送達方面尚未達成有效的安排，無法為兩岸刑事司法文書送達提供鏡鑑。

一、海峽兩岸相互送達刑事司法文書的主要類型

在刑事訴訟中，需要送達的文書首先是傳喚有關人員出庭的通知。有關人員包括證人、鑒定人、訴訟當事人等。除了傳喚通知外，需要送達的文書還可能有：拘留或者逮捕通知書、起訴書、刑事裁定書或者判決書。根據臺灣刑事訴訟的傳聞證據規則，證人、鑒定人需要出庭接受質證，所以，臺灣方面對於大陸司法機關提供傳喚證人、鑒定人通知的協助需求更加迫切。而訴訟當事人中的犯罪嫌疑人或者被告人，因其往往處於關押狀態，《南京協議》並沒有「解送在押人員出庭作證」的協助內容，所以對在押犯罪嫌疑人或者被告人的文書送達互助暫不需要討論。因此，實際上，海峽兩岸刑事司法互助之文書送達的主要內容是拘留或者逮捕通知書、起訴書、刑事裁定書或者判決書的送達。而傳喚證人、鑒定人通知的協助送達，基本上是單方的需求。但是，即便如此，也並不影響文書送達在刑事司法協助中的重要性。

二、《南京協議》約定的兩岸相互送達刑事司法文書

前文已經述及，《南京協議》第7條的「送達文書」不僅包括民商事、也包括刑事司法文書的送達。它不僅是兩岸首次就民商事「司法文書」送達達成的協議，也是首次就刑事「文書送達」達成的協議。在此之前，對於刑事司法文書的送達，並不似民商事司法文書的送達，大陸和臺灣並沒有各自作出規定。在歷次的「兩會商談」中，雖然涉及「文書驗證」和「掛號函件」等內容，但是不僅連民商事司法文書送達尚且未能達成協議，更罔顧刑事司法文書了。在《金門協議》商談過程中，雖然議及「遣返」、「劫機犯」、「漁事糾紛」、「快捷郵件」等問題，但是就司法文書送達卻一直未達成共識。

（一）對《南京協議》送達刑事司法文書部分的解讀

1.對《南京協議》第7條「送達文書」的解讀

《南京協議》第7條「送達文書」共三項：

（1）第一項規定「雙方同意依己方規定，盡最大努力，相互協助送達司法文書」。這首先確立了雙方相互送達司法文書的實體義務，隨後的第二項和第三項實際上是關於送達程序上的義務和要求。此外送達依據的是「己方規定」，這是送達有效性之準據法，由於兩岸規定不盡相同，依據請求方還是被請求方之規定送達，涉及送達有效性問題。依據「己方規定」進行送達符合送達有效性的一般原則。

（2）第二項規定「受請求方應於收到請求書之日起三個月內及時協助送達」。「我們縱觀《南京協議》約定的其他形式的司法互助，都沒有明確互助的時限，唯有送達互助有時限規定。其原因概在於相對於其他所有的司法互助型態，司法文書送達重在技術層面，較無法理和法權爭議，如何『快速』、『有效』送達，應是未來兩岸司法互

助合作較容易形成共識、且能有效達成的目標。」67

但是，這裡規定「受請求方應於收到請求書之日起三個月內及時協助送達」前述大陸與港澳就民商事送達的《安排》規定為2個月，而最高人民法院《關於涉臺民事訴訟文書送達的若干規定》規定以3個月為限，刑事送達時限是否應該更緊湊點，是否需要與民商事送達區別開而單獨規範？

（3）第三項規定「受請求方應將執行請求之結果通知請求方，並及時寄回證明送達與否的證明資料；無法完成請求事項者，應說明理由並送還相關資料。」該規定實屬必要，因為在兩岸的民商事送達實踐中，接受送達委託後，到底是否順利送達往往如石沉大海，導致法院判也不是，不判也不是，最終導致案件久拖不決。

2.對《南京協議》約定的司法互助一般程序與送達程序關係的解讀

《南京協議》第四章「請求程序」專門規定了兩岸司法互助的一般程序，送達是否需要遵循該程序？應當說，相互送達刑事司法文書原則上也適用這些程序，但是根據送達事項本身的特點，是否完全遵守這些一般程序要求進行送達需要進一步研究。

「請求程序」規定了「提出請求」、「執行請求」、「不予協助」、「協助費用」、「限制用途」、「互免證明」、「文書格式」、「保密義務」等八個方面的內容，僅就單純的刑事司法文書送達——傳喚證人、鑑定人、訴訟當事人出庭通知、拘留或者逮捕通知書、起訴書、刑事裁定書或者判決書，是否需要這麼繁瑣的程序？如其中的「不予協助」，純粹的送達文書，有無必要進行請求內容是否符合「己方規定」或執行請求是否損害「己方公共秩序或善良風俗」等方面的審查？或者有無拒絕協助的情況？似乎有待討論。又如，雙方雖同意相互免除執行請求所生費用，特殊送達費用是否由請求方承

擔？前述大陸與港澳《安排》中「委託方在委託書中請求以特定送達方式送達所產生費用，由委託方負擔」有無必要借鑑到刑事司法文書的送達？而傳喚有關人員出庭的通知，是否應規定至遲送達日，以保障出庭人權益？這些，在「請求程序」中則又沒有列明。所以，可見，關於刑事司法文書的送達需要進一步單獨制定規定予以明確。反觀兩岸之間民商事司法文書送達的發展過程，目前尚未有相互送達刑事司法文書的各自立法，而是先有《南京協議》的協商一致，接下來就應當是各自對刑事司法文書的協助送達進行立法。

三、海峽兩岸刑事司法文書送達互助制度的完善

未來兩岸各自對刑事司法文書的協助送達進行規範可參照國際、區際刑事司法文書送達的一些成熟做法。

（一）送達方式

國際、區際刑事司法文書送達方式主要是兩種：郵寄送達和直接送達。

1.直接送達

直接送達是指由履行文書送達職責的人員向受送達人交付有關的訴訟文書。這是比較普遍的送達方式。直接送達的協助請求應當儘可能準確和詳細地註明受送達人的地址，以便被請求方的主管機關能夠及時和有效地執行該請求。如果司法協助請求書所提供的地址不確切，或者當事人不在所提供的地址居住，被請求機關應努力確定正確的地址。如有必要，被請求方可以要求請求機關提供補充材料。

直接送達的協助請求應當附有送達回證，為證明送達行為完成，該送達回證應有受送達的簽名、送達機關和送達人的蓋章或者簽名，並且註明送達的方式、日期、地點。如果受送達人拒絕接收有關的文

書，送達人應當註明拒收的事由。

2.郵寄送達

郵寄送達是一些國家法律許可的司法協助的送達方式，也是一些國際、區際刑事司法協助條約所認可的送達方式。《歐盟成員國刑事司法協助公約》也允許歐盟成員之間用郵寄送達的方式向處於其他成員國領域內的人員送達刑事訴訟文書。在郵寄送達的情況下，收件人在郵件的回執上簽收即被視為全國人大常委會在批准簽署《海牙送達公約》的決定中聲明：「反對採用公約第10條所規定的方式在中華人民共和國境內進行送達。」而該第10條即規定「透過郵寄途徑直接向身在國外的人送交司法文書。」可見，中國法律是不認可採用郵寄的方式在中國境內送達外國的司法文書。但是《海牙送達公約》是關於民商事司法文書送達的公約，是否適用於刑事可以見仁見智。68前述海峽兩岸之間在民商事送達領域，大陸的《第二次全國涉外商事海事審判工作會議紀要》和《關於涉臺民事訴訟文書送達的若干規定》都規定了郵寄送達的方式。郵寄送達作為一種便捷、高效、節約成本的送達方式，在兩岸直郵的情況下，這種送達方式的可靠性應當是有保障的。雖然兩岸之間在民商事案件的郵寄送達方面產生了很多問題，送達的成功率不高，主要原因還在於民商事案件的受送達人往往拒收司法文書，在刑事訴訟領域，除了在傳喚證人、鑒定人、訴訟當事人出庭的通知、起訴書、刑事裁定書或者判決書涉及有關人員承擔一定的訴訟義務外，拘留或者逮捕通知書並不涉及被通知人的義務承擔，應當仍可以考慮採用郵寄送達的方式。

（二）對證人和鑒定人的保護

根據國際、區際刑事司法協助條約的一般規定，在傳喚證人和鑒定人出庭的通知中，應當遵守一些保護性規則：

1.對於被傳喚出庭的證人和鑒定人，請求方應當給予一定的刑事

豁免權

　　根據中國與外國締結的多數雙邊司法協助條約的規定，這種豁免權一般體現在兩個方面：第一，不因其前往請求方出庭作證之前的行為受到請求方的刑事追訴或者處罰。第二，不因在請求方的作證行為受到請求方的刑事追訴或者處罰。如《中國和波蘭民刑事司法協助條約》第28條：「對透過被請求的締約一方通知前來出庭的證人或者鑑定人，無論其國籍如何，提出相互請求的締約另一方不得因其入境前所犯的罪行或者因其證詞、鑑定或其他涉及訴訟內容的行為而追究其刑事責任和以任何形式剝奪其自由。」

　　但是，在一些國際、區際條約中，對證人和鑑定人的刑事豁免權僅表現在一個方面：不因其前往請求方出庭作證之前的行為受到請求方的刑事追訴或者處罰。對於其在請求方的作證行為則不給予豁免。其理由是：根據法律面前人人平等的原則，對於在本國司法機關面前作證的犯罪行為，無論是由什麼人實施，均應當給予同樣的追究。也就是說，給予來自外國的證人和鑑定人以刑事豁免權是違背其憲法原則的。《聯合國打擊跨境有組織犯罪公約》和《聯合國反腐敗公約》也只規定了這一方面的刑事豁免權。在中國與其他一些國家簽訂的司法協助條約中也有對證人和鑑定人只體現一個方面的刑事豁免權的情況。如《中國和加拿大刑事司法協助條約》第15條規定：「請求方對於到其境內作證的證人或者進行鑑定的鑑定人，不得因其入境前的任何犯罪而追究其刑事責任、逮捕、拘留，或者以任何方式剝奪或者限制其人身自由，也不應強迫該人在與請求無關的任何訴訟中作證。」

　　上述刑事豁免權有一定的時間限制。如果前來請求方作證的證人或者鑑定人在請求方主管機關通知其不必繼續停留在該國領域內之日起的一定期限內仍然不離開該國，或者離開後又自願返回的，則喪失該刑事豁免權。但是證人和鑑定人由於自己不能控制的原因而未能離

開請求方境內的不計算在「一定期限」內。其「一定期限」在《聯合國打擊跨境有組織犯罪公約》、《聯合國反腐敗公約》和中國與外國簽訂的多數司法協助條約中均規定為15日。其他國際、區際條約也有30日的規定。

　　2.對於前往請求方作證的證人和鑒定人，請求方主管機關應當支付往返的國際旅費、食宿費以及必要的津貼或者補貼

　　《南京協議》第20條「協助費用」約定：雙方同意相互免除執行請求所生費用。但請求方應負擔下列費用：（一）鑒定費用；（三）為請求方提供協助之證人、鑒定人，因前往、停留、離開請求方所生之費用。——這是符合國際、區際司法協助一般原則的。根據國際、區際司法協助的一般做法，有約定由請求方預付有關費用的，也有規定被請求方可以根據請求方的請求先預付有關費用，然後再由請求方向被請求方償付其所預付的費用。此外，有關的費用一般不低於請求方有關法律的規定。

　　此外，有關的國際、區際刑事司法互助公約一般還應遵循以下規則：（1）傳喚證人和鑒定人的通知不得含有關於不接受傳喚將受到相應處罰或者遭受強制措施的表述；（2）要求證人和鑒定人出庭的傳喚通知應當為送達程序和出庭前的準備工作留出合理的時間。

　　（三）派駐單位作為送達主體的可能性

　　派駐單位作為送達主體的可能性首先要從國際、區際刑事司法互助中的「外交和領事官員送達」開始說起。

　　1963年《維也納領事關係公約》第5條第（十）項規定，外國領事官員有權在接受國「依現行國際協定之規定或於無此種國際協定時，以符合接受國法律規章之其他任何形式，轉送司法書狀與司法以外文件或執行囑託調查書或者代派遣國法院調檢證據之委託書。」其中送

達部分就是「外交和領事官員送達」，這在民商事司法協助領域是得到普遍承認的。在刑事司法協助領域，中國與某些國家締結的雙邊條約也允許締約國外交和領事機構履行上述職能。例如，《中國和加拿大刑事司法協助條約》第18條規定：「一方可以透過其派駐在另一方的外交或者領事官員向在該另一方境內的本國國民送達文書和調查取證，但不得違反駐在國法律，並不得採取任何強制措施。」根據國際、區際條約的相關規定，外交和領事官員送達必須遵守以下規則：1.司法文書的受送達人必須是請求方的國民；2.在執行中不得採取任何強制性措施；3.有關的執行不得違反駐在國的法律。

海峽兩岸之間當然不可能存在互派「外交和領事官員」，所以自然也不存在「外交和領事官員送達」。但是隨著兩岸聯繫日益密切，未來兩岸互設派駐單位或可預期。如有派駐單位，由派駐單位送達其所屬大陸或者臺灣當事人，不失為「直接送達」的既便捷、又減省協助手續的一種較佳送達方法。

第五章　海峽兩岸刑事司法互助之調查取證

《南京協議》後，海峽兩岸的司法互助從單項合作走向多項合作階段。兩岸之間開展最早的逃犯移交（遣返），經過20年的實踐，已經形成較為暢通的合作局面。從實踐中反饋的情況看，當前海峽兩岸司法互助面臨著大量案件需要對岸提供調查取證方面的協助而未果的現狀，大大削弱兩岸共同打擊犯罪的力度，因此，調查取證協助不僅是當前海峽兩岸司法互助的重點，而且是推動兩岸司法互助向前發展的關鍵節點。

第一節　概述

中國區際調查取證協助，最早發生在大陸與香港之間。2000年，最高人民檢察院與香港廉政公署達成有關反腐敗案件調查取證方面的司法協助《備忘錄》。但是，作為「備忘錄」，嚴格而言，尚不具備協議的效力。大陸與澳門之間除了2001年最高人民法院與澳門特別行政區簽署的僅涉及民商事取證協助的《關於大陸與澳門特別行政區法院對民商事案件相互委託送達司法文書及調取證據的安排》外，至今未有刑事方面協助取證的任何協議。然而，實踐中，兩岸及港澳在刑事案件方面的調查取證協助一直在開展。為了加強規範，2000年，最高人民檢察院下發《關於進一步規範港澳個案協查工作的通知》。同年，公安部頒布《關於加強對大陸公安機關赴港澳臺調查取證工作管理的通知》。就是說，直到2009年《南京協議》簽署，大陸與臺灣之間雖然一直沒有調查取證方面的協助協議，但是實踐部門進行的調查

取證協助基本上還是「有法可依」的。《南京協議》是兩岸之間第一個調查取證協助協議，雖然其對於調查取證互助的規定簡單、原則，但卻不僅包括民事，還包括刑事方面的取證協助，可謂開創了中國區際刑事調查取證協助的新局面。

一、海峽兩岸相互協助調查取證的措施

根據國際刑事司法協助的理論和實踐，「調查取證」的措施主要包括：查找或者辨認有關人員；調取書證材料；委託詢問證人；搜查、扣押和凍結；聯合偵查；解送在押人員出庭作證；派員調查取證；遠程視頻聽證；特殊偵查手段等。

根據《南京協議》第5條、第8條規定，海峽兩岸調查取證互助的措施有：確定關係人所在或確認其身分；取得證言及陳述；提供書證、物證及視聽資料；勘驗、鑒定、檢查、訪視、調查；搜索及扣押，合作協查、偵辦等。

根據司法協助中各種調查取證措施的含義和內容，前述兩者的對應關係可以列表如下：

	國際刑事司法協助	《南京協議》
協助調查取證措施	查找或者辨認有關人員	確定關係人所在或確認其身份
	委託詢問證人	取得證言及陳述
	調取書證材料	提供書證、物證及視聽資料勘驗、鑑定、檢查、訪視、調查搜索及扣押
	搜查、扣押和凍結	
	聯合偵察	合作協查、偵辦
	解送在押人員出庭作証	——
	派員調查取證	——
	遠程影片取證	——
	特殊偵查手段	——

　　從上述列表可知：1.《南京協議》約定的兩岸相互協助調查取證的措施沒有涵蓋國際協助調查取證的所有種類。2.《南京協議》約定的調查取證措施與國際協助調查取證並沒有一一對應關係，而是遵循另外的邏輯關係。3.《南京協議》約定的調查取證措施的用語和表達不同於國際調查取證協助，而是採取了不一樣的用語和表達方式。由於兩岸的特殊關係和各自司法體制的不同，實際上《南京協議》的全文都表現出這些特點：既考慮到區際刑事司法協助與國際刑事司法協助的共性，又兼顧了兩岸的法律差異。

二、海峽兩岸相互協助調查取證的程序依據

　　《南京協議》第4章約定了兩岸司法互助的程序、第3章的第8條第2款約定了調查取證的程序性要求，但是與整個《南京協議》一樣，這些約定都是框架性的，非常粗疏。其中，第4章是所有司法互助事項的程序，包括逃犯移交、情資交換、罪贓移交、被判刑人移管等程序，而調查取證有其特殊性，諸多調查取證的措施合作起來繁簡難易還各不一樣；第3章第8條第2款雖然是專門針對調查取證這種互助形式，但

寥寥數語，只規定了最基本的程序要求，具體操作起來實有無所適從之虞。那麼兩岸相互協助調查取證到底應當依據什麼程序規定呢？或者，未來兩岸之間在調查取證方面應當構建怎樣的互助程序呢？

世界上實行聯邦制的美國、德國、俄羅斯雖然也有區際司法協助問題，但是它們均屬於「一國一制一法系一法域」，所以在區際司法協助中沒有多少法律制度上的障礙。大陸和臺灣雖然屬於一國，但是由於分屬不同的法系和法域，兩岸在刑事訴訟程序上差別很大，在調查取證的司法互助方面的要求也比較懸殊，其區際刑事司法互助模式很難從當今國際社會找到相類似的範例。但是，相對於承認和執行外國判決、移管被判刑人，引渡等提供實質性合作的司法互助形式，被稱為狹義司法協助形式的調查取證並不直接涉及敏感的國家主權問題。所以，筆者認為：參照、變通適用當今國際刑事司法協助中關於調查取證的成功經驗是現實的選擇。

第二節　《南京協議》約定的調查取證措施

為了直觀理解的需要，我們根據上一節國際刑事司法協助中調查取證措施與《南京協議》規定的兩岸調查取證互助措施對應關係進行闡述。

一、查找或者辨認有關人員——確定關係人所在或確認其身分

福建某公安機關辦理的黃某某販毒案：黃某某持一本姓名為郭某某的假護照但卻供稱其真名叫黃某某，偵查中，經過多方努力也無法

核實其真實身分，遂根據其自報的黃某某身分移送起訴，一審法院也按照黃某某的身分判處其死刑。但是二審法院認為應該按照其護照上郭某某的身分認定，並報請最高人民法院核準對其執行死刑。該案執行後，黃某某的親屬領取相關法律文書到臺灣有關部門處理遺產時，臺灣有關部門以被執行死刑的人是郭某某而不是黃某某而不予受理。給其親屬處理遺產問題帶來極大麻煩。[69]——這種情況就涉及查找或者辨認有關人員——《南京協議》規定的「確定關係人所在或確認其身分」。實際上，在刑事案件偵辦中，從大陸方面講，涉及需要確定臺灣籍「關係人」真實姓名外，還包括年齡、是否累犯等身分訊息的情況很多，而這些訊息對犯罪嫌疑人的量刑不可或缺，在有些案件中甚至涉及定罪問題。

（一）含義

在國際刑事司法協助中，「查找或者辨認有關人員」是指根據請求方的請求，採取必要的調查和監測手段，確定請求方所列舉人員的行蹤和停留處所，或者甄別請求所列舉人員的真實身分。概括之，「查找或者辨認有關人員」就是確定「行蹤」和「身分」。《南京協議》採「確定關係人所在或確認其身分」的表述，也包括確定「行蹤」和「身分」兩重意思，含義沒有什麼實質差別。前者側重過程表述，後者意在表明結果。蓋因《南京協議》是兩岸之間的區際刑事司法互助，內容表述上刻意有別於國際刑事司法協助而已。

（二）對象

這裡的「有關人員」——《南京協議》稱為「關係人」，包括犯罪嫌疑人、被告人、證人或者與刑事案件相關的人員。在有的刑事司法協助條約中，其對象還可以是物。如2001年《美國和愛爾蘭刑事司法協助協定》第12條規定：「被請求方應當採取最大努力以查找或者辨認請求書中所列舉的人員或物品。」《中國和韓國刑事司法協助條

約》第13條也將有關的協助形式表述為「查找或者辨認人員或物品。」顯然,《南京協議》沒有約定物品作為互助調查取證的對象。

(三)請求方義務

為「確定關係人所在或確認其身分」,請求方應當向被請求方提供「關係人」的基本情況、旅行證件訊息、照片等一切有助於辨別、確認其身分、確定其行蹤的資料。

(四)協助的內容

根據請求方的請求,被請求方一般以提供上述人員在被請求方的出入境記錄、住宿記錄、居留處所訊息、就業或者其他活動訊息等方式提供協助;或者根據請求方提供的資料,幫助確認上述人員的真實身分、年齡,或者辨別隱匿、改變了原有身分和個人特徵的上述人員。

(五)方法或者手段

為「確定關係人所在或確認其身分」所採取的手段不涉及強制性措施。如果被請求方發現了關係人,即使是對方通緝的逃犯,也只能採取跟蹤、監視並記錄其行蹤等非強制手段。如果關係人正試圖從被請求方離境,請求方也應放任其離去。在對關係人進行辨認的情況下,被請求方也只能採取祕密和非強制性的手段,不能強迫關係人接受辨認。

(六)目的

「查找或者辨認有關人員」有時候是境外追捕和引渡的前期偵查行為,它是後者的前提,但有時候又是一種獨立的司法協助形式——查找或者辨認有關人員本身就是目的,而且可以僅僅以此為限。所以,即使請求方與被請求方存在著引渡方面的法律困難,或者不可能開展引渡方面的合作,請求方仍然可以為了該目的向被請求方要求提

供協助。該種司法協助首次在中國與外國的刑事司法互助條約出現是2000年6月簽署的《中國和美國刑事司法協助協定》。《南京協議》簽署前，海峽兩岸間相互協助「確定關係人所在或確認其身分」的需求非常旺盛，雙方司法機關實際上多有個案協助，但是遠未形成正常的、暢通的協助渠道，影響辦案機關準確認定事實和適用法律的情況比較普遍。

二、委託詢問證人——取得證言及陳述

福建某公安機關辦理的江某某等人綁架或者非法拘禁案中，犯罪嫌疑人江某某辯解，其系受臺灣朋友劉某之托替施某綁人討債，劉某曾明確告訴他施某與被害人有債務糾紛。根據大陸的刑法和有關司法解釋，綁架案件中，如果犯罪嫌疑人與被害人之間有債權債務關係，應定非法拘禁罪，而純粹以勒索財物為目的綁架他人的，應定綁架勒索罪，兩者量刑差距甚遠。由於無法找到江某某所謂的臺灣朋友劉某作證，因此無從判斷其扣押人質的主觀目的是討債還是索要錢財，根據法律規定只得就低不就高——按照討債的主觀犯意以非法拘禁罪追究其刑事責任。[70]——這種情況就涉及委託詢問證人——即《南京協議》規定的「取得證言及陳述」。在調查取證中，取得證言及陳述是相對比較敏感和複雜的協助措施。

（一）對象

在國際刑事司法協助中，委託詢問證人是一項傳統的司法協助方式。委託詢問的對象主要是證人、被害人和鑒定人。證人中，有的可能是被請求方刑事案件的在押犯罪嫌疑人、被告人或者被判刑人。

（二）協助方式

一般情況下，需要委託詢問證人的，請求方向被請求書提交請求

書和書面的詢問提綱,被請求方對案件的瞭解僅以請求書中所介紹的情況為限,只能按照請求方的明確要求提出問題和記錄回答。因此,請求方的詢問提綱應當製作得儘量詳細,既要避免讓被請求方執行機關對需要調查的問題不得要領,也要防止被詢問人以「是」或者「不是」敷衍搪塞。

(三)關於拒絕作證

在國際刑事司法協助中,被詢問人有權根據被請求方的法律或者請求方的法律拒絕作證。但是也有的國際條約不允許證人援引請求方的法律拒絕作證。大陸的刑事訴訟法沒有關於證人拒絕作證的規定,但是臺灣的「刑事訴訟法」第180、181、182、185、186條規定了證人拒絕作證的權利[71]。如果未告知拒絕證言者等違反法定程序取得之證據,「其有無證據能力之認定,應審酌人權保障及公共利益之均衡維護」。[72]

在委託「取得證言及陳述」的情況下,如果請求方是臺灣,被請求方是大陸,則根據大陸的刑事訴訟法,被請求方雖合法取得證言,但卻不符合請求方的法律規範,所獲得證據不能被法院採信,這樣的司法協助不是毫無意義嗎?所以請求方要求被請求方協助時,儘量按照請求方要求的形式協助取證就顯得十分必要。所以《南京協議》在第8條第2項規定:「受請求方在不違反己方規定前提下,應儘量依請求方要求之形式提供協助。」實踐中,兩岸在相互協助取證時,面對臺灣刑事訴訟法的程序要求高於大陸的情況,臺灣學者在研究臺灣各地法院的做法後提出「請求方一般應基於尊重協助方司法權的行使的原則、基於人權保障及犯罪追訴之目的等加以權衡,而不宜簡單地以協助方取證違反請求方之法律而加以排除或者禁止使用」。[73]

(四)委託詢問證人——取得證言及陳述的效力

根據《南京條約》第18條規定:「雙方同意依本協議請求及協助

提供之證據資料、司法文書及其他資料,不要求任何形式之證明。」——這是對一般的證據而言。如果該「證據資料」是證人證言或者被害人陳述,情況就有所不同:首先,兩岸偵查主體不同,可能導致證人證言在法庭上的證據效力不同;其次,兩岸的法律均規定證人出庭接受質證,但是如果證人不出庭,其證言的效力也不同。

1.取證主體對證人證言效力的影響

在大陸的刑事訴訟制度中,公安機關是偵查主體,公安機關對證人詢問製作的證人筆錄是符合法律規定的證據種類之一。但是在臺灣的刑事訴訟制度中,檢察官才是唯一的偵查主體,警察機關僅為偵查輔助機關。證人在偵查中向檢察官所作的陳述,依照臺灣刑事訴訟法規定均有證據能力,但是若向大陸公安機關所作的陳述,依照臺灣刑事訴訟法規定,原則上並無證據能力,除非例外情事,才有證據能力。——可見,在臺灣,證人在檢察官與在警察機關面前的陳述,有完全不同的法律效力。隨之而來的問題是,證人(被告以外之人)在大陸公安機關面前的陳述,在臺灣證據法上的效力就非常尷尬了。在臺灣的司法實踐中,曾經出現過地方法院裁定將其「類推適用」或者「適用」的案例,但是在臺灣理論界,對大陸公安機關協助取得的證人證言在臺灣的刑事訴訟中「可以類推適用在檢察官前面之供述」還遠未達成共識。[74]

2.證人是否出庭對證言效力的影響

根據中國刑事訴訟法的規定,證人證言必須在法庭上經過質證後才能作為定案的依據,但同時司法解釋又規定「未出庭證人的證言宣讀後經當庭查證屬實的,可以作為定案的根據。」[75]司法實踐中,大陸的刑事訴訟程序很少有證人出庭。對於來自境外的證人證言,更是予以特別處理。如海關總署緝私局、最高人民檢察院偵查監督廳公訴廳、最高人民法院刑二庭《關於走私犯罪中境外證據的認定與使用有

關問題的聯席會議紀要》(「緝私〔2005〕349號」)規定「對境外單位或者個人提供的證據,境外提供者沒有特殊限定的,可以直接作為辦案的證據並在庭審時使用。」如果證人證言來自臺灣,一般的做法是由辦案人員在見證人的見證下,透過電話與證人取得聯繫,並將通話內容製作成電話記錄即可得到法院的認可。有的地方司法機關甚至以聯合發文的形式,對來自臺灣的證人證言的效力明確予以認可。如福建省高級人民法院、福建省人民檢察院、福建省公安廳在《關於辦理虛假訊息詐騙案件若干問題的意見》(「閩公綜〔2007〕449號」)中規定:「因被害人在臺灣不便直接取證的,公安機關可根據掌握的被害人的聯繫方式,透過公布的報案電話聯繫被害人,通知其按照公布的地址郵寄報案材料和透過中國公證員協會寄送個人身分公證材料;……上述證據材料可採納為訴訟證據。」總之,對大陸一方而言,根據大陸的法律和實踐,臺灣證人是否出席大陸的法庭審理對其證言效力的影響不大。但是,在臺灣的刑事訴訟中,證人、鑒定人、被害人等親自出席法庭當庭作證是其「直接言辭審理」原則的重要要求。為了有利於法庭對事實的正確認定和判決的公正性,臺灣法律對於證人出庭作證之證據能力,有相當嚴格的規定。如果在庭外或者偵查階段詢問取得的書面證言,在嚴格取證規則下,難以採納為證據。所以在兩岸的司法互助中,臺灣對大陸證人出席臺灣法庭作證的要求比較強烈。在西方法治國家,同樣要求證人必須出席法庭接受交叉詰問,否則其證言將不被採信。所以在國際刑事司法協助中往往有移送證人、鑒定人或者被害人到請求方境內作證的規定。

從大陸方面看,電話詢問或者書面證言的效力畢竟還是有爭議,隨著法治化的進程,證人出席法庭接受質證將是大勢所趨;從臺灣方面看,要求大陸證人、鑒定人、被害人赴臺灣法庭作證,對雙方而言不僅費時費力費成本,而且在兩岸相互協助取證渠道並不暢通的情況下更費周折。如何解決這個問題呢?

①遠程視頻作證

根據目前兩岸司法互助的現狀,「遠程視頻作證」不失為解決問題的好辦法:遠程視頻作證是在法庭審判過程中,藉助視聽技術手段將遠在異地的證人的影像、聲音即時傳送到法庭,使法庭聽取其證言並接受質證的作證方式。遠程視頻作證較之長途電話,不僅可聽,而且可視——因為證人出庭時的表情、動作等肢體語言也是判斷其口頭陳述是否真實可信的依據。

②派員調查取證

不失為解決證人出庭問題的另一個辦法是:派員調查取證。協助取證的措施,從大的方面分,就是委託取證、派員調查取證和聯合偵查三種形式。但是,《南京協議》只規定了委託取證和聯合偵查兩種形式,沒有規定可以「派員調查取證」。然而,在國際刑事司法互助中,派員調查取證被稱為積極的協助方式,委託取證被稱為消極的取證方式,後者也是國際刑事司法互助常見的有效的協助方式。從長遠的角度看,未來的兩岸司法互助中增加這種取證措施並不是不可能。當然,由於派員赴對岸取證的司法成本較高,所以一般在一些重要的案件或者對於一些重要的證人,才採取這種方式。

三、調取書證材料——提供書證等

國際刑事司法協助中,「調取書證材料」基本上對應於《南京協議》約定的「提供書證、視聽資料」。這裡的書證應當也包括鑒定結論在內。與委託詢問證人不同的是,「調取書證材料」和下文將要論及的「搜查、扣押和凍結」,調查的客體都是簡單、直觀的書證和物證,採取委託對方代為調取的方式更為簡便。

2010年8月25日,在公安部的統一指揮協調下,福建、安徽、湖

北、湖南、廣東、廣西、重慶7省區市公安機關聯手臺灣警方展開同步收網行動，成功摧毀一個由臺灣人組織操控的特大跨兩岸的電信詐騙犯罪網路群，抓獲詐騙團夥和為其提供網路支持和通信線路支持的通信運營商、代理商共451名（其中，臺灣籍186人、大陸籍264人、香港籍1人）。76這類案件中，就涉及用於詐騙、轉帳洗錢的帳戶的資金流轉資料，犯罪分子透過網路、通訊進行遙控指揮犯罪的訊息等大量書證、物證和視聽資料等，需要兩岸相互協助調取。

（一）對象

調取書證材料主要表現為：被請求方向請求方提供本方政府機構、司法機關、金融機關、其他團體或者個人保管的文件或者材料，以為有關案件的調查和審判服務。實踐中，透過司法協助調取的書證材料多種多樣。如果調取的是被請求方政府機構尚未公開的文件、記錄和資料，被請求方可以自行酌定全部或者部分拒絕執行該請求。《南京協議》雖然沒有直接對此作出約定，但是如果出現此種情況，雙方均可以根據第15條「不予協助」、第14條「執行請求」第二款、第三款的規定全部或者部分拒絕執行請求，但是應向對方說明理由。77此外，被請求方可以提供經證明的副本或者影印件，在請求方明確要求提供原件的情況下，被請求方應當儘量滿足此項要求。在提供原件的情況下，請求方一般應當將文件的原件及時歸還被請求方，除非被請求方放棄歸還請求。《南京協議》第8條規定了「受請求方在不違反己方規定前提下，應儘量依請求方要求之形式提供協助。」

（二）程序

關於調取書證材料這種司法協助的程序，各國法律、雙邊、多邊條約或者協定有著不同的規定。請求不僅可以由請求國審理刑事案件的法官或者其他承擔刑事訴訟職能的機關提出，還可以由國際刑警組織提出。至於被請求方的執行程序，有的國家規定由被請求國的法官

對有關請求進行審查並簽發命令，有的國家規定由總檢察長對有關請求進行審查並授權司法機關或者執法機關執行，也有的是由其他刑事案件調查機關對請求進行審查並作出決定。

在海峽兩岸刑事司法互助中，大陸的公、檢、法等司法機關均有權提出請求，也有權對請求進行審查和執行。由於臺灣的偵查主體是檢察機關，警察是偵查輔助機關。所以，臺灣一方提出請求和執行請求主要是檢察官，或者需要經過檢察官批准。在執行有關請求時，儘管《南京協議》第18條規定「雙方同意依本協議請求及協助提供之證據資料、司法文書及其他資料，不要求任何形式之證明。」但是，在協助中，被請求方應當充分考慮請求方法律對書證材料使用方面的程序性要求，應當對被調取的書證材料的來源、保管人或者提供人的身分、有關文書的真實性以及調取的時間加以說明。

（三）保密義務和限定用途

在調取書證材料司法協助中，請求方和被請求方可以協商約定：對於由被請求方提供的文件、證據材料以及來源予以保密，或者只在符合一定條件時或者在特定的情況下予以公開或者使用。但是，如果不違反保密要求則無法執行請求，國際刑事司法協助一般約定請求方應將此情況通知被請求方，被請求方應隨即決定是否仍應執行該請求。《南京協議》對此做了規定，第16條規定了「保密義務」：「雙方同意對請求協助與執行請求的相關資料予以保密。但依請求目的使用者，不在此限。」第17條規定了「限制用途」：「雙方同意僅依請求書所載目的事項，使用對方協助提供之資料。但雙方另有約定者，不在此限。」

（四）關於金融資料的調取

關於金融機構交易記錄和資料的調取，由於可能涉及對當事人財產權利和個人祕密的保護，有關的調取請求一般需要具備一定的條

件。比如，請求方應當向被請求方主管機關提供必要的材料或者證據以表明：存在著「合理嫌疑」認為有關的個人或者法人實施了犯罪行為，並且處於被請求方境內的銀行或者非銀行金融機構可能存有與請求方的刑事調查和訴訟相關聯的記錄和資料。同時，請求方還應當具體列舉需要調取的記錄和資料存放在哪一個金融機構、有關的帳戶號碼及戶名等一般情況的訊息。

四、搜查、扣押和凍結——搜索及扣押等

大陸A公司與臺灣B公司共同走私案件中，大陸A公司實施走私的主管人員和直接責任人員供述是受臺灣B公司負責人指使，並與臺灣B公司有大量的帳目往來。由於臺灣B公司負責人也涉嫌走私，所以如果可以要求臺灣警方協助搜查臺灣B公司、扣押臺灣B公司的電腦、提取與本案有關的往來帳目，則對查清全案和認定同案犯在共同犯罪中的作用和地位就非常有利。

國際刑事司法協助中的「搜查、扣押和凍結」大體對應於《南京協議》的「搜索及扣押」——值得注意的是，兩岸尚未開放相互提供「凍結」銀行帳戶的協助事項。此外，搜索及扣押的結果之一「提供物證」也可以歸入此處。同樣，《南京協議》規定的「勘驗」、「檢查」等也應當歸入這一類。

（一）對象

搜索及扣押表現為對有關人員所享有的表面財產權利的限制，有時甚至表現出對有關人員人身權利的限制——如其中的搜索就包括了對人身的搜查。有關搜索及扣押的司法協助除了為調查取證的目的，還可以是為了追繳犯罪所得和收益的目的。

（二）雙重犯罪原則

因為搜索和扣押具有明顯的強制性，因此有關司法協助的行為與其他取證協助措施相比應當遵循比較嚴格的規則。如果請求方所追訴的行為根據被請求方的法律不構成犯罪，一般來說，後者就不應當為此而動用限制有關人員財產權利甚至人身權利的強制措施——也就是說必須符合雙重犯罪原則。有些國家的法律還要求所涉及的犯罪必須達到一定的嚴重程度。對此，《南京協議》在第4條第一款關於「共同打擊犯罪」的「合作範圍」規定了雙重犯罪原則，但是，同時在第三款也規定：「一方認為涉嫌犯罪，另一方認為未涉嫌犯罪但有重大社會危害，得經雙方同意個案協助。」78

（三）程序

在國際刑事司法協助中，如果搜查、扣押和凍結的對像是不具有財產性質的物證，則協助程序相對簡單；但如果是具有追贓目的的財產，則程序要求就比較嚴格——請求方應當提供材料證明有必要採取有關的強制措施。《聯合國反腐敗公約》第54條第二款規定：關於凍結或者扣押的司法協助請求「須提供合理的根據，使被請求締約國相信有充分理由採取這種行動」。也就是說，在請求外國對被轉移到該國境內的財產進行搜查、扣押和凍結時，被請求國一般都要求請求國提供相應的證據材料，證明請求所針對的財產屬於犯罪所得或者屬於透過犯罪所獲取的收。實踐中，這種舉證要求往往是很嚴格的。比如，如果被請求凍結的是銀行存款，那麼請求方不但應證明有關錢款的權利人透過犯罪獲得了相當數額的資金，而且應當證明犯罪所得資金與被請求國境內可疑帳戶中的資金之間存在著連續的和不間斷的轉移鏈條。顯然，這種舉證具有一定的難度。犯罪分子往往採取洗錢的方法導致銀行資金流動鏈條的中斷、或者犯罪所得資金的真實來源被掩蓋、或者將犯罪所得變換為合法來源。例如，使帳戶資金變成現金，在更換新的戶名或者更換新的存款銀行後變為新的帳戶資金，或者將有關資金投入到某些合法交易中再提取等。

雖然,《南京協議》對於該項司法協助只規定了「搜索及扣押」,並沒有「凍結」之內容,但是,需要注意的是:《南京協議》第9條專門規定了「罪贓移交」條款——「雙方同意在不違反己方規定範圍內,就犯罪所得移交或變價移交事宜給予協助」。「就犯罪所得移交或變價移交」的前提就包括了凍結——相當部分的跨境犯罪所得體現為銀行存款。由此,從理論上說,未來兩岸在取證互助方面,相互進行「凍結」協助不是沒有可能。從實踐上說,儘管兩岸迄今尚未有追贓目的的「搜索和扣押」,也從未「就犯罪所得移交或變價移交事宜」進行過協助,但是近年發生在海峽兩岸的日益猖獗的電信詐騙案件就涉及大量罪贓在對岸無法追繳,導致案件雖破、被告人雖被各自的司法機關繩之以法,但被害人的損失無法挽回的局面,因此兩岸雙方對這方面的協助需求都很急迫。

五、聯合偵查

聯合偵查(joint investigation),是指兩個或者兩個以上的國家或者地區就某個特定的跨境犯罪案件,共同開展有關的偵查和取證活動。[79]隨著現代化通訊和交通技術的發展,犯罪分子遠程操縱、指揮有組織犯罪、毒品、走私、詐騙、偽造貨幣等犯罪不斷增多。面對狡猾的跨國犯罪,單靠一國的警察力量打擊越來越困難,這是聯合偵查機制產生和發展的客觀基礎。聯合偵查能夠使有關國家突破一些司法上的障礙,迅速而準確地獲取犯罪情報和證據,共同採取有力措施,聯手打擊跨國犯罪,符合國際社會的共同需求。所以聯合偵查已經成為越來越受國際社會關注的刑事司法合作方式。《聯合國打擊跨國有組織犯罪公約》和《聯合國反腐敗公約》均以專門條款作出規定,歐盟更是把廣泛開展這一合作確定為實現其刑事一體化的重要措施。

(一)特點

相對於刑事司法協助的其他形式，聯合偵查的特點有二：一是合作的綜合性。它突破了傳統協助形式的單一性限制，可以開展詢問證人、調取書證材料、搜查、扣押和凍結等各種取證活動，而且還可以進行臨時拘留、緝捕犯罪嫌疑人、審訊等偵查措施，甚至可以採用電子監聽和監視等特殊偵查手段。二是取證的直接性。相對於委託取證、甚至派員調查取證而言，參加聯合偵查的當事方可以就某個具體的偵查事務直接進行交流和處理，是一種更加有效的偵查合作形式。

聯合偵查根據其當事方合作的程度可以分為：1.聯合辦公式的合作。指由兩個或者兩個以上的國家組成相對統一的專案組，統一採取行動，步調一致地開展偵查活動。[80]2.分工負責、互相配合式的合作。指合作雙方按照商定的聯合偵查分工，分別由各自偵查機關在本國採取相應的偵查手段和措施。

（二）程序

一般來說，某個跨境犯罪案件發生後，總是先由一方立案偵查。在偵查過程中，立案國發現了某些犯罪線索涉及外國、或者犯罪人已經逃亡外國、或者犯罪結果可能會在外國發生、或者因為犯罪人是外國人等等，都可能會因此遇到許多無法由本國單獨解決的複雜問題。在這種情況下，立案國往往要藉助外國偵查機關的力量才能完成任務，此時就涉及提出偵查協助或者聯合偵查的請求。一國接到另一國請求聯合偵查的請求後，一般都要依照國內法規定的程序進行審查。有的國家由司法機關審查，有的國家由行政機關審查，有的則實行司法和行政雙重審查的原則。如果被請求方接受聯合偵查的請求，則應儘可能不延遲地通知對方並立即開始商討具體的合作內容和原則、程序、步驟等。如果拒絕，也應儘可能將有關決定和理由通知對方。

（三）規則

根據國際法律文件的相關規定，聯合偵查一般遵守以下規則：

121

1.聯合偵查可以在任何一個參與聯合偵查的國家的境內進行，其條件是有關的調查活動必須遵守調查地國家的法律。

　　2.透過聯合偵查獲取的證據材料或者情報，可以由參加聯合偵查的各國主管機關在審理聯合偵查所針對的特定案件時使用或者為了有關各方共同商定的目的使用。如果有關國家打算將上述證據材料或者情報用於偵查或者起訴其他刑事案件，則應當取得該證據材料或者情報獲取地主管機關的同意，該主管機關一般應當允許為這樣的目的使用有關的證據材料或者情報，除非它認為這樣的使用會有損於本國的刑事調查活動或者本國會拒絕針對有關案件提出的司法協助請求。

　　3.如果當事方成立「聯合偵查組」或者專案組，則還有以下規則：

　　（1）「聯合偵查組」的組長一般由調查活動開展地國家主管機關的代表擔任。他在「聯合偵查組」中處於關鍵與核心的地位，起著領導作用。組員和附屬組員必須服從他的指揮，執行組長交辦的任務。

　　（2）來自調查地以外國家的附屬組員有權像調查地國家主管機關的組員一樣參加在調查地開展的調查活動，甚至可以根據組長的授權在調查地國家境內採取某些偵查手段或者執行特殊任務。當然，這類活動應當遵守調查地國家的法律並且事先獲得派遣國主管機關的許可。另一方面，組長也有權依據調查地國家的法律限制附屬組員參加某些活動或者執行某些任務。

　　（3）當聯合偵查組需要在附屬組員所屬國家境內實施某些偵查行動或者採取某些措施時，可以直接透過該附屬組員向該國主管機關提出請求和進行磋商。附屬組員可以根據本國法律並且在其職權範圍內直接向聯合偵查組提供本國主管機關所掌握的、與被調查案件有關的訊息和材料。

（四）聯合偵查合作

在中國區際刑事司法協助中，大陸與港澳雖然尚未簽訂司法互助協議，也未有關於聯合偵查的安排，但是實際上彼此之間聯合偵查合作已經開展多年。如2000年以後，粵港澳三方聯手開展一系列包括打擊跨境涉黑犯罪的「獵狐行動」、「曙光行動」、「旭日行動」、「驕陽行動」，打擊跨境毒品犯罪的「春雷行動」、打擊跨境組織賣淫犯罪的「藍鳥行動」、「火百合行動」等，成效明顯。大陸與臺灣之間，《南京協議》第5條「協助偵查」規定：「雙方同意交換涉及犯罪有關情資，協助緝捕、遣返刑事犯與刑事嫌疑犯，並於必要時合作協查、偵辦。」——這裡的「合作偵辦」即屬於聯合偵查性質。雖然《南京協議》關於「合作偵辦」幾乎一筆帶過，但是協議簽訂後不久，兩岸就多次成功開展了聯合偵查合作。除了前述2010年8月25日的電信詐騙案外，早在2010年6月20日，大陸16個省市區公安機關在公安部統一調度下，協同臺灣警方也成功摧毀了一個特大跨海峽電信詐騙網路，共抓獲犯罪嫌疑人156名，剷除作案窩點及地下錢莊57處。僅據公開報導，近年兩岸警方共同偵辦的特大案件就不勝枚舉，更不用說一些小的案件和不公開報導的了。

第三節　《南京協議》未約定的調查取證措施

國際刑事調查取證協助中的解送在押人員出庭作證、派員調查取證、遠程視頻取證和特殊偵查手段等，雖然在《南京協議》中未能約定，但是其中有的已經開始實踐，有的急需開展，有的是未來兩岸取證合作的方向。

一、解送在押人員出庭作證

解送在押人員出庭作證,是指為了在請求方的刑事訴訟中提供證詞或者協助調查,被請求方將在其境內受到羈押的犯罪嫌疑人、被告人或者被判刑人移送到請求方境內,請求方按照約定的條件將該人送還被請求方的協助調查措施。與引渡和被判刑人移管等合作方式不同,解送在押人員出庭作證的目的不是為了對該人進行追訴和執行刑罰,而是出於聽取該人的證言、指認或者有關陳述等舉證或者調查的目的。從這點而言,解送在押人員出庭作證與通知證人、被害人、鑒定人出庭頗為相似,所不同的是前者的對象被限制了人身自由,並且在請求方的出庭是採用強制措施予以保障的。

(一)解送在押人員出庭作證的規則

《聯合國打擊跨國有組織犯罪公約》和《聯合國反腐敗公約》在司法協助條款中使用較大的篇幅規範此種協助形式,因為跨國有組織犯罪和腐敗犯罪往往表現為集團犯罪、共同犯罪,在調查和審理此類案件中,其他同案犯的證言通常非常重要。據此,解送在押人員出庭作證應當遵守以下有關規則:

1.被要求出庭的在押人員自願接受解送

根據有關國際條約和各國立法,請求方和被請求方不得違反在押人員的意願強制將其解送請求國出庭作證。如果在押人員不同意,被請求方可以拒絕解送在押人員前往請求方出庭作證的協助請求。

2.解送期間,請求方有義務使在押人員始終處於被羈押狀態

「解送期間」,包括解送的往返路途和在請求方境內逗留的時間。請求方應當在提出解送請求時就上述羈押義務作出承諾和安排。在押人員在請求方出庭作證期間的羈押時間應當折抵刑期。如果在出

庭作證期間，在押人員的刑期屆滿，請求方可以根據與被請求方達成的協議解除對在押人員的羈押，而將其作為一般的證人對待。有的國際條約還規定，如果解送可能延長對在押人員的羈押，被請求方也可以拒絕有關的解送請求。

3.請求方應當確保按照協議將被解送人交還被請求方

即使被解送人因刑期屆滿已被解除羈押，請求方也同樣負有義務將其按期或者按照約定的條件送還，除非被請求方放棄送還的要求。這是請求方應當承擔的一項重要義務。而且，在國際公約和一些雙邊協議中，在任何情況下，請求方均「不得要求解送締約國為該人的交還啟動引渡程序」，也不得接受被解送人提出的關於避難或者庇護的申請。

4.請求方不得對被解送人進行追訴、審判或者處罰

即使被解送人是請求方的居民，請求方也不得對被解送人因其離開被請求方前的行為進行追訴、審判或者處罰。根據《聯合國打擊跨國有組織犯罪公約》和《聯合國反腐敗公約》的規定，上述義務在一定條件下也可以獲得免除，即「解送該人的締約國同意」。

5.拒絕解送

綜合國際公約和協議，被請求方可以在下列情況下拒絕解送請求：（1）如果在押人員不同意，被請求方可以拒絕解送在押人員前往請求方出庭作證。（2）如果解送可能延長對在押人員的羈押，被請求方可以拒絕有關的解送請求。（3）解送在押人員出庭可能影響本方刑事案件調查或者審判程序的正常進行，或者存在其他不適合解送的情形，被請求方可以拒絕或者推遲執行有關請求。

（二）海峽兩岸之間的「解送在押人員出庭作證」

隨著跨海峽共同犯罪的日益突出，像電信詐騙、走私、黑社會犯

罪，一般都涉及需要對岸同案犯作證的情況，「解送在押人員出庭作證」在這類案件中也已經是現實的需要。但是，《南京協議》既沒有約定「解送在押人員出庭作證」這種協助形式，也沒有約定「派員調查取證」——《南京協議》同樣沒有規定「派員調查取證」（見下文）。實踐中為瞭解決這個矛盾，一些省市已經嘗試透過遠程視頻方式獲取對岸在押人員的證言。這既無突破目前合作框架之虞，又解決了實際問題，是較理想的變通做法。但由於兩岸的差異，合作中至少有兩個問題需要注意：

1.被告人是否有沉默權規定不同

《中華人民共和國刑事訴訟法》（以下簡稱《刑事訴訟法》）第93條規定，「被告人對偵查人員的提問，應當如實回答。只有與本案無關的問題，才可以拒絕回答。」——大陸的被告人在刑事訴訟法上並沒有沉默權。臺灣「刑事訴訟法」第95條第2項規定，訊問被告應先告知「得保持緘默，無須違背自己之意思而為陳述。」所以，兩岸在透過視頻獲取被告人證言時應考慮雙方法律規定的差異。為確保協助的有效性，請求方要求協助時，應當請協助方儘量按照請求方之要求取證，而協助方則根據《南京協議》第8條第2項規定：「在不違反己方規定前提下，應儘量依請求方要求之形式提供協助。」

2.訊問被告人的程序要求不同

《刑事訴訟法》第43條規定：「審判人員、檢察人員、偵查人員必須依照法定程序，收集……各種證據。嚴禁刑訊逼供和以威脅、引誘、欺騙以及其他非法的方法收集證據。」但是對於非法取得的證據——特別是刑訊逼供等非法取得的證據能否作為證據使用，大陸刑事訴訟法並沒有明確。1998年9月8日《最高人民法院關於執行〈中華人民共和國刑事訴訟法〉若干問題的解釋》第61條規定：「嚴禁以非法的方法蒐集證據，凡經查證確實屬於採用刑訊逼供或者威脅、引誘、

欺騙等非法的方法取得的證人證言、被害人陳述、被告人供述，不能作為定案的根據。」儘管如此，實踐中，刑訊逼供或者威脅、引誘、欺騙等非法的方法取得的被告人供述如果屬實，並不排除作為定案的根據。臺灣的「刑事訴訟法」第156條第1項規定：「被告之自白、非出於強暴脅迫、利誘詐欺、疲勞訊問、違法羈押或者其他不正方法，且與事實相符者，得為證據。」也就是說，「被告之自白」，如果出於強暴脅迫、利誘詐欺、疲勞訊問、違法羈押或者其他不正方法，即使其與事實相符，也不能作為證據使用，而且應當加以排除——這就與大陸有差別。相對而言，臺灣對「被告人之自白」等證據的排除規則較大陸嚴格。如果「被告人之自白」「是違反『人性尊嚴』取得的證據，對法制的破壞遠超過供述本身的證據價值，所以應當加以排除而禁止使用」。[81]

二、派員調查取證

派員調查取證，是指請求方的主管機關派員前往被請求方境內參加有關的調查取證活動。前述的查找或者辨認有關人員、委託詢問證人、調取書證材料、搜查、扣押和凍結等均屬於委託取證，委託取證的缺陷是因被請求方缺乏對案件背景和事實直接和詳盡的瞭解而可能導致執行活動的機械性和籠統性，而派員調查取證一方面可以幫助被請求方比較詳細和深入地瞭解案情，從而提高執法活動的針對性。另一方面，也可以使請求方主管機關在一定程度上介入調查活動，並且使有關的調查結果儘可能符合請求方刑事訴訟的需要和程序性要求。

（一）派員調查取證的規則

根據國際公約和國際合作的實踐，派員調查取證應當遵循以下規則：

1.請求方應當向被請求方明確提出派員參加取證活動的請求

一般是在請求書中作為一項專門的請求提出,同時仍應當像委託詢問證人一樣,向被請求方提交有關的詢問提綱和調查計劃。未經被請求方同意,不得自作主張派人前往被請求方境內開展調查活動。

2.在被請求方境內開展的調查取證活動應當以被請求方主管機關為主導

從一定意義上講,派員調查取證是委託詢問證人的補充措施,請求方只不過是派人參加有關的執行活動。因此,在被請求方境內的調查取證活動仍應由被請求方主管機關主持。請求方的提問必須經被請求方主持人員的許可。有關的提問和回答應當翻譯成被請求方主持人員能夠聽懂的語言,除非後者明確表示不需要翻譯有關的詢問對話。

3.請求方參加調查取證活動的人員必須遵守被請求方的法律

即使是請求方司法機關或執法機關的人員,在被請求方境內參加取證活動期間也同所有外國人一樣必須遵守被請求方的有關法律。在被請求方境內,他們不享有任何未經被請求方特許的司法和執法權力,不得隨意採取調查取證活動。

(二)海峽兩岸的派員調查取證制度

實際上,在國際刑事司法互助中,域外取證的主要方式是委託取證,而派員調查取證屬於直接取證方式,與國家主權有關,因此涉及的法律問題較多,並不是域外取證的主要方式。在中國與外國締結的刑事司法協助條約中首次引入派員調查取證制度是1994年簽訂的《中國和加拿大刑事司法協助條約》。近年來,中國在一些重大案件的域外取證工作中與一些國家開展了派員調查取證的合作,先後組織了多個調查小組赴新加坡、韓國、美國、加拿大、法國等國家參與取證活動,取得不錯的效果。就中國區際刑事司法協助看,之所以尚未有

「派員調查取證」的協助——《南京協議》也沒有規定「派員調查取證」事項——原因固然很多，其中一個很現實的原因則是大陸司法機關眾多，直接取證可能使臺港澳不甚負擔。但是隨著經濟、文化的進一步融合，同時面臨跨境犯罪案件增多的趨勢，單純的委託取證可能很難適應打擊犯罪的現實需要，尤其是對一些重要的案件。實踐中，司法機關都已經有跨境取證的案例——只是雙方約定並不以真實的身分和理由進行。所以，筆者相信，不久的將來，兩岸之間「派員調查取證」這個「口」會透過個別特殊的案例有望打開。

三、遠程視頻取證

對於「遠程視頻取證」，諸多國際公約、條約等法律文本賦予其不同的名稱。中國學者更是對其有各種各樣的稱呼，如遠程視頻聽證、視頻取證、視頻會議、視像取證、跨國視頻音頻取證等等。雖然名稱各異，但是所指內容並無本質區別，都是指：請求方司法機關在本國境內，透過衛星等電子傳送和視像播放系統，連線處於被請求方境內的證人、鑒定人或者其他有關人員，為相關案件作證的調查取證方式。[82]

（一）對象

遠程視頻取證的對象包括證人、鑒定人。其中證人不僅指耳聞目睹案件真實情況的人、也指在押人員或者被請求方司法機關的調查人員。其中具有在押人員身分的證人，往往是與請求方正在檢控的犯罪嫌疑人或者被告人共同實施跨國、跨境犯罪的同案犯，也包括不是同案犯的其他案件的在押人員。在一些國家，司法機關的調查人員——如警方也可以作為證人。鑒定人主要是作為專家來證實鑒定結論的真實性與否。但是在實際合作中也會涉及物證、書證等其他種類的證據。如出示一些照片、物品、文件、憑證、視聽資料請證人辨認等，

但是透過遠程視頻取證提供的證據主要還是證人證言。

(二) 類型

根據遠程視頻取證的階段不同，遠程視頻取證可以分為兩者類型：

1.在偵查階段取證

隨著跨境犯罪的增加，各方會面臨越來越多的跨境取證工作，如果都按照慣常的協助方式委託被請求方協助取證、或者每次都派員到被請求方境內直接開展取證工作，不僅會耗費大量的司法成本，也是不現實的。特別是對於國內法不要求證人必須出庭作證的請求方，在偵查階段透過遠程視頻取證，就完全能夠達到派員調查取證、或者委託調查取證相同的效果。

2.在法庭審理階段取證

這主要是請求方根據其國內刑事訴訟程序法的規定而提出。證人是否必須出庭作證，取決於請求方國內刑事訴訟法和證據制度。如在英美法系國家，根據其傳聞證據規則，除一些法定例外情形外，證人都必須出庭作證，並且接受控辯雙方的交叉詢問。因此，在國際取證協助中，被請求方向請求方提供書面證言往往是不夠的。透過遠程視頻取證，證人直接向請求方的法庭作證的法律效果與證人實地出庭作證相當，一般被各國認可。當然，請求方法庭為了確保這種證據的真實、可靠，往往還要求證人像在請求方境內法庭作證一樣，履行身分確認、聲明等程序。

(三) 性質

遠程視頻取證並不是一個新的證據種類。筆者認為：一方面，遠程視頻取證使得請求方的司法人員和處於被請求方的被詢問人免於跨境旅行的勞頓和複雜的手續，極大地提高了國際刑事司法合作的效

率。另一方面，相比委託取證和派員調查取證等其他合作取證形式，遠程視頻取證具有同期跨境的特點。透過現代通訊技術實現詢問人和被詢問人面對面溝通交流，更為直觀、可靠，大大滿足了直接審理和質證的訴訟要求，更好地保障了當事人的質證權和辯護權，確保證言的真實和程序的公正。所以，它是依靠現代科技手段，對傳統意義的常規取證合作方式進行突破和創新的一種新的取證措施。

（四）規則

根據《聯合國打擊跨國有組織犯罪公約》、《聯合國反腐敗公約》和一些國際條約規定，遠程視頻取證一般應遵循以下規則：

1.請求方應當正式向被請求方提出司法協助請求並獲得被請求方同意

在請求中，請求方應當特別說明採用遠程視頻取證的理由。如，有關的證人或者鑒定人不願意或者不能夠前往請求方境內接受詢問、出庭作證。

2.遠程視頻取證可以按照請求方法律進行

遠程視頻取證的詢問行為發生在請求方，回答問題的行為則發生在被請求方境內。一般來說，作為司法活動的詢問行為可以按照請求方法律規定的程序進行。

3.遠程視頻取證以符合被請求方法律的基本原則為前提

這不僅表現在被請求方有權審查有關的取證請求是否具備該條件，而且也表現為被請求方的司法人員或者其他主管官員有權在遠程視頻取證時在場，有權在認為本國法律的基本原則受到侵犯時直接採取必要的措施加以干預或者要求糾正。

4.被請求方主管機關應當為遠程視頻取證活動提供必要協助

比如查找、傳喚有關證人或者鑒定人，審核其身分，根據需要或者請求為被詢問人提供翻譯。特別是在遠程視頻取證後，被請求方主管機關應當製作一份紀要，註明取證的時間和地點、被詢問人的身分、其他參加取證人員的身分，遠程視頻取證的技術條件以及其他需要說明的問題。被請求方主管機關應當將該紀要提交給請求方主管機關。

5.被詢問人自願接受詢問並有權拒絕回答某些問題

遠程視頻取證的合作必須基於被詢問人自願，而且被詢問人還有權依據請求方的法律或者被請求方的法律拒絕對某些提問進行回答或者作證，請求方和被請求方均需要根據具體情況為此作出必要的特殊安排。

6.被詢問人故意提供偽證的，請求方或者被請求方有權依照本方法律追究其刑事責任

如果在遠程視頻取證中，接受詢問的證人或者鑒定人故意提供偽證，請求方有權依照本方法律追究其刑事責任；在請求方不打算或者不可能對其偽證行為進行刑事追訴的情況下，被請求方司法機關有權依照本方法律對有關的偽證行為予以懲處。

7.原則上由請求方承擔費用

遠程視頻取證主要是為瞭解決證人、鑒定人等無法前往請求方境內作證的問題。因此證人、鑒定人等在被請求方境內的差旅費、食宿費和誤工補貼等費用原則上應當由請求方按照司法協助條約的有關規定承擔。遠程視頻取證還有購買或者租賃遠程視頻設備的費用，但是因為這些設備屬於合作雙方的固定投資，根據實際情況，由雙方分別負擔更為合理。而參與合作的司法人員的差旅、食宿等費用根據互惠原則，也由雙方分別負擔為妥。但是費用的承擔並不是絕對的，雙方

可以透過協商確定承擔的原則。

（五）中國的遠程視頻取證協助

在西方許多發達國家，作為一種既有效又經濟的國際司法協助方式，遠程視頻取證已經被普遍使用。雖然，中國國內法中尚未有遠程視頻取證的相關規定，但是在與其他國家簽訂的一些司法協助條約中已經有了直接的規定。如最早在2005年《中華人民共和國和西班牙王國關於刑事司法協助的條約》第10條第3款：「在可能且不違反任何一方法律規定的情況下，雙方可根據具體情況約定透過視頻會議獲取證詞。」近年，中國公安機關、檢察機關已經多次採取這種方式與美國、加拿大等國司法機關開展協助。如中美兩國司法機關在廣東開平中國銀行特大貪汙、挪用公款案件的合作中，先後多次開展遠程視頻取證，取得較好的效果。隨著中國與其他國家開展國際執法合作的案件越來越多，需要直接提供證言的情況會越來越普遍，客觀、真實的遠程視頻取證將成為今後國際執法合作的一個重要發展方向。

（六）海峽兩岸的遠程視頻取證互助

《南京協議》雖然也沒有約定遠程視頻取證的相關內容，但是由於近年跨海峽犯罪案件呈現猖獗之勢，同案犯隔岸分別接受司法審判，或者被害人、證人鑒定人分別在對岸的情況非常普遍，「委託取證」雖好，但是卻有取證間接性、單一性、程序麻煩等弱點，而「派員調查取證」暨無協議依據，也耗時費力。特別是臺灣刑事訴訟法也實行傳聞證據規則，對於一些境外證人的證言起決定性作用的案件而該證人又無法到庭作證的情況下，遠程視頻取證就不失為一種靈活、變通、有效的取證方式。還有，如果需要詢問的是在押人員，由於《南京協議》也沒有關於「解送在押人員出庭作證」的約定，如果需要對被請求方的在押人員進行詢問，則基本上只能是透過遠程視頻取證才能實現取證的目的。實際上，兩岸警方在實務中已經不乏採用遠

程視頻取證的案例了。

四、特殊偵查手段

在調查取證方面，國際刑事司法協助也可以採用某些特殊偵查手段。綜合目前國際刑事司法協助的實踐，這些特殊偵查手段主要有以下幾種：

（一）控制交付

控制交付（controlled delivery），又稱控制下交付，指偵查人員在發現違禁品的情況下，為了將犯罪組織或者團夥一網打盡，在其監控下將違禁品放行，借此發現犯罪組織者或者其他犯罪嫌疑人的一種特殊偵查手段。作為一種「放長線釣大魚」的偵查手段，控制交付在偵破毒品和其他違禁品犯罪案件中發揮著重要的作用。

（二）電子監聽監視

電子監聽監視（electronic surveillance），是指採用電子偵聽或者視頻監視設備對有關人員的通訊或者活動進行監測並獲取有關犯罪證據的特殊偵查手段。在國際刑事司法協助中，一國主管機關可以根據另一國主管機關的請求，對處於本國境內的特定人員或者場所實行電子監聽監視，並將由此獲取的監聽監視結果提供給請求方。

（三）特工偵查

特工偵查（covert investigation），是指司法或者執法機關的人員採用隱瞞真實身分或者使用虛假身分的方式調查犯罪或者獲取有關證據的特殊偵查手段。在國際刑事司法協助中，被請求方主管機關可以為請求方主管機關的特工偵查活動提供協助。比如允許請求方主管機關派員到被請求方境內開展特工偵查，派遣本方的主管官員參加在本方

境內開展的特工偵查活動,為有關的偵查活動提供必要的條件、及時的保障、採取措施以保護請求方特工人員的安全等。

(四)跨境跟蹤

跨境跟蹤(cross-border observations),是指一國主管機關為進行刑事偵查的目的而藉助另一國主管機關的協助對跨越本國與該另一國邊境的犯罪嫌疑人繼續進行監視的特殊偵查手段。跨境跟蹤一般要求具備兩項條件:一是有關刑事案件所涉及的犯罪屬於可以引渡的犯罪。也就是說,應當是特定類型的並且達到一定嚴重程度的犯罪。二是有理由認為被跟蹤的對像是上述犯罪的嫌疑人或者被告人。

雖然,《南京協議》並沒有規定相互提供這些特殊的偵查協助,但是根據兩岸跨境犯罪的特點,在一些特殊的案件偵辦中,比如兩岸合作共同打擊跨境販毒案件中,並不排除相互提供控制交付等特殊偵查協助的可能性。

第六章　海峽兩岸司法互助之罪贓移交

上個世紀，海峽兩岸之間跨境犯罪的主要形態是劫機犯罪。[83]新世紀後，隨著全球化進程的加快，兩岸之間跨境犯罪的總體態勢，一方面是在類型上呈現多元化；另一方面，詐騙、毒品、走私等以經濟利益為目的犯罪明顯處於上升趨勢。從這些不法分子的犯罪心理看，不僅把淺淺的臺灣海峽作為逃避懲罰的避風港，更把臺灣海峽作為轉移犯罪所得的安全通道。這類案件幾乎沒有例外地透過洗錢或者直接隔岸轉移贓款。如果不從追繳贓款環節加強司法互助，消除其犯罪的物質基礎，不僅不能有效懲治犯罪分子，而且會滋生更多的犯罪。

第一節　概述

《南京協議》在刑事司法互助方面共涉及犯罪情資交換、協助偵查、人員遣返、文書送達、罪贓移交、罪犯移管（接返）、人道探視等7項內容。其中，「罪贓移交」雖然僅有一條，但這是海峽兩岸司法互助領域第一次提到「罪贓移交」。《南京協議》簽署後，海峽兩岸司法互助的實踐從原來單純的人員遣返擴展到犯罪情資交換、協助偵查、文書送達、罪犯移管（接返）、人道探視等多項合作，但非常遺憾的是：迄今為止兩岸之間尚未有開展罪贓移交合作的個案。既無實踐的探索，《南京協議》作為兩岸司法互助的框架性協議，其「罪贓移交」的約定又非常簡約，所以，目前，兩岸之間開展這項工作可以說既無先例可遵、也無章可循。好在與刑事管轄權相比，「罪贓移交」是一項並不直接涉及主權問題的互助內容，從國際公約、條約及

國際刑事司法協助的實踐中或許可以尋求適合的制度構建路徑。

一、相關概念辨析

《南京協議》第9條「罪贓移交」：「雙方同意在不違反己方規定範圍內，就犯罪所得移交或變價移交事宜給予協助。」這裡，首先需要界定「罪贓」、「犯罪所得」和「罪贓移交」三個概念的含義。

（一）「犯罪所得」

根據《南京協議》第9條，其「罪贓」是指「犯罪所得」。那什麼是「犯罪所得」呢？在中國理論界，也有將其翻譯成「犯罪收益」、「犯罪資產」等等。[84]根據《聯合國禁止非法販運麻醉品和精神藥品公約》第1條、《聯合國打擊跨國有組織犯罪公約》第2條第5款、《聯合國反腐敗公約》第2條第（五）項、第31條規定，所謂「犯罪所得（proceeds of crime）」，係指透過實施犯罪而直接或者間接產生或獲得的任何財產。[85]針對實踐中「犯罪所得」會發生形態改變、與其他財產混合等從而無法準確界定的狀況，上述公約同時規定了犯罪所得的三種轉換形態：1.替代收益。即由犯罪所得全部或者部分轉變或轉化的其他財產。2.混合收益。即犯罪所得已經與從合法來源獲得的其他財產相互混合。3.利益收益。即由犯罪所得、犯罪所得轉變或者轉化而成的財產、或者已經與犯罪所得相混合的財產所產生的收入或其他利益。從這些公約規定可見，犯罪所得不僅包括直接從犯罪獲得的財產，也包括透過犯罪行為間接獲得的財產。

（二）「追繳犯罪所得」與「罪贓移交」

1.「追繳犯罪所得」

在國際刑事司法協助中，「追繳犯罪所得」是指對有關犯罪所得採取的追查、扣押（查封、凍結）及沒收等一系列措施。即是一種控

制、限制犯罪所得的一系列措施的統稱。86 1988年12月19日通過的《聯合國禁止非法販運麻醉品和精神藥品公約》最早提出「追繳犯罪所得」的司法合作事項。此後,一些雙邊、多邊條約對「追繳犯罪所得」進行了不斷地發展,使其從最初的只限於毒品犯罪擴展到具有經濟利益的有關犯罪。1990年1月8日《關於洗錢及所有犯罪所得的偵查、扣押、沒收公約》進一步規定了各締約方之間相互協助追查、扣押並沒收犯罪所得的義務。1994年聯合國預防犯罪和刑事司法委員會第三屆會議審議通過了「控制犯罪所得」的決議案。87

從前述「追繳犯罪所得」的含義看,其首要環節是追查犯罪所得,其次是扣押犯罪所得,再次是沒收犯罪所得。追查、扣押不是目的,財產所在國在追查、扣押財產的基礎上,最後需要實現的是根據本國法律、透過相應的司法程序對犯罪所得予以沒收。但是在國際刑事司法互助協助中,沒收還不是最後環節。對於沒收的財產如何處置的問題,國際社會一般有五種方法:(1)(被請求國)收歸國有;(2)返還(請求國)或(與請求國)分享;(3)賠償被害人損失;(4)支付用於沒收和管理的費用;(5)捐贈等。

2.「追繳犯罪所得」與「罪贓移交」

國際刑事司法協助中並沒有「罪贓移交」這個概念,《南京協議》使用的「罪贓移交」一詞似乎是根據海峽兩岸司法互助的特殊性創設了一個新的名稱。從「罪贓移交」的字面意思看,應當是目前國際刑事司法協助中「追繳犯罪所得」的子概念,是「沒收」之後五種處置犯罪所得方法中的「返還」,也即「追繳犯罪所得」之一系列司法協助行為的終端環節。

在中國刑法的語境裡,因為「犯罪所得」被稱為「贓款贓物」,相應地,「追繳犯罪所得」就被稱為「追贓」。關於「犯罪所得」和「追贓」的法律依據主要是中國《刑法》第64條規定:「犯罪分子違

法所得的一切財物,應當予以追繳或者責令退賠;對被害人的合法財產,應當及時返還;違禁品和供犯罪所用的本人財物,應當沒收。沒收的財物和罰金,一律上繳國庫,不得挪用和自行處理。」這裡「應當予以追繳」的「犯罪分子違法所得的一切財物」即對應於國際刑事司法協助中的「追繳犯罪所得」。——可見,從中國國內法來看,「追繳犯罪所得」已有立法,但是對於返還或者「罪贓移交」等沒收之後犯罪所得的處置,中國國內立法基本上是空白。88

二、國際刑事司法協助中的「追繳犯罪所得」

(一)查封、扣押、凍結

查封財產主要是針對不動產而言,其目的在於使不動產在一定期限內不再為犯罪嫌疑人、被告人或者其他人使用或轉移所有權;扣押財產是指將犯罪嫌疑人或者被告人的合法或者非法的動產扣留於特定場所的強制性措施;凍結財產則是指將犯罪嫌疑人或者被告人的資金帳戶加以限制,使資金無法流動。這三種針對財產的強制性措施實質上都是為了實現對犯罪嫌疑人或者被告人財產的限制、控制,所以都屬於廣義的扣押,在國際公約裡面常被統稱為「凍結和扣押」或者「扣押」。89為行文方便,以下在涉及查封、扣押、凍結時,筆者統一使用「扣押」一詞。

1978年生效的《歐洲刑事訴訟移管公約》第5章第28條規定:「在接到附有第15條第1項提到的信件的追訴請求後,被請求國應當有權適用包括對犯罪嫌疑人進行羈押和扣押物品在內的所有臨時措施。」其中扣押的物品,不僅涵蓋了作為證據的物品、也涵蓋了作為「犯罪所得」的物品。《關於刑事判決國際效力的歐洲公約》將「被請求國可以臨時扣押有爭議的財產」規定為一種強制方法,這裡的扣押較明顯指向「犯罪所得」。《關於洗錢及所有犯罪所得的偵查、扣押、沒收

公約》規定了締約國承諾互相協助搜查和扣押犯罪所得的義務。1990年11月11日生效的《聯合國禁止非法販運麻醉品和精神藥品公約》第5條第1款要求各締約國對毒資採取必要措施進行識別、追查、凍結或者扣押，以便最終能夠沒收。同時還規定，為使識別、追查、凍結或者扣押更能有效運行，獲得更多資產，各國必須賦予司法機關或者其他機構更多的權力以命令銀行查獲金融和商業記錄，任何一國不能以銀行祕密法的規定為由而拒絕合作。聯合國《關於相互提供刑事司法協助的模式協定》中的任擇議定書規定了執行有關犯罪所得的查詢、扣押和沒收。1998年11月4日歐洲理事會通過的《通過刑法保護環境公約》第7條第1款規定：「每個締約國應採取合適和必要措施保證能夠沒收那些與第2條和第3條列舉的犯罪相關的設備、收益、或可衍生收益的有價值財產。」這裡的「必要措施」無疑也包括了查封、扣押、凍結財產等強制性措施。2000年11月15日通過的《聯合國打擊跨國有組織犯罪公約》第12條第2款明確規定：「締約國應採取必要措施，辨認、追查、凍結或者扣押本條第1款所述任何物品，以便最終予以沒收。」

（二）沒收

扣押只是實現了對財產的控制，沒收才是將犯罪所得收歸有關部門的關鍵性措施。根據《聯合國打擊跨國有組織犯罪公約》第2條的規定，沒收是指「根據法院或者其他主管當局的命令對財產實行永久剝奪」的法律措施。其中，「財產」的範圍包括「各種資產，不論其為物質的或者非物質的、動產或者不動產、有形的或者無形的，以及證明對這些資產所有權或者權益的法律文件或者文書。」按照上述公約的規定，沒收的對象包括：第一，「犯罪所得」，即「直接或間接透過犯罪而產生或獲得的任何財產」，或價值與其相當的財產；第二，「用於或者擬用於本公約所涵蓋的犯罪的財產、設備或其他工具。」

扣押作為刑事司法合作中的強制性措施，在打擊國際犯罪活動中有著非常重要的作用，是國際刑事司法協助中的重要環節，是沒收和處置的前提。在各國沒收犯罪所得的相關國內立法中，多將對有關財產的扣押作為沒收的前置程序，從而禁止、限制或者剝奪財產持有人控制、處分該財產的權利，使財產處於暫時被監控的狀態，以等待對其是否沒收的最終決定。但是，扣押是否是沒收的必經的前置程序，國際社會的實踐並不一致。在美國，民事沒收一般以對財產的限制與扣押為前提，而刑事沒收則一般在定罪以後，不必提前進行限制與扣押。但是針對這樣做往往留給犯罪嫌疑人轉移和隱匿財產的時間，從而導致刑事沒收無法進行的弊端，美國也修改法律將對財產的扣押等制度作為刑事沒收的重要措施。在英國，法律明確將限制令制度（對財產的扣押、凍結等限制措施）規定為犯罪所得沒收制度的重要組成部分，是沒收前對財產的保全措施。大陸刑法對此沒有規定，但在實踐中，針對涉及經濟的犯罪，司法機關一般會採取查封、扣押或者凍結的強制偵查措施。在臺灣，關於扣押與凍結是否是沒收的必經程序存在「積極說」與「消極說」的爭論，目前後者正處於主流地位。[90]

（三）對沒收財產的處置

　　如前所述，國際社會對被沒收的犯罪所得一般有五種處置方法：1.收歸國有；2.返還（與分享）；3.賠償被害人損失；4.支付用於沒收和管理的費用；5.捐贈等。——「收歸國有」是指收歸被請求國國有；「返還」是包括返還給財產來源國家、也包括返還給財產所有權人或者善意第三人；「分享」是指國際司法協助中的「被沒收犯罪所得分享制度」，其含義是：對犯罪所得追繳具有合作關係的犯罪資產流出國與流入國政府根據國際公約、雙邊條約或者臨時協定，將沒收的犯罪所得扣除必要的費用之後按照比例經常性地或者逐案性地進行分割的制度。[91]因為犯罪所得流入國的刑事追訴針對的完全是觸犯該國法律的犯罪行為，有關的沒收決定完全是根據犯罪所得流入國的法

律作出。因而，沒收的犯罪所得被認為當然地應收歸流入國的國庫。尤其是針對洗錢、走私等被認為沒有被害人的犯罪。至於是否向犯罪所得流出國——即司法協助的請求國返還或者分享，則更多地取決於流出國與流入國之間是否有合作條約、或加入相關公約、甚至兩國關係等因素。但是，無論返還是分享，在詐騙等有被害人的犯罪中，優先賠償被害人損失；在所有的追繳犯罪所得的國際司法協助中優先扣除犯罪所得追繳過程中支出的合理費用——即用於沒收和管理的費用等更是通行的做法。92此外，有的公約還規定了捐贈等處置方式。

根據《聯合國反腐敗公約》第57條規定：被沒收的財產應當由締約國根據本公約的規定和本國法律予以處分，優先考慮返還被沒收的、產生於貪汙犯罪的財產或者請求國能夠合理證明對其擁有所有權的財產。在其他情況下，優先考慮返還締約國、合法所有人或者賠償犯罪被害人。同時在適當的情況下，還可以扣除進行偵查、起訴或者審判程序而發生的合理費用。

根據《聯合國打擊跨國有組織犯罪公約》第14條規定：「根據本公約第13條的規定應另一締約國請求採取行動的締約國，應在本國法律許可的範圍內，根據請求優先考慮將沒收的犯罪所得或者財產交還請求締約國，以便其對犯罪被害人進行賠償，或者將這類犯罪所得或財產歸還合法所有人」，也可以將「款項的一部分捐給根據本公約第30條第2款（C）項所指定的帳戶和專門從事打擊有組織犯罪工作的政府間機構」，還可以「經常地或者逐案地與其他締約國分享這類犯罪所得或財產或變賣這類犯罪所得或財產所獲款項」。

總之，國際司法協助中的追繳犯罪所得是個非常複雜的過程，在「罪贓移交」之前，需要對「罪贓」進行追查、扣押（或查封、凍結）、透過法院的判決進行沒收等程序。在諸多合作環節中，刑事管轄權、雙重犯罪、是否有條約依據等一系列法律問題，因為犯罪嫌疑

人洗錢導致追查困難的現實問題，國際刑事司法合作中難免存在的兩國關係、外交政策等政治問題等等都有可能阻礙合作，能否順利進行「罪贓移交」更賴於前面環節的司法協助能否順利開展。《南京協議》第9條約定的「罪贓移交」作為兩岸追繳犯罪所得的最後環節，是否能夠實現這項合作，同樣取決於前頭諸多互助環節能否如願進行。這也許正是兩岸迄今尚未開展「罪贓移交」個案協作的重要原因之一。

第二節　海峽兩岸罪贓移交之基本制度

根據新世紀海峽兩岸跨境犯罪的態勢，罪贓移交是當前兩岸共同打擊犯罪的重點問題。從前文分析我們知道，「罪贓移交」是一系列司法互助的濃縮。相比兩岸之間追贓活動的複雜和不確定性，《南京協議》僅僅33個字的規定充其量只是雙方合作的意向性條款。雖然近年兩岸警方各自或者聯手破獲了不少跨境案件，但是只要罪贓沒有在本岸，則兩岸司法機關目前沒有任何渠道可以隔岸追贓。現在需要兩岸在《南京協議》的框架內，建立「罪贓移交」互助的基本制度。

一、建立「罪贓分享制度」

這裡的「罪贓分享制度」就是指國際司法協助中的「被沒收犯罪所得分享制度」。

（一）「被沒收犯罪所得分享制度」的產生與發展

「分享」這一概念最早是出現在《聯合國禁止非法販運麻醉品和精神藥品公約》第5條第5款第2項。該項要求締約國「按照本國法律行政程序或者專門締結的雙邊或多邊協定，定期地或者逐案地與其他締

約國分享這類收益或者財產或由變賣這類收益或財產所得的款項。」前文已經提及，在國際司法協助中，政治因素是追繳犯罪所得合作難以避免的阻礙，某些犯罪所得所在國會從本國政治利益出發，對犯罪所得來源國的追繳努力施加人為的障礙，使追繳行動變得更加困難。同時，客觀上被請求國追繳犯罪所得的行動還常常受限於有限的財政資源。如果給予一定的回報，不僅可以彌補被請求國為複雜的追繳行動耗費的大量財力，還有利於激勵被請求國，從而有利於追繳犯罪所得合作的迅速有效開展。這就是「被沒收犯罪所得分享制度」的意義所在。

但是作為國際刑事司法互助的一個新制度，「被沒收犯罪所得分享制度」一開始就充滿了爭議。特別是在《聯合國反腐敗公約》的談判過程中，各國就是否設立腐敗資金分享機制發生了嚴重分歧，出現了「支持論」、「反對論」和「折中論」三種情況。尤其耐人尋味的是，以英美國家為代表的一些西方國家主張「支持論」，發展中國家多持「反對論」，以墨西哥為代表的一些國家則堅持「折中論」。發達國家與發展中國家迥然不同的立場反映了各國腐敗的不同情況，發展中國家由於其政治經濟體制不健全，腐敗情況嚴重，主要是腐敗資產的流出國，而發達國家則主要是腐敗犯罪資產的流入國。對於發展中國家而言，數額巨大的資金流入外國，或多或少影響本國經濟的發展，而分享則代表著能夠返還國內的資產大大減少，這必然是其不願意的。

（二）大陸在「被沒收犯罪所得分享制度」上的基本立場

儘管如此，但放眼世界，從國際司法協助的長遠利益考慮，「被沒收犯罪所得分享制度」的合理性已經得到越來越多國家的認同。隨著一系列國際公約的簽訂，「被沒收犯罪所得分享制度」已經得到國際社會的普遍認可。[93]實際上，在有關犯罪所得已在他國控制的情況

下，與其不同意分享而導致分文未得，不如轉變觀念，以「追回一部分比全部追不回強」的新觀念與他國分享。所以，在中國參與《聯合國反腐敗公約》的談判過程中，中國代表團在分享被沒收犯罪所得問題上的基本立場是：「如果被追回的非法資產屬於提出請求的締約國或該國其他合法所有人，則應當將該資產全部歸還提出請求的締約國，無論這些資產是採用何種手段追繳的，無論是根據請求國法院的判決沒收的還是根據被請求國的法院判決沒收的。在此前提下，可以討論向被請求國補償費用問題。在特定情況下（如在販毒、洗錢、受賄等無財產受害人的犯罪中），不排斥考慮分享問題，以便鼓勵有關各國透過國際合作和其他一切行之有效的方式積極追繳被轉移的犯罪所得。」[94]2007年通過的《中華人民共和國禁毒法》第57條規定：「透過禁毒國際合作破獲毒品犯罪案件的，中華人民共和國政府可以與有關國家分享查獲的非法所得、由非法所得獲得的收益以及供毒品犯罪使用的財物或者財物變賣所得款項。」這是中國國內法第一次、也是目前唯一以立法的形式表明中國可以與外國分享被沒收犯罪所得的規定。

（三）兩岸之間建立「罪贓分享制度」的必要性和可行性

目前，在跨海峽犯罪中，對於犯罪所得的流向未見公開的統計和報導，從已經發生的個案來看，既有犯罪所得流向臺灣，也有犯罪所得流向大陸。當然，特別對於詐騙案件，大陸主要是犯罪所得的流出方，臺灣更多時候成為犯罪所得的流入方。根據《南京協議》確立的兩岸司法互助費用承擔的「互免」原則，雙方的合作似乎並不對等，這也許也是兩岸尚未開創此項合作的重要原因之一。顯然，不對等的合作難以達到互惠的結果。[95]這也頗似當年的劫機犯罪：1980年代後期大陸不斷發生劫持飛機飛往臺灣的刑事犯罪後，大陸多次表達與臺灣方面就遣返劫機犯進行磋商的意向，但一直沒有得到回應。直到1997年，臺灣發生了劉善忠劫持臺灣航空器飛往大陸的案件後，兩岸

才真正啟動劫機犯遣返的商談。所以，既然犯罪所得流向主要是大陸—臺灣，我們或可利用資產分享制度在鼓勵他方幫助追繳犯罪所得方面的積極作用，考慮在《南京協議》的「互免」原則之外設定變通的例外原則，在「罪贓移交」事項上實行犯罪所得分享制度。

值得注意的是，根據國際刑事司法協助的通行做法，「罪贓分享制度」並不適用於所有的追贓合作，它還需要區分不同的犯罪種類而適用。筆者比較傾向於認為：對於貪腐犯罪所得，經過被害方請求而沒收的，被請求方應當將這些財產返還來源方，而不應對其進行包括「分享」在內的任何其他處置。只有對於犯罪活動本身所產生的或形成的財產，如走私、販毒、拐賣婦女兒童等犯罪所獲得的財產或者用於該類犯罪的財產，如用於製造毒品的原料、設備、工具，以及用於行賄、洗錢的財產等，才考慮透過合作與對方分享。同時，對於可以分享的犯罪所得，都應當優先扣除被請求方為偵查、起訴、審判而發生的合理費用，優先返還給財產的合法所有人或者善意第三人，優先賠償被害人的損失。

二、透過民事訴訟直接追回財產

《聯合國反腐敗公約》第53條規定了直接追回犯罪所得的措施中包含透過民事訴訟追回的措施：被害國或者有關財產的合法所有人在財產所在地締約國的法院提起民事訴訟，要求維護和確認自己對被沒收財產的所有權主張。透過民事訴訟方式的便利之處在於：

1.民事訴訟是直接用來維護財產所有權等民事權利的，被害人可以比較容易地找到法律依據並透過民事訴訟尋求救濟。

2.民事訴訟的證明標準低於刑事訴訟，原告只要有優勢證據證明有關財產與被告人的非法侵害之間的關係，勝訴的可能性就比較大。

3.民事訴訟的原告可以直接地和及時地向法院提出財產保全申請，有利於快速地限制被告人轉移或者處置財產。

4.民事訴訟可以進行缺席審判，即使在被告人在逃的情況下，只要對被告人或其代理人進行了合法的傳喚和確保其訴訟中的程序權利，法院的判決就是合法的。而根據世界上多數國家的法律，在刑事訴訟中一般不得實行缺席審判。

當然，採用民事訴訟追回財產也存在一些明顯的問題：如在民事訴訟中，法官比較關心當事人現實權利的合法性，而不大關心有關財產的來源問題，尤其是有關財產來源於發生在外國的犯罪時，法官往往有鞭長莫及之感；又比如在外國提起民事訴訟的成本比較高等。但是，如果兩岸之間民事訴訟要達致順暢程度，尚需要兩岸對民事司法互助領域進一步合作。

三、建立「不經定罪的沒收制度」

為瞭解決在犯罪嫌疑人或者被告人死亡、失蹤、在逃的情況下犯罪所得的沒收問題，《聯合國反腐敗公約》第54條第1款第（三）項呼籲各國「考慮採取必要的措施，以便在因為犯罪嫌疑人死亡、潛逃或者缺席而無法對其起訴的情形或其他有關情形下，能夠不經過刑事定罪而沒收這類財產。」這就是「不經定罪的沒收制度」。與前面所述調查「民事沒收制度」相同的是兩者都是缺席審判，但不同的是前者是民事訴訟，後者以提起刑事訴訟為前提，但獨立於對有關人員的刑事追訴程序和追訴結果，只要證明有關財物的「構成、來源或者來自於直接或者間接透過犯罪取得的收益」，即可對之實行扣押、凍結和沒收，即使有關的犯罪嫌疑人或者被告人死亡、在逃、失蹤或者被監禁在其他國家。「不經定罪的沒收」在一些國家的法律制度中是允許的，美國是在「不經定罪的沒收制度」方面國內立法比較完備的國

家,也是比較擅長運用該策略的國家。

中國刑法對於犯罪所得的沒收以對被告人的定罪為前提,如果犯罪嫌疑人或者被告人在逃、死亡或者失蹤,刑事訴訟就將終止,也就無法將犯罪所得沒收。對現行的刑事訴訟法進行相應修改,建立「不經定罪的沒收制度」就能解決這類問題。或者對現行的刑事附帶民事訴訟進行一些改造,使其能夠在因為犯罪嫌疑人或者被告人死亡、在逃、失蹤而導致刑事訴訟處於停頓或者終止狀態的情況下實現對犯罪所得的追繳。96

四、承認與執行對岸刑事裁決中的沒收

實際上,在追繳犯罪所得的國際司法合作中,較多國家採用承認與執行外國司法裁決的方式。《聯合國打擊跨國有組織犯罪公約》和《聯合國反腐敗公約》在追繳犯罪所得問題上都要求被請求締約國將請求締約國法院簽發的沒收令提供主管當局,「以便取得沒收令並在取得沒收令時予以執行」或者「按請求的範圍予以執行」。顯然,這種合作的前提是對外國刑事判決或裁定的承認,即被請求國賦予請求國的沒收裁決以在本國境內執行的法律效力,被請求國主管機關完全依照請求國沒收裁決中列舉的財產種類和數量進行沒收。

我們知道,《南京協議》僅對「民事確定裁判與仲裁裁決」的相互認可達成協議,對對岸刑事裁判是否認可的問題採取了迴避的態度。97這是因為相比於民事裁判與仲裁裁決,刑事裁判更關乎主權問題,顯得更加敏感。既沒有雙方對刑事裁判的相互承認達成協議之前提,則兩岸透過「承認與執行對岸刑事裁決中的沒收」來實現「罪贓移交」的合作尚未具備條件。但是《南京協議》關於「罪贓移交」的規定並不排除這種形式的合作,而且這種合作之所以成為國際追贓的較主流的方式,正是基於這種合作本身的便捷、高效。所以,未來在

條件具備的情況下，兩岸應當不排除這種形式的追贓合作。

五、在特定犯罪中實行舉證責任倒置規則

刑事訴訟中的舉證責任倒置，又稱舉證責任轉移，指在一定條件下由被告人承擔舉證責任。在各國的刑事訴訟制度中，法律通常規定由偵查機關、控方承擔提供證據證明犯罪嫌疑人、被告人有罪的責任。如中國《刑事訴訟法》第43條規定：「審判人員、檢察人員、偵查人員必須依照法定程序，收集能夠證實犯罪嫌疑人、被告人有罪或者無罪、犯罪情節輕重的各種證據。」但在當代懲治跨國犯罪的實踐中，特別是針對販毒、洗錢和腐敗等犯罪，越來越多的國家認識到，在特定的案件中，實行舉證責任轉移，由犯罪嫌疑人、被告人承擔舉證責任是適宜的。《聯合國禁止非法販運麻醉品和精神藥品公約》第5條第7款規定：「各締約國可考慮確保關於指稱的收益或應予沒收的其他財產的合法來源的舉證可予顛倒。」

第三節　海峽兩岸罪贓移交互助與刑法修改

海峽兩岸罪贓移交之司法互助，除了建立相應的制度，還必須符合有關各方的域內法。無論是請求方還是被請求方，在提出或者接受追繳犯罪所得合作時，都必須具有域內法的依據，都應當按照本方法律的規定，履行必要的法律手續並製作必要的法律文書。從大陸方面而言，需要對現行刑法進行以下修改和完善。

一、將「犯罪所得」擴大到間接犯罪所得

前述《聯合國禁止非法販運麻醉品和精神藥品公約》、《聯合國打擊跨國有組織犯罪公約》和《聯合國反腐敗公約》等國際公約和有關國家（如芬蘭和日本）都規定「犯罪所得」包括直接和間接從犯罪所獲得的財產。大陸關於犯罪所得的相關規定主要體現在《刑法》第64條規定的「犯罪分子違法所得的一切財物」，雖然該表述沒有明確直接從「違法所得」還是間接來自「違法所得」但是實踐中，一般只認定直接來自於犯罪的所得部分屬於「犯罪所得」。一旦犯罪所得的形態發生了轉變——在跨國、跨海峽經濟犯罪中洗錢幾乎是普遍現象，則認定起來就沒有了依據。臺灣的「刑法」也只將犯罪直接獲得的財產涵蓋在「犯罪所得」之內。兩岸關於這一點比較一致，但是如果間接的犯罪所得不能納入沒收、移交範圍，則對這類犯罪的打擊力度就相差甚遠。所以，可以考慮借鑑國際公約和世界上其他國家的做法將財產的替代收益、混合收益和利益收益規定為犯罪所得，最大限度地追繳、移交犯罪所得。

二、將「犯罪所得」的處置方法與國際公約接軌

　　《刑法》第64條規定的針對「犯罪分子違法所得的一切財物」的幾種處理方法中，「追繳」和「責令退賠」是程序性強制措施，而「返還」和「沒收」是實體性處分措施，在該條中並列使用顯得邏輯混亂。理清四者之間的關係，使之與國際慣例接軌，也便於今後開展國際、區際司法協助。

三、在刑法中增設對「犯罪所得」司法協助的分享制度

　　在中國理論界，一直有制定《中華人民共和國司法協助法》的呼

聲，如果有《中華人民共和國司法協助法》，則有關追繳犯罪所得的相關制度將規定在其中是最合適的。否則，也可以在刑法中增設對追繳犯罪所得的分享制度，如「在適當情況下對符合法定分享條件的應予分享」，為被追繳的犯罪所得的分享創造法律空間。

四、建立「未定罪沒收」制度

建立「未定罪沒收」制度，設定相應的程序，允許不經過刑事定罪而沒收犯罪所得，以解決在犯罪嫌疑人或者被告人死亡、在逃、失蹤的情況下可以對犯罪所得進行沒收的問題。

五、完善現行民事訴訟制度以配合國際、區際追贓合作

改革現行訴訟制度中「刑事附帶民事訴訟」和「先刑後民」的相關做法，實現刑事與民事訴訟的分離，透過先期進行的涉案犯罪所得的民事之訴，確定相關資產的所有權人，最後達到追回犯罪所得的目的。

六、保護善意第三人的財產權

由於目前中國關於返還善意第三人財產的規定還十分簡單，不利於對其權利的保護。因此，對追繳的犯罪所得進行處置前，應當向善意第三人發出通知或者提前進行公告，對善意第三人的權益予以保護。[98]

第七章　海峽兩岸刑事司法互助之刑事訴訟移管

　　刑事訴訟移管是近年備受國際社會重視和推崇的國際刑事司法合作形式，但在中國的國際、區際刑事司法協助中卻開展得較晚，尚屬新生事物。《南京協議》在刑事司法互助方面共涉及犯罪情資交換、協助偵查、人員遣返、文書送達、罪贓移交、罪犯移管、人道探視等7項內容，並沒有「刑事訴訟移管」的互助事項。海峽兩岸最早開展並已成最主要司法互助事項的「刑事犯和刑事嫌疑犯」遣返，一直因「本地居民不遣返」原則導致不少犯罪分子逃脫了法律的制裁。特別是近年涉及經濟的跨海峽犯罪十分突出，成為兩岸共同打擊的重點，但是因為兩岸堅持「本地居民不遣返」原則，致使大量案件查處難，也導致不法分子得不到有效的懲治，開展刑事訴訟移管合作將有利於這些問題的解決。但是因為刑事訴訟移管在中國理論與實踐領域都較陌生，需要從國際刑事訴訟移管中汲取豐富的經驗。

第一節　刑事訴訟移管制度的基本內容

　　刑事訴訟移管是第二次世界大戰後產生並發展起來、近年越來越受到國際社會重視的國際刑事司法合作的基本形態之一。

一、刑事訴訟移管的含義

　　刑事訴訟移管（transfer of criminal proceedings），是指一國的司法主管機關，應有管轄權的他國有關主管機關之請求，對在他國犯有某

種罪行的本國公民進行追訴的一種司法合作制度。99

刑事訴訟移管是對犯罪享有管轄權的一國由於特定原因不能順利行使管轄權，導致刑事訴訟的起訴權和審判權從一個國家轉移到另一個國家。可見，刑事訴訟移管的實質是刑事管轄權轉移，所以也有學者把這一概念稱為「刑事管轄權的轉移」或者「刑事案件移交」。筆者認為採用「刑事訴訟移管」概念更準確和適宜。首先，相比「刑事訴訟移管」，「刑事案件移交」僅表達了單純的案件移交的性質，而後者更能揭示刑事案件起訴權和審判權轉移的實質含義。其次，相比「刑事管轄權的轉移」，「刑事訴訟移管」作為概念有三個優點：一是更符合英文原意；二是「刑事訴訟移管」也能反映刑事管轄權的轉移這一實質；三是能夠與國際司法協助的另一項制度「被判刑人移管」相對應——「刑事訴訟移管」是起訴和審判程序的移管，「被判刑人移管」是執行程序的移管，都使用「移管」的表述顯得更加工整。此外，還有學者使用「刑事訴訟程序移管」的概念，筆者認為，「刑事訴訟移管」和「刑事訴訟程序移管」兩個概念在含義上沒有區別，後者的表述更簡潔。100

在刑事訴訟移管中，提出移管請求的國家一般是無法行使管轄權的犯罪地國或者犯罪受害國，是移出刑事案件的一方；被請求國是移入國，是最後對案件行使追訴、審判權的一方，一般是犯罪嫌疑人所屬國籍國或者與其有緊密聯繫的國家。

二、刑事訴訟移管的產生、發展

刑事訴訟移管的產生與引渡中的一個基本原則——「本國公民不引渡原則」密切相關。第二次世界大戰後，國際刑事訴訟領域同時出現了跨國犯罪日益增多和人權保障意識逐漸受到重視的趨勢，一國對在國外犯罪的本國公民予以庇護而不予引渡在國際刑事司法協助也漸

成風氣，這無疑妨礙對國際犯罪的打擊。為解決這一問題，一些國家提出了「或引渡或起訴」的主張，以對「本國公民不引渡原則」的漏洞進行補救。101但是，當本國公民實施的是他國國內法上規定的犯罪，而不是國際公約或者國際條約規定的犯罪時，犯罪人的國籍國往往並不按照「或引渡或起訴原則」對該犯罪提起訴訟，則該人還是逃避了懲罰。可見，「或引渡或起訴原則」只是對「本國公民不引渡原則」進行了有限的補救。為進一步彌補「本國公民不引渡原則」的漏洞，「刑事訴訟移管」應運而生。

　　刑事訴訟移管制度是在許多涉及刑事司法合作的多邊、雙邊條約和國際公約中得到確立並逐步發展的。早在1957年，《歐洲引渡公約》第6條規定：「被請求國拒絕引渡本國人時，被請求國基於請求國的要求，在有權機關認為適當的情形下，得追訴之，並應將該案移送該機關。」同時還規定，為達到追訴的目的，請求國應將有關犯罪的記錄，調查報告及物證，無償送達被請求國；被請求國應將訴訟結果通報請求國。1958年，蘇聯與匈牙利簽訂的《關於民事、家庭和刑事案件提供司法協助的條約》第56條也約定了刑事訴訟的移管：締約各方有義務根據締約另一方的請求，按照本國法律對在締約國另一境內犯有可以引渡罪行的本國公民提起刑事訴訟。1964年簽訂的《歐洲懲處道路交通肇事罪公約》在對道路交通犯罪刑事訴訟移管程序做出規定的同時，規定道路交通犯罪的罪犯慣常居所所在國在犯罪行為地國的請求下，有權對在後一國家內發生的交通犯罪進行追訴，而不管其罪犯或受害人的國籍。特別值得一提的是：1972年5月歐洲國家在法國斯特拉斯堡簽訂的《歐洲刑事訴訟移管公約》被認為標誌著刑事訴訟移管成為獨立於引渡之外的國際刑事司法合作的新形式。隨後，1988年的《聯合國禁止非法販運麻醉品和精神藥品公約》專門規定了刑事訴訟移管、1990年聯合國預防犯罪和罪犯待遇大會專門通過的《刑事訴訟移管的示範條約》針對刑事訴訟移管的有關問題作了示範性的規

定。

三、刑事訴訟移管的原則

根據國際公約和雙邊、多邊條約,刑事訴訟移管一般要遵循以下原則:

(一)雙重犯罪原則或者雙重管轄權原則

雙重犯罪原則,是指進行刑事訴訟移管合作的案件涉及的行為根據請求方和被請求方的法律均構成犯罪。刑事訴訟移管是請求方要求被請求方對犯罪嫌疑人進行追訴、審判,其前提是犯罪嫌疑人的行為根據請求方的法律構成犯罪;而對於被請求方來說,接受移管請求後是要根據本國刑事實體法和程序法對案件進行起訴、審理、判決以及執行,所以,如果該行為不構成犯罪,則一系列訴訟行為就無法進行。所以,雙重犯罪原則是國際刑事司法合作應遵循的一個基本原則,也是國際刑事司法協助領域較無可爭議的原則。《歐洲刑事訴訟移管公約》和聯合國《刑事訴訟移管的示範條約》就刑事訴訟移管的雙重犯罪原則有明確的規定。

但是,在刑事訴訟移管領域,有的國際公約或者雙邊、多邊條約不僅要求符合「雙重犯罪」原則,還要求符合「雙重管轄權原則」:首先,請求方對某一犯罪有管轄權。刑事訴訟管轄權的存在是一國請求另一國提供司法合作的前提,對某一犯罪沒有管轄權,即使其提出請求,也不會得到他國的響應。因此,在刑事司法合作中,不僅要求相關行為在請求國法律上屬於犯罪行為,而且提出請求的國家還應當享有對某一犯罪的管轄權。作為刑事司法合作的一種,刑事訴訟移管也不例外。其次,被請求方對該犯罪也擁有管轄權。在國際刑事司法合作中,被請求方是否也享有對某一種犯罪的管轄權,要視司法協助

的事項或者形式而定。一般來說，狹義的刑事司法協助並不要求被請求國享有對某一刑事案件的管轄權。102但是，對於刑事訴訟移管這種合作形式，一些國家或者有的國際公約認為：刑事訴訟移管中，因為接受請求的一國必須依據本國法律對案件進行起訴、審理以及執行。如果被請求國對要求提起訴訟的犯罪沒有管轄權，同樣也無法根據本國法律進行刑事訴訟；更重要的是一國之所以被請求對某一犯罪提起訴訟，主要是因為犯罪嫌疑人是其本國國民或與其有緊密聯繫之人，根據屬人原則或者保護原則，被請求國一般也享有對請求事項的管轄權。如《聯合國打擊跨國有組織犯罪公約》和《聯合國反腐敗公約》都要求各締約國採取必要措施，當被指控人在其領域內而其因該人系其本國國民或者由於其他原因而不予引渡時，確立其對公約所涵蓋的犯罪的管轄權。芬蘭《國際刑事司法協助法》第19條規定：根據外國請求在芬蘭提起刑事訴訟應當「遵守芬蘭法律關於行使刑事案件司法管轄權的規則」。《中華人民共和國與泰國引渡條約》第5條規定：「儘管有本條第2款的規定，如果被請求方對該項犯罪無管轄權，被請求方不應要求將該案提交其主管機關以便起訴。」但相比雙重犯罪原則，雙重管轄權原則尚不屬主流，國際社會對前者更有共識。

（二）一事不再理原則

這一原則是刑事訴訟移管對請求國約束力的體現，也是刑事訴訟移管效力的基本保證。在刑事訴訟移管中，請求國將屬於自己管轄的案件轉移給被請求國管轄，就表明請求國自願放棄對案件的管轄權。當被請求國接受請求時，請求國就完成了對案件的管轄權的轉移。請求國除了必要的調查和對被請求國的司法協助外，應立即停止對該犯罪嫌疑人的檢控、執行活動。如《歐洲刑事訴訟移管公約》第31條規定，當請求國已提出追訴請求時，它不得再因追訴請求所列舉的犯罪對嫌疑人提起訴訟，也不得執行該國先前因同一犯罪已對嫌疑人作出的判決。但是，在接到被請求國就是否接受移管作出決定之前，請求

國應當保留採取所有訴訟措施的權利，只是不把案件提交審判、或者根據案件的情況不讓主管機關就案件作出決定。

（三）有利於適當的司法處遇原則

刑事訴訟移管的目的主要是為了有效懲治犯罪，所以有利於適當的司法處遇是這種司法合作所追求的目標。根據巴西奧尼教授在《國際刑法典草案》中具有代表性的總結，「有利於適當的司法處遇原則」主要包括以下幾個方面：1.犯罪嫌疑人在被請求國受到或即將受到有關剝奪自由的判決；2.被請求國正在對犯罪嫌疑人就同一犯罪或者其他犯罪進行訴訟的；3.刑事訴訟移管有利於查清案件事實，特別是當各項最重要的證據在被請求國時；4.在被請求國執行刑罰可能有利於被判刑人重返社會；5.在請求國審理不能保證被告人在訴訟中到庭，而在被請求國審理能保證被告人到庭；6.即使求助於引渡也不能使判決得到執行，而被請求國有可能執行該判決。

（四）政治、軍事犯罪例外原則

政治、軍事犯罪例外原則，是指如果被請求方認為請求方所指控的犯罪行為具有政治性質、或者是基於軍事目的而實施的，可以拒絕接受訴訟移管的請求。在刑事訴訟移管中，由於被請求方將在本國境內對觸犯請求方法律的犯罪行為進行審判，所以被請求方勢必特別注意這種審判對本國的基本法律制度、占主導地位的價值觀念和社會安定的影響。甚至，即使有關行為不屬於政治、軍事犯罪，只要被請求方認為這種審判將有損於本國的公共秩序，也有權拒絕接受刑事訴訟移管請求。聯合國在《刑事訴訟移管的示範條約》也註明：一些國家要求將公共秩序保留也列為拒絕接受移管請求的理由之一。[103]

（五）訴訟時效過期不追訴原則

《歐洲刑事訴訟移管公約》第10條第3項規定，如果在提出移管請

求時，根據請求國的立法，刑事訴訟時效已過，則被請求國不得對犯罪嫌疑人進行追訴、審判。一些雙邊條約也有類似約定。這實際上是與雙重犯罪原則有密切聯繫的原則：雙重犯罪原則是要求相關行為在請求國的實體法上屬於犯罪，這是提出請求的前提，但是這種犯罪如果根據請求國的程序法已經超過訴訟時效，則請求國也已經喪失對案件程序上的追訴權，其移管前提同樣不存在。

四、刑事訴訟移管的渠道

根據《歐洲刑事訴訟移管公約》、聯合國《刑事訴訟移管的示範條約》和有關的雙邊、多邊條約規定，刑事訴訟移管協作的主體均為雙方的中央級機關。具體有以下幾個渠道：

1.司法機關

刑事訴訟移管中的聯繫主體一般是一國的司法部或者總檢察長。如法國與塞內加爾的條約規定由雙方的司法部負責聯繫；美國與墨西哥的條約約定由一國的司法部與另一國的檢察院負責聯繫。

2.外交途徑

雙方的條約不規定具體的聯繫機關，而是透過外交途徑聯繫。如前蘇聯和阿爾及利亞即屬於這種情況。

3.國際刑警組織或者其他有關機關

根據聯繫的具體情況，《歐洲刑事訴訟移管公約》第13條規定了國際刑警組織或者其他有關機關可以作為聯繫主體，西班牙與義大利之間的司法協助也採取這種聯繫渠道。

五、刑事訴訟移管的程序

國際刑事司法協助中的刑事訴訟移管一般可以概括為以下幾個程序：

（一）請求的提出

刑事訴訟移管由請求國向被請求國提出請求而啟動。在某些情況下，刑事訴訟移管還可能是因有關國家在瞭解到對某一案件存在管轄權競合情況後開展的磋商而啟動，在此情況下，很難確定誰是訴訟移管的請求方和被請求方。

請求必須以書面形式提出，這是國際公約、條約對刑事訴訟移管的一般要求。請求書一般需要載明：提出請求的機關；請求所涉犯罪行為的有關說明；請求方對該犯罪行為的調查結論或者相關證據材料；犯罪嫌疑人的身分訊息和個人情況；請求國據以認為該行為是犯罪行為的法律依據；犯罪造成的損害程度；受害人有關賠償損失的請求書。有時還要提交以下材料：證人的身分和住址的說明；獲取證言的方式；證人出國作證的費用；搜查扣押的證明等。

（二）請求的審查

被請求國在收到請求國關於刑事訴訟移管的請求後，應當將該請求書交給本國主管機關審查並決定是否受理。被請求國的審查有實質審查與形式審查之分，前者是審查請求所涉行為根據請求國國內法是否構成犯罪、請求國對請求事項是否享有管轄權、請求是否符合刑事訴訟移管的原則，請求是否損害被請求國的主權、安全和公共秩序等；後者則是審查雙方是否簽訂雙邊、多邊條約或者共同加入相關國際公約、請求手續是否齊全等。不管審查結果如何，被請求方也應以書面形式答覆請求方。

由於刑事訴訟移管將導致某一案件在不同的法律環境下並且按照不同的程序審理，而且刑事訴訟移管以包括促進被告人重返社會在內

的有利於適當的司法處遇原則為目的，因此，聯合國《刑事訴訟移管的示範條約》第8條規定：移管案件的犯罪嫌疑人或者被告人及其近親屬可以對擬議中的移管活動向請求國或者被請求國提出意見，包括贊同、希望、反對或者質疑移管的意見。這些意見雖然不具有任何約束力，但是可以作為請求國和被請求國全面權衡移管利弊和尋求最佳解決方案的參考。

（三）移管的執行

刑事訴訟移管被決定接受之後，將產生兩個法律後果：一方面，請求方應當停止對犯罪嫌疑人或者被告人的刑事追訴活動。但是，可以繼續蒐集有關證據材料，並根據被請求方的請求為該案提供調查取證方面的司法協助；另一方面，被請求國隨即負有進行刑事追訴的義務，應當指令本國有關司法機關根據本國法律規定的程序進行立案、偵查、起訴和審判。根據有關移管公約的規定，為保證刑事訴訟程序的順利進行，在刑事訴訟移管中，被請求方在接到追訴請求後，即有權適用包括對嫌疑人進行羈押和扣押物品在內的所有刑事強制措施。

此外，在移管的執行中，還有兩項特殊要求：

1.請求國和被請求國在執行刑事訴訟移管中應當注意對被害人和犯罪嫌疑人合法權益的保護

聯合國《刑事訴訟移管的示範條約》對於被害人的權利保護規定得較為具體，該條約第9條規定：請求國和被請求國在轉移訴訟中，應確保罪行受害者的權利，特別是受害者追復原物和賠償損失的權利不應由於移管而受到影響。如果受害人的索賠未能在此種移管前達成解決，如被請求國的法律有可能時，應許可將受害人的索賠要求在移管程序中提出。受害人死亡的，受害人的被撫養人有此權利。對於犯罪嫌疑人權益的保護則主要體現在前述的在移管請求的審查中允許犯罪嫌疑人、被告人及其近親屬表達意見。

2.不享有司法管轄權的被請求國的特殊義務

如果被請求國對被移管的案件原本不擁有司法管轄權，它在根據刑事訴訟移管協議對案件進行審理時則負有一項特殊的義務，即：針對有關犯罪行為判處的刑罰在嚴厲程度上不得超過請求國法律為同一犯罪行為確定的限度。例如：如果請求國法律未對有關犯罪規定死刑或無期徒刑，被請求國則不應對之適用此類刑罰。

（四）結果的通報

被請求國對移管的案件進行審理後，最後應將訴訟結果通報請求國。通報內容包括：刑事訴訟轉移管轄情況；請求書所涉內容的處理；案件審理結果和判決理由；物證返還的安排；證人遣返的說明；被害人利益保護情況等，一般還需要附有判決書和相關文件。

第二節　中國的刑事訴訟移管

與司法協助的其他形式相比，在中國，「刑事訴訟移管」因其相對「年輕」而不廣為人知的。但是，由於刑事訴訟移管的特殊功能，在國際刑事司法協助中正發揮著獨特的作用。特別是對於海峽兩岸之間複雜而又特殊的區域司法協助，刑事訴訟移管的作用或將不可替代。

一、中國刑事訴訟移管的立法和實踐

世界上，以國內法立法形式規定刑事訴訟移管的國家並不多。1958年瑞士通過的公路法是關於刑事訴訟移管最早的國內法規範。1979年奧地利制定的《引渡及刑事司法協助法》和1982年聯邦德國的《國際刑事司法協助法》對刑事訴訟移管也做了規定。但是對刑事訴

訟移管規定最為完整的是1981年瑞士的《聯邦國際刑事司法協助法》，該法專列第四編對刑事訴訟移管作了詳細的規定。中國處理涉外刑事訴訟移管的實踐起步較晚，也沒有國內法的立法，目前中國涉及刑事訴訟移管的依據主要是與其他國家簽訂的雙邊條約和參加的國際公約。中國與土耳其於1992年9月28日締結的《關於民事、商事和刑事司法協助的協定》第一次寫進了開展刑事訴訟移管合作的內容，該協定第39條規定：「締約一方有義務根據請求，按照其本國法律，對於在提出請求的締約一方境內犯罪的本國公民提起刑事訴訟」。1994年，《中華人民共和國和泰國引渡條約》第5條第2款規定，如果根據本條第1款不同意引渡，被請求方應根據請求方的請求，將該案提交其主管機關以便起訴。此外，中國已經加入的《聯合國禁止非法販運麻醉品和精神藥品公約》、《聯合國打擊跨國有組織犯罪公約》和《聯合國反腐敗公約》都含有關於刑事訴訟移管的條款。[104]這些是目前中國處理涉外刑事訴訟移管的主要依據。但從內容上看，這些條約和公約中涉及刑事訴訟移管的內容顯得過於簡約，主要有以下內容：

（一）刑事訴訟移管的前提

許多國家規定，刑事訴訟移管是不引渡本國國民的一種替代措施，在條約中常與引渡條款規定在一起，中國也是這種情況。如《中華人民共和國和泰國引渡條約》第5條第1款規定，締約雙方有權拒絕引渡本國國民，第2款緊接著規定不引渡本國國民的替代措施——刑事訴訟移管。

（二）刑事訴訟移管的基本原則

前述中國與土耳其的《關於民事、商事和刑事司法協助的協定》和《中華人民共和國和泰國引渡條約》對刑事訴訟移管的原則均未作規定。但是對其他形式的司法協助規定了雙重犯罪原則和政治犯罪不引渡原則，該兩原則被認為應同樣適用於移管合作。[105]

（三）刑事訴訟移管的程序

中國與土耳其《關於民事、商事和刑事司法協助的協定》規定，請求方在提出移管請求時，除應提供其他類型的刑事司法協助時應出具的文件或者資料外，還應附有關於訴訟移管的案件調查結論的文件。被請求國對移管案件進行追訴後，應將訴訟結果通知請求方。

二、海峽兩岸刑事訴訟移管的性質

實際上，刑事訴訟移管包括國內刑事訴訟移管和國際刑事訴訟移管兩類。國內刑事訴訟移管是指同一法律體制下不同司法機關之間轉移案件管轄權的情形。如1997年《刑事訴訟法》第24條規定：「刑事案件由犯罪地的人民法院管轄。如果由被告人居住地的人民法院審判更為適宜的，可以由被告人居住地的人民法院管轄。」第26條規定：「上級人民法院可以指定下級人民法院審判管轄不明的案件。也可以指定下級人民法院將案件移送其他人民法院審判。」——這兩種情形就是國內刑事訴訟移管。這種移管屬於同一法域內的司法合作，不涉及主權問題。而國際刑事訴訟移管則是不同主權的國家之間，為了共同有效懲治跨國犯罪，在不同法律制度下的不同司法機關之間轉移案件管轄權的司法協助活動。其特點是：合作主體為不同的主權國家，從請求國方面看，是讓渡自己的刑事管轄權；從被請求國方面看，是代替他國行使刑事管轄權。

一方面，大陸和臺灣分屬不同的法域，均有各自的法律制度和司法體系，其法治在各自實際控制的範圍內有效，所以不可能適用同一法律體制下的國內刑事訴訟移管的規定。另一方面，海峽兩岸同屬於一個主權國家，所以兩岸間開展的刑事訴訟移管也不是國與國之間的國際刑事訴訟移管，而是同一主權下不同法域之間開展的區際司法互助活動，是區際刑事訴訟移管。但是，國際刑事訴訟移管是在國與國

之間引渡犯罪嫌疑人時，因被請求國根據「本國公民不引渡」原則拒絕引渡，對相關犯罪有管轄權的國家不得不提出移管請求並讓渡其刑事管轄權的一種司法合作形式，其本質上是國家間的刑事管轄權的讓渡。兩岸間的刑事訴訟移管也是不同法域間、不同法律制度下，一方以「本地居民不遣返原則」不予遣返，導致另一方不能行使刑事管轄權而轉移其管轄權的互助形式，本質上也是刑事管轄權的讓渡。因此，可以說，兩岸刑事訴訟移管雖不是國際刑事訴訟移管，但卻是與國際刑事訴訟移管相近似的一種區際司法合作活動。106

三、海峽兩岸適用刑事訴訟移管的具體情形

刑事訴訟移管是海峽兩岸司法協助領域一項全新的形式，要開展這項合作，就需要明確兩岸之間刑事訴訟移管發生的情況。

（一）根據內容劃分的四種類型

1. 單純的管轄權讓渡

單純的管轄權讓渡是指對某一行為有管轄權的一方，在犯罪嫌疑人和犯罪證據均在對方區域的情況下，要求對方對該人追究刑事責任。如臺灣居民在臺灣偽造人民幣被臺方破獲，大陸要求臺灣有關方面對其予以追究的情況。

2. 帶證據的移管

帶證據的移管是指掌握證據的一方將案件連同證據一併移管給另一方，由另一方對犯罪嫌疑人追訴。如臺灣居民在大陸實施某種犯罪後逃回臺灣並被臺灣方面捕獲，大陸要求將該案件連同犯罪嫌疑人在大陸犯罪的證據一併移交給臺灣追究其刑事責任。

3. 帶人的移管

帶人的移管指捕獲犯罪嫌疑人的一方，因缺乏證據或者其他原因，而將案件連同犯罪嫌疑人一併移交給對方處理的情形。如臺灣抓獲某販毒集團中一名大陸籍犯罪嫌疑人，因無其他證據，無法進入訴訟程序，將案件和該犯罪嫌疑人移交大陸處理。

4.帶人帶證據的移管

帶人帶證據的移管是指雙方基於共同懲治和防範犯罪的需要，捕獲犯罪嫌疑人並取得相關證據的一方將犯罪嫌疑人和證據一併移交給另一方追究刑事責任的情形。如大陸劫機犯在臺灣被捕獲後，臺灣有關方面將其連同相關證據移交給大陸處理的情況。

（二）根據管轄權劃分的四類二十種

1.行為人在大陸或者臺灣同時違反大陸刑法和臺灣「刑法」，兩岸均有管轄權，一岸將案件移交給對岸

具體又有以下幾個情形：

①大陸居民在大陸實施違反大陸刑法的行為，又在臺灣實施了違反臺灣「刑法」的行為，臺灣將其抓獲並追究其違反臺灣刑法的責任。如大陸居民A在大陸犯有貪汙罪，到臺灣後又犯有殺人罪，臺灣將其抓獲並追訴。此種情形產生三種司法合作可能：一是大陸將A在大陸的貪汙罪證移交給臺灣，要求臺灣一併審理；二是臺灣應大陸之要求，將A在臺灣殺人的證據連同其本人移送大陸審理；三是沒有達成移管協議，臺灣只對A的殺人罪進行審判，然後遣返大陸，大陸再追究其貪汙罪的刑事責任。前兩種均屬於刑事訴訟移管，第三種沒有發生刑事訴訟移管，其中只涉及遣返的司法互助。

②臺灣居民在臺灣實施違反臺灣「刑法」的行為，又在大陸實施了違反大陸刑法的行為，大陸將其抓獲並追究其違反大陸刑法的行為。如大陸居民A在大陸犯有貪汙罪，到臺灣後又犯有殺人罪，臺灣將

其抓獲並追訴。此種情形與前述情形正好相反。

③大陸居民在臺灣實施一個行為，臺灣「刑法」和大陸刑法均認為構成犯罪並均具備管轄權，臺灣將其抓獲後予以追訴。如大陸居民A在臺灣販毒，根據兩岸刑法均構成犯罪並均具有管轄權，臺灣將其抓獲並追訴。此種情形如果大陸提出移管請求，臺灣同意移管，則A在臺灣接受審判和服刑後被遣返大陸後，就不再面臨雙重審判。也就是說大陸作為移管請求方，根據「一事不再理原則」就不應再對A的案件行使管轄權。

④臺灣居民在大陸實施一個行為，大陸刑法和臺灣「刑法」均認為構成犯罪並均具備管轄權，大陸將其抓獲後予以追訴。此種情形的移管與前述情形正好相反。

⑤大陸居民在臺灣實施一個或者數個行為，大陸刑法和臺灣「刑法」均認為構成犯罪並均具備管轄權，該犯罪嫌疑人回到大陸後被抓獲，大陸對其在臺灣違反大陸刑法的行為予以追訴。如大陸居民A在臺灣偽造人民幣，回大陸後被抓獲。在此情況下，臺灣可將A在臺灣犯罪的證據連同案件移交大陸審理。

⑥臺灣居民在大陸實施一個或者數個行為，臺灣「刑法」和大陸刑法均認為構成犯罪並均具備管轄權，該犯罪嫌疑人回到臺灣後被抓獲，臺灣對其在大陸違反臺灣「刑法」的行為予以追訴。此種情形的移管與前述情形正好相反。

⑦大陸居民在大陸實施一個或者數個行為，大陸刑法和臺灣「刑法」均認為構成犯罪並均具備管轄權，該犯罪嫌疑人在臺灣被抓獲。如大陸居民A在大陸殺死臺胞後逃至臺灣被抓獲。此種情形產生四種司法合作可能：一是臺灣將A和案件移交大陸審判；二是大陸將案件和證據移交臺灣審判。三是臺灣對A的案件進行審判並執行完畢後遣返大陸，大陸根據現有法律對A的行為進行重新審判。四是臺灣對A的案件

進行審判後，將A移交大陸執行刑罰。前第一、二種司法合作均屬刑事訴訟移管，第三種司法合作屬於「被判刑人移管」，第四種司法合作是目前實踐的做法，如劫機犯的處理結果，其中只涉及遣返的司法互助。

⑧臺灣居民在臺灣實施一個或者數個行為，臺灣「刑法」和大陸刑法均認為構成犯罪並均具備管轄權，該犯罪嫌疑人在大陸被抓獲。此種情形與前述情形正好相反，其中有兩種情形可以開展移管合作。

⑨大陸居民在大陸實施一個或者數個行為，大陸刑法和臺灣「刑法」均認為構成犯罪並均具備管轄權，大陸將其抓獲並予以追訴。這種情況下臺灣也可以根據其「刑法」要求大陸追訴行為人的犯罪行為，這樣也可能發生刑事訴訟移管合作。當然，實踐中此種移管很少見，甚至也不必要透過移管的方式進行合作——透過調查取證的協助方式更為便捷。

⑩臺灣居民在臺灣實施一個或者數個行為，臺灣「刑法」和大陸刑法均認為構成犯罪並均具備管轄權，臺灣將其抓獲。此種情形與前述情形正好相反，不再贅述。

2.一岸居民在彼岸實施了犯罪行為後逃回本岸，彼岸將證據和案件移交該行為人所屬岸審理

具體又有以下兩種情形：

①大陸居民在臺灣實施違反臺灣「刑法」的行為後逃回大陸。根據「己方居民不遣返的原則」，臺灣將證據和案件移交給大陸審理。

②臺灣居民在大陸實施違反大陸刑法的行為後逃回臺灣。此種情形與前一情形正好相反，基於同樣的理由大陸將案件向臺灣移管。

3.行為人實施跨兩岸的犯罪，一案將行為人連同證據移交彼岸處理

此種情況又存在四種可能性：

①臺灣居民實施跨兩岸的犯罪行為被臺灣抓獲，臺灣根據「己方居民不遣返的原則」對行為人進行審判，大陸則將案件向臺灣移管。

②大陸居民實施跨兩岸的犯罪行為被大陸抓獲，大陸根據「己方居民不遣返的原則」對行為人進行審判，臺灣則將其掌握的證據和案件移交大陸。

③臺灣居民實施跨兩岸的犯罪行為被大陸抓獲，此種情形有兩種合作可能：一是大陸審理，臺灣將案件向大陸移管；二是大陸經必要偵訊後，將行為人和案件向臺灣移管。

④大陸居民實施跨兩岸的犯罪行為被臺灣抓獲。此種情形與前一情形相反。不再贅述。

4.行為人在第三地實施一行為或者數行為，被一岸捕獲後，兩岸間產生的移管

具體又有可能有以下幾個情形：

①大陸居民在第三地實施一個或者數個行為，大陸刑法和臺灣「刑法」均認為構成犯罪並均具備管轄權，行為人被大陸抓獲，根據「己方居民不遣返的原則」，大陸不會將行為人向臺灣移管，臺灣無法追訴，向大陸移管。

②臺灣居民在第三地實施一個或者數個行為，臺灣「刑法」和大陸刑法均認為構成犯罪並均具備管轄權，行為人被臺灣抓獲。此種移管與前一情形正好相反。

③大陸居民在第三地實施一個或者數個行為，大陸刑法和臺灣「刑法」均認為構成犯罪並均具備管轄權，行為人被臺灣抓獲。這種情況可能出現三種合作可能：一是大陸向臺灣移管；二是臺灣向大陸

移管；三是臺灣審判其管轄的案件後，將該行為人遣返大陸，由大陸審理己方管轄的部分。

④臺灣居民在第三地實施一個或者數個行為，臺灣「刑法」和大陸刑法均認為構成犯罪並均具備管轄權，行為人被大陸抓獲。此種情形與前一情形正好相反，亦不再贅述。

以上列舉的兩岸直接可能產生刑事訴訟移管互助的主要情形，其中有些在目前的實踐中並不常見，或者在目前開展起來還存在較大的困難或者可以透過其他更為便捷的互助形式進行，但是大部分還是實踐中常見而且對兩岸交往有一定影響的情形。

第三節　海峽兩岸刑事訴訟移管制度之構建

雖然，《南京協議》未能約定「刑事訴訟移管」的互助事項，但是「刑事訴訟移管」在兩岸共同打擊犯罪和刑事司法互助中的實踐已經開始：2010年12月27日，公安部聯合臺灣、菲律賓警方破獲2010年「11·30」特大跨國、跨境電信詐騙案。2011年7月6日，大陸警方完成了對「11·30」電信詐騙案的偵查後，將從菲律賓帶回的14名臺灣犯罪嫌疑人移交給臺灣進行懲處。——這實際上就是刑事訴訟移管，而且是「帶人帶證據的移管」。[107]

一、海峽兩岸刑事訴訟移管的必要性

（一）刑事訴訟移管是「本地居民不遣返原則」的必要補救制度

新世紀後，隨著全球化進程的加快，兩岸經濟文化進一步融合，跨境犯罪也呈現出新情況、新特點：詐騙、販毒、貪腐、走私、偽造

貨幣、有組織犯罪等以經濟利益為目的犯罪無論在種類上、還是在規模上都呈上升趨勢。以當前最嚴重的跨海峽犯罪——詐騙犯罪為例，這類案件中不法分子隔岸遙控指揮犯罪或者犯罪後聞風迅速逃往對岸，此岸司法機關本可以透過《南京協議》的渠道要求對岸司法機關協助緝捕和遣返，但對岸均相互以「本地居民不遣返原則」拒絕遣返，在這些不法分子眼裡，對岸是「犯罪樂園」，淺淺的臺灣海峽儼然已成犯罪的避風港。從犯罪預防的角度，如果一些犯罪得不到有效的懲治，同樣的犯罪將更多地滋生、蔓延。事實上，以詐騙為主的跨海峽犯罪近年日益猖獗與此不無關係。在不可能遣返的情況下，如果一方能將案件「移管」給另一方，並將相關證據移交另一方，由另一方司法機關對犯罪嫌疑人進行起訴、審判和執行，既堅持了「本地居民不遣返原則」，也懲治了犯罪。國際刑事訴訟移管制度不正是為了彌補「本國公民不引渡原則」在懲治犯罪方面的不足而誕生的嗎？

（二）刑事訴訟移管是解決兩岸刑事管轄權衝突的最佳選擇

大陸刑法和臺灣「刑法」的空間效力不僅都規定了屬地管轄、屬人管轄及保護管轄等原則，而且每一種管轄原則的具體規則都非常相似。如屬地管轄中對領域的理解都包括船舶和航空器、犯罪地都包括犯罪行為地和結果地、都規定犯罪行為地和結果地只要有一項發生在其領域內都屬於在其領域內犯罪；屬人管轄原則都規定了對公務員的絕對適用性和對本地其他公民的相對適用性等等。還是以上述跨海峽詐騙犯罪為例，如臺灣人在大陸透過網路或者電信實施針對大陸居民的詐騙犯罪後逃回臺灣，大陸根據屬地管轄原則對該犯罪享有刑事管轄權，而臺灣根據其屬人管轄原則也主張對這些犯罪享有刑事管轄權，兩岸刑事管轄權的衝突就產生了；又如臺灣人在臺灣透過網路或者電信實施了對大陸居民的詐騙犯罪中，大陸警方根據屬地管轄原則之犯罪結果地管轄，享有對該案的刑事管轄權，臺灣也根據屬地管轄原則之犯罪行為地管轄，也要求對該案進行追訴，也產生刑事管轄權

的衝突——這是當前跨海峽詐騙案件非常常見的情形。上個世紀末期發生在海峽兩岸的劫機犯罪就引發了兩岸之間激烈的刑事管轄權之爭。因為刑事管轄權是司法合作中最敏感的領域，被認為關乎主權問題，這是兩岸司法合作尚未突破的領域，為此理論界已經提出種種學說試圖為解決兩岸刑事管轄權衝突尋求出路。108但是直接談兩岸刑事管轄權衝突的解決思路，總要碰觸敏感的主權問題，而「刑事訴訟移管」的適用就可以巧妙地避開敏感的管轄權問題，因為「刑事訴訟移管」以「雙重犯罪原則」乃至「雙重管轄權原則」為基本原則，引入「刑事訴訟移管」可使兩岸管轄權合二為一，可謂複雜問題簡單解決，不失為當前可以借鑑的解決兩岸管轄權衝突問題的最佳選擇。而且，「刑事訴訟移管」比遣返更有利於判決的執行：一方面，有關自由刑的判決在被判刑人居住地執行更有利於其重返社會——即有利於司法處遇原則的涵義之一；另一方面，有關財產刑的執行將變得可能，因為不法分子往往透過洗錢或者其他方式轉移犯罪所得——這已成當前跨海峽經濟類犯罪打擊的難中之難。

二、海峽兩岸刑事訴訟移管的可行性

既然兩岸刑事訴訟移管本質上也是刑事管轄權的讓渡，那這種讓渡會否成為兩岸開展司法合作的障礙呢？

（一）政治層面

目前兩岸對「一個中國」已達成共識，雙方對大陸和臺灣在國際法上是一個中國沒有異議，但是在談到主權問題時，雙方均非常敏感，而且堅持主權在己的原則立場。事實上，由於兩岸政治上的對立，合作只能在主權以外的層面展開，採取淡化或者避開主權問題更有利於問題的解決。正如兩岸在經貿領域洽談，學者們呼籲「只談經濟，不談政治」，在刑事訴訟移管方面，將法律問題和政治問題分別

處理,所謂「不談政治,只談法律」亦更有益於問題的解決。而且,根據國際刑事司法協助的最新發展,即使在兩個不同主權國家之間,司法管轄權也不是絕對不可讓渡的,國際刑事訴訟移管和現代國際社會所普遍認可的懲治國際犯罪中的普遍管轄原則都是對主權國家司法權絕對化的突破。國際社會尚能如此,同一主權國家間的海峽兩岸,更應該淡化政治色彩極濃的司法管轄權問題。而且,兩岸間的刑事訴訟移管是互惠的,是對雙方均有益的合作事項,是有利於聯合懲治和有效防範跨海峽犯罪,如果兩岸固守自己的司法主權,只能鑄造成跨海峽犯罪的愈演愈烈和兩岸民眾利益更大的損害。

(二)實踐層面

實際上,《南京協議》和目前兩岸已經開展的司法互助均是在基本承認對方法治的前提下進行的。前面提及的上個世紀末兩岸間頻發劫機犯罪後,大陸海協和臺灣海基會曾經就遣返劫機犯進行多次商談,終於在1995年1月28日達成《兩岸劫機犯遣返及相關事宜協議(草案)》,雖然該草案後因政治原因未能正式簽署,但是「劫機犯應當遣返」以及協議中「被要求遣返的對象,如系被要求方人員,由被要求方負責處理」、「拒絕遣返之處理,要求遣返的一方可提供資料另一方加以處置,另一方也可要求對方提供資料加以處理」等約定已經包含刑事訴訟移管的內容。此外,《南京協議》第11條「罪犯移管（接返）」約定「雙方同意基於人道、互惠原則,在請求方、受請求方及被判刑人（受刑事裁判確定人）均同意移交之情形下,移管（接返）被判刑人（受刑事裁判確定人）。」該內容雖然是規定被判刑人移管,而非刑事訴訟移管,但是被判刑人移管的前提是對另一方生效刑事判決的承認與執行——而對另一方生效刑事判決的承認與執行又是以承認對方的刑事管轄權為前提。所以,《南京協議》雖然沒有直接規定互認刑事判決的效力,但其關於被判刑人移管的規定已經體現了對另一方刑事管轄權的一定程度的默認,否則被判刑人移管合作無

從談起。這些都充分說明，雖然兩岸之間尚未真正開展刑事訴訟移管的合作，《南京協議》也還沒有約定刑事訴訟移管的合作事項，但是刑事訴訟移管在兩岸司法互助領域已經具備一定的現實基礎。

三、海峽兩岸刑事訴訟移管制度的構建

刑事訴訟移管制度包括基本原則、合作渠道、程序、費用承擔等一系列問題，海峽兩岸之間的刑事訴訟移管制度並非國際刑事司法協助，所以應當在剔除國際刑事訴訟移管中涉及主權內容的基礎上進行借鑑，並選擇有代表性的個案進行協作，在逐步積累經驗的情況下簽訂系統、全面的合作協議。

（一）基本原則

1.雙重犯罪原則

政治對立和法律制度的差異使得兩岸目前的司法互助只能限於雙方均能接受的兩岸刑法均認為是犯罪的範圍，《南京協議》關於兩岸合作共同打擊犯罪的範圍就限定於「雙方均認為涉嫌犯罪的行為」，這就是雙重犯罪原則，這一原則也應是兩岸開展刑事訴訟移管合作的法律基點：就刑事訴訟移管的本質而言，請求方讓渡刑事案件的管轄權後，被請求方是根據本方的法律起訴、審判被移管對象。如果根據請求方的法律被移管對象的行為不構成犯罪，則被請求方就無法對其行為進行起訴、審理、判決和執行。所以，兩岸刑事訴訟移管的範圍也應是「雙重犯罪」。但是，值得注意的是，雙方均認為是犯罪，只是要求根據雙方刑法的明文規定被移管的對象的行為構成犯罪，並不要求罪名的一致。

既然刑事管轄權的存在是一方請求另一方提供司法合作的前提，移管請求方應當擁有對某一犯罪的管轄權，但是另一方是否也需要享

有刑事管轄權呢？即是否必須遵循「雙重管轄權原則」呢？筆者認為：首先，從前述國際條約和雙邊條約看，在刑事訴訟移管中屬於主流和得到廣泛認同的顯然是「雙重犯罪原則」，堅持「雙重管轄權原則」的則屬於少數。其次，在一般跨海峽犯罪中，根據兩岸司法關於空間效力的同質性規定，兩岸司法機關往往都具有管轄權，所以是否確立「雙重管轄權原則」對兩岸開展這項合作不會產生根本影響。109但是，如果按照先易後難、循序漸進原則，也可以先確立「雙重管轄權原則」，隨著兩岸互信的增加和移管實踐經驗的積累，再放棄「雙重管轄權原則」，將合作範圍逐步放寬至「雙重犯罪原則」也未嘗不可。

2.一事不再理原則

《刑法》第10條規定：「凡在中華人民共和國領域外犯罪的，依照本法應當負刑事責任的，雖然經過外國審判，仍然可以依照本法追究，但是在外國受過刑罰處罰的，可以免除或者減輕責任。」臺灣「中華民國刑法」第9條規定：「同一行為，雖然經外國確定裁判，但仍得依本法處斷。但在外國已經受到刑之全部或一部之執行者，免其刑之全部或一部之執行。」——兩岸的這種規定在理論上被稱為消極承認外國判決。110這種立法將導致一些涉外案件的雙重審判，而國際上通行的是「一事不再理原則」。具體到兩岸之間，大陸目前仍無對兩岸司法合作中是否堅持「一事不再理原則」的明確規定，但是從最典型的劫機犯的處理中——從臺灣遣返的劫機犯在大陸均重新進行了審判——在臺灣已經被定罪處罰的事實僅作為判決時從輕處理的考慮因素。111臺灣方面，1992年制定的「臺灣與大陸地區人民關係條例」第75條規定：「在大陸地區或在大陸船艦、航空器內犯罪，雖在大陸地區曾受處罰，仍得依法處斷。但得免其刑之全部或一部之執行。」實踐中，行為人的同一犯罪行為均面臨雙重審判的局面，各方在行使刑事管轄權時僅將對岸的刑事判決作為從輕判決的理由。由此可見，

未來兩岸在進行刑事訴訟移管合作中將面臨各自現行立法的障礙。

但是近年來學術界普遍認為兩地刑法典的上述規定已經落後於有關國際公約以及大多數國家刑事立法關於承認和執行外國刑事判決的規定，不符合國家司法主權讓渡的趨勢，修改各自相關規定也是必然的選擇。目前「一事不再理原則」已經被廣泛運用於國際刑事司法合作，特別是引渡、刑事訴訟移管、被判刑人移管等具有實質內容的廣義的合作事項之中。實際上《南京協議》對於被判刑人移管的互助規定已經隱含了「一事不再理」的前提。在1995年，兩會草簽的《兩岸劫機犯遣返及相關事宜協議（草案）》第3條中已經明確規定了「一事不再理」的「遣返原則」。目前中國與世界上其他一些國家簽訂的雙邊條約也一改刑法的立場，體現了積極的承認和執行外國判決的原則和一事不再理原則。如中國在與烏克蘭等六國簽訂的被判刑人移管條約規定了「只有判刑國有權對案件進行重新審理」、「只有判刑國有權對判決進行複查」。所以，未來兩岸在進行刑事訴訟移管合作雖將面臨立法障礙，但是如果互惠互信，該障礙並不是不可跨越的。

3.剔除政治、軍事犯罪例外原則

雖然政治和軍事犯罪不引渡、不移管逐漸成為各國公認的國際法原則，但是，由於各國對「政治犯」的不同理解而導致該原則在實踐中存在不少問題。在國際司法協助實踐中，有時候政治犯僅被限定為「純政治犯罪」，包括如維護國家罪、間諜罪、妨礙他人選舉權利罪等「一切侵害國家政治利益和公民政治權利的犯罪」；有時候政治犯又包括那些行為和罪名均屬普通犯罪，而行為人犯罪的目的或者動機或者某些特定情節有一定政治因素的犯罪，如出於政治目的而劫持私人飛機，為給某一政治集團籌集資金而販賣毒品等；有時候，政治犯甚至可以包括發生在一定社會背景下的純粹的普通犯罪。可見，確定政治犯的標準具有很大的伸縮性，它可以在需要的時候把一切普通犯

罪都納入，也可以把某些具有明顯政治目的的犯罪排除在政治犯範圍之外，所以大陸立法對「政治犯」沒有規定。大陸和臺灣在基本社會制度、意識形態等方面存在重大差異，很難就「政治犯」形成共識，如果設定政治犯不移交原則，就等於又在法律問題上扯進政治，人為地把簡單問題複雜化，無疑將給移管合作設置難以踰越的障礙。目前，兩岸都贊同「一個中國」，只要把握「一國」，即移管是在同一主權國家內不同法域之間的刑事司法協助，那麼關於此一原則的爭議就顯得毫無意義了。因為在同一主權國家範圍內，政治犯不移管原則，甚至政治犯一詞，並無獨立存在的憲政基礎和法律意義。同理，軍事犯不移交原則也應在剔除之列。

但是，由於長期的隔絕，兩岸畢竟已經走向不同的發展道路，其基本社會制度、意識形態等差異甚大是客觀事實，所以可以考慮將公共秩序保留列為拒絕移管請求的理由之一。《南京協議》第15條「不予協助」就規定了：「雙方同意因請求內容不符合己方規定或執行請求將損害己方公共秩序或善良風俗等情形，得不予協助，並向對方說明。」雖然該規定是針對協議列舉的7項互助事項，但同樣可以適用於未來的移管合作。

4.有利於適當的司法處遇原則和訴訟時效過期不追訴原則

此外，關於有利於適當的司法處遇原則和訴訟時效過期不追訴原則在兩岸的刑事訴訟移管合作中基本不涉及司法主權、政治或者其他敏感問題，根據國際、區際刑事訴訟移管合作的經驗，完全可以參照適用。

（二）海峽兩岸刑事訴訟移管的渠道和程序

海峽兩岸司法互助屬於一國主權範圍內，為了有效預防和懲治犯罪而進行的區際刑事司法互助。所以，與其他互助事項一樣，海峽兩岸的刑事訴訟移管無論是聯繫渠道，還是互助程序，均應當以便捷和

效率為原則。

1. 渠道

前文述及，國際刑事訴訟移管的聯繫主體均為中央級機關，主要透過司法機關、外交途徑、國際刑警組織或者其他有關機關進行。海峽兩岸的刑事訴訟移管作為區際刑事司法協助，應儘量簡化互助程序，所以一般不需要透過中央級機關聯繫，也不需要透過外交途徑進行。在《南京協議》之前、特別是在兩岸司法互助實踐的早期，往往透過國際刑警組織的渠道聯繫，不僅費時費力，而且環節多、效率低。《南京協議》已經建立了雙方的「聯繫主體」和「業務交流」渠道，是時候摒棄國際刑警組織的渠道，而直接透過《南京協議》的「聯繫主體」，「由各方主管部門指定之聯絡人聯繫實施」，「其他相關事宜，由海峽兩岸關係協會與財團法人海峽交流基金會聯繫」。

2. 程序

至於海峽兩岸刑事訴訟移管的程序，可參照前述國際刑事訴訟移管「請求的提出、請求的審查、移管的執行、結果的通報」等四個程序及相關要求，務求便捷和提高效率，此不贅述。

總之，刑事訴訟移管是近年越來越受到重視的國際刑事司法合作形式，海峽兩岸的刑事訴訟移管雖未有協議、也未有實踐的開展，但只要雙方淡化政治、淡化主權爭議，積極開展刑事訴訟移管可以大大拓寬兩岸司法互助的領域，有助於兩岸目前在司法互助領域遇到的一系列問題和困難的解決，是兩岸司法互助向縱深發展的必然要求。

第八章　海峽兩岸刑事司法互助之被判刑人移管

近年，隨著國際犯罪的增加，刑罰執行過程中的問題也開始受到關注，被判刑人移管作為一種最理想的刑罰執行方式逐漸受到國際社會的重視，並成為發展較快的新型國際刑事司法合作形式。目前，隨著海峽兩岸跨境犯罪的增加，因在對岸犯罪而被對岸司法機關判刑的被判刑人相應地也在增加，刑罰執行過程中的問題也開始受到重視，被判刑人移管問題開始顯現。《南京協議》首次規定了被判刑人移管制度，為兩岸開展被判刑人移管區際刑事司法互助開拓了新的領域。2010年，福建省進行了第一例兩岸之間的被判刑人移管合作。隨著《南京協議》實施帶來的兩岸司法協助的全面開展，被判刑人移管合作將會更加廣泛地開展起來。

第一節　被判刑人移管制度的基本內容

被判刑人移管是指一國將觸犯本國法律而被判處自由刑的外國公民移交給其國籍國或者經常居住地國，使其在自己熟悉的環境中服刑並改造，以有利於其重返社會的國際刑事司法協助制度。與犯罪情資交換、協助偵查和文書送達等國際刑事司法合作的其他形式相比，因被判刑人移管合作的前提是對他國刑事判決的承認與執行，因而被認為是更加具有實質意義的國際刑事司法協助形式。

一、「被判刑人移管」的概念辨析

被判刑人移管（transfer of sentenced persons）一詞，在國外和中國都有不同的表述。在西方的法律文獻中，還使用「囚犯（prisoners）移管」、「被判刑的罪犯（convicted offenders）移管」等。在中國，有被翻譯成「被判刑人移交」、「被判刑人轉移」、「被判刑人遷移」、「被判刑人移送」等。筆者認為「被判刑人移管」用詞最為準確。首先，在被判刑人移管中，一國向另一國移交的不僅是被判刑人，還有被判刑人的刑罰執行權和監管權。所以，移管一詞相對於移交、轉移、遷移、移送都更準確地表達了刑罰執行和監管權轉移的基本含義。其次，在西方法律文獻和中國的語境中，「囚犯」都是指被關押在監管場所的犯人。但是，被判刑人移管的對象不僅包括被判處剝奪自由刑的人，還包括被判處限制自由刑而置於社會服刑改造的人。同時，中文的「囚犯」一詞還有人格差別的意味，不符合現代人文理念，而「被判刑人」一詞只是表達一種狀態，比較中性，更易於被廣泛接受。目前，「被判刑人移管」一詞也已經被中國與外國簽訂的被判刑人移管條約和學術理論所普遍採用。[112]

在被判刑人移管中，將被判刑人移交給另一國的國家叫「判刑國」或者「移交國」，接受該被判刑人並對其執行刑罰的國家相應地被稱「執行國」或者「接收國」。從一些比較最近的條約用語看，人們現在更願意使用「判刑國」和「執行國」這一對術語，因為它們更有助於表明被判刑人移管與執行外國判決之間的直接聯繫。因此，本書也採「判刑國」和「執行國」這一對概念。

二、被判刑人移管的特徵

縱觀被判刑人移管的國際條約和實踐，被判刑人移管具有以下特徵：

（一）被判刑人移管的主要對像是被判處剝奪自由刑的外籍犯

自由刑包括剝奪自由刑和限制自由刑。被剝奪自由的被判刑人，由於其與社會處於隔絕狀態，在服刑改造和回歸社會中遇到的障礙和困難最多，因而在國際條約和各國的司法實踐中成為被移管的最主要對象。而緩刑犯、假釋犯、因懷孕而在監外執行刑罰的婦女、保外就醫的被判刑人等雖被限制自由，與「囚犯」相比，其矯正和復歸社會的問題相對少些，但根據現代刑罰的觀念，也可以成為移管的對象，所以聯合國特別制定了《關於緩刑犯和假釋犯移管監督的模式協定》，供各國在移管被限制自由的被判刑人時參考。但是在正式的國家條約中，幾乎沒有關於移管緩刑犯和假釋犯的專項條約。在中國與外國已經締結的移管條約中，也將移管的對象確定在被判處剝奪自由刑並在監獄服刑的人，而沒有涉及緩刑犯和假釋犯等被限制自由的其他被判刑人。

（二）被判刑人移管的目的是有利於被判刑人改造和回歸社會

被判刑人移管是出於追求現代刑罰的目的，它是一項以人為本的刑事司法協助制度，是為被判刑人的利益服務的。被判刑人移管的實施不得背離有利於被判刑人改造和回歸社會這一根本目的，不得有損被判刑人的利益，不得違背被判刑人的意願。這是被判刑人移管制度的核心特徵，也是被判刑人移管區別於其他如引渡、刑事訴訟移管、刑事判決的承認與執行等以追求國家刑罰權為目的的刑事司法協助制度的主要標誌。

（三）被判刑人移管是承認與執行外國刑事判決的一種形式

執行國同意或者提出移管要求，意味著承認判刑國所做判決的效力。如果一國不承認他國所作判決，就不會向他國提出或者同意移管被判刑人，移管也就不會發生，更不會產生執行他國刑事判決的問題。所以，承認與執行外國刑事判決可以說是被判刑人移管的前提。但是必須指出，這種承認實際上是一種默認，它並不需要預先經過一

個專門的承認程序。所以一旦被判刑人進入執行國，判刑國的判決即開始在執行國發生法律效力。執行國不得對同一案件重新審理，而且在轉換刑罰時必須受判刑國判決所確認的事實的約束。

三、被判刑人移管與引渡的區別

被判刑人移管與引渡（遣返）是兩種不同的國際刑事司法合作制度，其主要區別在於：

首先，目的不同。前者的目的如前所述，而後者的目的在於請求國追求國家刑罰權的實現。

其次，移管和引渡對象的意願在合作中的作用不同。前者是自願的，後者是強制的。

再次，受益方不同。在被判刑人移管這一司法合作形式中，判刑國、執行國和被判刑人都是受益人。從判刑國的角度講，把外國被判刑人送回老家，用不著再費精力去解決外國被判刑人服刑管理中帶來的一系列問題，既執行了判決，又卸掉了「包袱」。對於執行國來說，把在外國犯了罪的本國國民接回國內服刑，有利於實現對本國國民的保護和維護被判刑人及其家庭的利益。除此之外，被判刑人移管還可適用於某國國民在本國實施犯罪後，又在某外國實施犯罪的情形，即該外國可先行對犯罪人進行定罪量刑，然後透過被判刑人移管將犯罪人遣返給犯罪人國籍國，犯罪人國籍國承認和執行外國所作的刑事判決，進而對犯罪人在本國的犯罪案件進行審理，並定罪量刑，將後來確定的自由刑與外國刑事判決確定的自由刑按照並罰原則合併執行。因此，在這種情形下開展被判刑人移管活動，還有利於順利實現本國的刑事管轄權。所以，這種司法協助有時甚至很難說到底是誰協助誰。而引渡可謂只給請求國帶來「好處」。所以，被判刑人移管

不但符合現代刑罰倡導的特別預防目的和人道主義原則，而且更充分體現互助互利的國際刑事司法協助精神，因此較之引渡更容易被各國所接受，司法協助也更容易達成。

四、國際刑事司法協助中被判刑人移管的立法概覽

同刑事訴訟移管制度一樣，被判刑人移管也首創於歐洲。1970年通過的《關於刑事判決國際效力的歐洲公約》對外國刑事判決的承認和執行作了全面系統的規定，其中就包括了被判刑人移管的內容。1978年，前蘇聯和東歐國家也在柏林簽訂了《被判刑人移管公約》。1983年3月21日，歐洲理事會在前述《關於刑事判決國際效力的歐洲公約》基礎上通過了《歐洲移交被判刑人公約》，該公約除了14個歐洲理事會成員國加入外，美國也於1985年批准加入。1985年，第七屆聯合國預防犯罪和罪犯待遇大會通過了《關於移交外國囚犯的模式協定》，供各國締結被判刑人移管的雙邊和多邊條約時參考。1988年，聯合國的《禁止非法販運麻醉藥品和精神藥物公約》也規定了有關被判刑人移管問題。該公約第6條規定，締約國可考慮訂立雙邊或者多邊協定，或者是特別的或一般的協定，將由於犯有本條適用的罪行而被判處監禁或其他形式剝奪自由的人移交其本國，使他們能在那裡服滿餘刑。

從雙邊條約來看，丹麥和西班牙首先於1972年簽訂了被判刑人移管條約。美國從1976年與墨西哥簽訂被判刑人移管條約以來，已經分別與加拿大、玻利維亞、土耳其、法國、泰國等國簽訂了被判刑人移管條約。加拿大除了1977年與美國簽訂被判刑人移管條約外，現在已經分別與墨西哥、法國、巴拿馬、祕魯等國簽署被判刑人移管條約。法國、泰國、摩洛哥、奧地利、英國、前南斯拉夫、敘利亞等也都分別與有關國家簽訂被判刑人移管雙邊條約。由於被判刑人移管是一種

各方都有利的司法合作形式,30多年來,有關被判刑人移管的合作實踐已經在許多國家得到了較快的發展。

五、國際刑事司法協助中被判刑人移管制度的主要內容

如前所述,被判刑人移管制度在國際刑事司法協助中已經開展了多年,基本形成了比較規範和成熟的做法。根據《歐洲移交被判刑人公約》、《關於移交外國囚犯的模式協定》和各國簽訂的雙邊、多邊條約,被判刑人移管制度主要包含以下幾個方面內容。

(一)移管的基本原則

1.有利於被判刑人原則

被判刑人移管制度產生的宗旨是為了更好地對被判刑人執行刑罰,有利於被判刑人改造和回歸社會。《歐洲移交被判刑人公約》在其序言中開宗明義「給予因為犯罪而被剝奪自由的外國人在他們自己社會服刑的機會,促進公正之目的的實現和被判刑人的社會復歸。」只有有利於被判刑人的改造,才能獲得良好的刑罰執行效果,從而充分發揮這一國際司法合作形式的積極作用。因此,有利於被判刑人原則成為被判刑人移管制度的首要原則,應該將其體現在被判刑人移管的各個環節。首先,被判刑人的移管應以被判刑人同意為基礎。移管被判刑人之前,判刑國應充分告知其被移管的可能和相應的法律後果,特別是被判刑人可能會因為其他的犯罪而受到刑罰執行國的追究。應讓執行國有機會證實被判刑人是否自願同意,如果該人缺乏自由表達其意願的能力,其代理人應有權決定是否移管。其次,被判刑人不得因移管而被加重處罰或受到不公正待遇。移管被判刑人是為了便於被判刑人今後更快地適應社會,刑罰執行國不得就同一犯罪加重

被判刑人的刑罰，還應保證使其受到與本國其他服刑人員相同的待遇，尊重其基本人權。

2.相互尊重國家主權和管轄權原則

相互尊重國家主權和管轄權原則是國際刑事司法合作的基本原則。由於被判刑人的移管與其他司法合作形式相比，是以默認外國的刑事判決為前提，所以與國家主權和管轄權的聯繫更為密切，只有尊重對方的國家主權和管轄權，這一司法合作才能順利進行。首先，移管被判刑人必須按照雙方簽訂的條約或互惠原則，在雙方同意的基礎上進行。其次，執行國執行或者轉換刑罰應受到判刑國所作判決的法律性質和期限的約束，不得改變原判決的法律性質和所判刑期。再次，執行國應受判刑國所做判決書認定的事實結論的約束，執行國不得進行覆審，即所謂「管轄權的保留」。

3.雙重犯罪原則

被判刑人所犯罪行，在執行國的司法管轄區內依照其法律也構成犯罪。該原則也是這種國際司法合作的基本原則。與引渡、刑事訴訟移管一樣，被判刑人的移管也要堅持雙重犯罪原則。但是，有的學者在論著中把「雙重犯罪」歸入移管的條件，許多國家的條約也把「雙重犯罪」作為移管的條件之一進行規定。筆者認為，和移管的其他條件相比，「雙重犯罪」的要求具有更加重要的宏觀的意義，是「雙重犯罪」原則這一國際司法合作基本原則在移管中的具體體現，因此筆者主張將其作為被判刑人移管的基本原則而不是作為移管的條件。

4.一事不再理原則

對同一個人不得因為同一行為重複定罪判刑，也不得重複執行刑罰，這是各國刑法實行的普遍原則，其宗旨在於保持刑事判決的穩定和維護犯罪人的合法權益。目前這一原則已經被廣泛運用於國際刑事

司法合作領域特別是引渡、刑事訴訟移管、被判刑人移管等具有實質內容的合作事項之中。在被判刑人移管合作中，這一原則對於判刑國和執行國均具有拘束力，它要求執行國承認和尊重判刑國判決的法律效力，同時要求判刑國尊重和承認執行國執行刑罰的效力。對於執行國來說，其接受移管即意味著它已經承認判刑國的判決，因此，它不得因同一罪行對被判刑人重新進行審判，而只能繼續執行判刑國所作出的刑罰，或者將該刑罰轉換為本國的相應刑罰加以執行。對於判刑國來說，如果執行國對被判刑人執行了由判刑國判處的刑罰，判刑國就應當視為該刑罰已經執行完畢，而不得對其重新執行刑罰。

（二）移管條件

除了遵從和貫徹上述基本原則外，被判刑人移管合作還必須符合一定的條件。有關公約、條約都對被判刑人移管條件做了明確的規定。概括之，主要有：

1.被判刑人同意移管

該條件是由移管被判刑人的目的所決定的。如果未經被判刑人同意甚至在其反對的情況下進行移管，無疑是對被判刑人權益的侵犯，也很可能達不到特殊預防的目的，這就與移管被判刑人的初衷背道而馳。因此，被判刑人同意是開展移管合作的首要條件。移管既可以由判刑國提出，也可以由執行國提出。當然被判刑人本身也可以請求移管，但是其請求只是判刑國和執行國向對方提出移管合作的根據之一，並不能啟動移管程序。移管是國際刑事司法合作的形式之一，只有判刑國或者執行國才能啟動這一程序。但無論是判刑國還是執行國啟動移管程序，都必須取得被判刑人同意，而且是在確保其瞭解移管的所有法律後果前提下的同意。此外，如果被判刑人由於年齡、身體或者精神狀況原因不能自由表達意願，可以由其律師或者其他代理人代為表達。

2.被判刑人是執行國的國民

該條件也是由移管被判刑人的目的所決定。被判刑人在異國他鄉服刑一般面臨語言不通、生活習慣不同、宗教信仰有別、家庭紐帶斷裂的障礙和困難，因此，一般認為被判刑人的國籍國是其最佳服刑地。除此之外，被判刑人如果長期居住於某個國家，該國也是其熟悉的環境。所以，有的條約也接受那些長期居住在其國度的被判刑人。其他國家因為與被判刑人沒有直接的關係而不會接受執行刑罰的請求。

3.判決已經發生法律效力，且不存在尚未完結的申訴程序

這是移管活動的性質所決定的。判決未生效，就意味著訴訟程序尚未完結，如果在這種情況下進行移管，就不是被判刑人移管，而是訴訟的移管了。在某些情況下，被判刑人在判決生效後提起申訴或者審判監督程序已經啟動，則生效判決又陷入了一種不確定的狀態，判決結果可能被推翻。在這種情況下，判刑國一般不可能作出移管被判刑人的決定，執行國也不會提出移管被判刑人的請求，則移管也不會發生。

4.剩餘刑期不少於六個月或者一年

移管被判刑人畢竟是一項國際刑事司法合作活動，有一系列較為複雜的程序，如果被判刑人需要執行的刑期太短，移管的手續還沒有辦完刑期就已屆滿，或僅剩10天半個月，這種情況下移管被判刑人便沒有什麼實質意義了，也不符合經濟原則。但是被判刑人究竟應該剩餘多少刑期才有必要開展移管合作，國際上的做法不一，比較常見的是6個月或者1年。

在國際刑事司法協助中，各國簽署的多邊、雙邊條約均規定被判刑人移管合作由中央級機關負責聯繫。具體又可以分為以下幾種情

況：

1.司法機關。但各國規定的中央司法機關又各不相同，有的規定中央級司法機關為司法部、有的為內政部，還有的是總檢察院。

2.外交途徑。這種情況不規定聯繫的具體機關，而規定被判刑人移管透過外交途徑予以解決。

3.司法機關或者外交途徑。即規定在一般情況下，透過各自指定的中央司法機關進行聯繫；必要的時候，透過外交途徑解決。

（四）移管程序

根據《歐洲移交被判刑人公約》、《關於移交外國囚犯的模式協定》和各國簽訂的雙邊、多邊條約，國與國之間移管被判刑人通常可以歸納為以下五個程序：

1.徵得被判刑人同意

無論被判刑人移管的請求是哪一方首先提出，都必須事先徵得被判刑人同意。判刑國不僅應確保表示同意移管的被判刑人自願且完全知曉移管的法律後果，還應從程序上保證執行國在移管被判刑人前透過必要的方式對被判刑人的意願加以核實，以確保被判刑人的意願是真實可靠的。

2.提出移管被判刑人的請求

移管被判刑人的要求可以由判刑國或者執行國提出。被判刑人也可以提出移管請求，但是不能以個人名義直接向執行國提出移管請求，而必須透過判刑國首先提出移管意願，如果判刑國同意，再由判刑國向執行國提出移管協助請求。

3.審查移管請求並作出決定

審查一般根據雙邊或者多邊條約的規定，審查的內容主要是有關

移管的上述基本原則和條件。被請求國可以要求請求國就移管請求提供相應的文件和有關文字說明。這種審查一般只針對所提供的文件形式是否正確，而不對判刑國所做判決的實體內容進行審查。

4.就有關移管具體事宜進行磋商安排

在判刑國和執行國就被判刑人移管問題達成一致意見後，接下來的步驟就是雙方就移管被判刑人的時間、地點、途徑等進行詳細磋商。

5.繼續執行判決

執行國接受被判刑人之後，應按照其國內法律的規定，直接或者透過法院或者其他方式將被判刑人交付有關刑罰執行機構繼續執行剩餘刑期。在繼續執行判決的過程中，有時還會遇到需要轉換刑罰的問題，這也要遵循一些規則。在判決執行過程中，可以對被判刑人予以赦免、減刑或者假釋等，也可以對原判決進行複查，這也必須遵循一定的規則。這些規則一般是透過條約磋商約定，並無定式。一般情況下，判刑國和執行國均可以對被判刑人予以赦免、減刑或者假釋，但是只有判刑國才有權決定複查判決。

（五）移管費用

執行移管的費用由判刑國和執行國分別承擔。通常分擔的方式是：執行國承擔移管費用及移管後執行刑罰的費用，但完全發生在判刑國境內的費用由判刑國。對於執行國承擔的前述移管費用部分，各國的普遍做法是執行國事後再向被判刑人追還全部或者部分費用。這是因為移管被判刑人是以有利於被判刑人為出發點，所以由其承擔全部或者部分費用以減輕國家為移管被判刑人而承受的負擔也是合理的。當然，由被判刑人承擔的費用主要是在移管過程中由其本人發生的如交通費、食宿費等費用。

（六）關於拒絕移管

作為國際刑事司法協助的一種形式，移管到底有沒有被拒絕協助的情況，這在理論上是有爭議的。筆者贊同這樣的觀點：國家間簽訂被判刑人移管條約只表明締約國間移管被判刑人合作的意願，並不為締約國設定必須移管的義務。換句話說，即使符合條約規定的條件，締約一方也沒有義務必須向締約另一方提出移管的請求或者接受另一方提出的移管請求。因為如前所述，被判刑人移管這種合作形式遵循的司法準則是人道主義，但從其歷史成因看，「關押外國囚犯的國家深感外國囚犯監管的困難也是關鍵的推動因素」；[113]從執行國角度，也體現了對其國民的保護，對促使被判刑人及其家庭各項利益的實現有重要意義，因此這是跨國犯罪中一種最理想的刑罰執行方式，可謂被判刑人、判刑國、執行國三方利益均霑。也就是說，這種合作是建立在國家間相互信任的基礎上，是最充分體現互助互利精神的司法合作形式，這也是被判刑人移管與引渡等其他形式的國際合作制度的重要區別。國家間一旦簽訂引渡條約或者其他司法協助條約，就必須承擔履約義務，否則即構成違約，其後果至少要影響到國家的信譽。但是，被判刑人移管條約與其說是條約，不如說是國家間的合作意向書，《關於移交外國囚犯的模式協定》和《歐洲移管被判刑人公約》等國際文件都體現了這樣的精神。實踐中，即便國家間這類條約規定了拒絕移管的條件，在不符合該拒絕移管條件的，仍然可以拒絕移管，甚至不需要說明理由。判刑國和執行國就具體個案達成被判刑人移管協議（當然要以被判刑人同意為前提）才是真正的「合約」，「而且，在實踐中，即使是在這個階段簽訂的『合約』，也有『流局』的情況」[114]。

綜上，被判刑人移管的司法協助活動雖然受到諸如不同國家之間的人權和主權觀念不同、對對方司法制度缺乏瞭解信任、以及不同國家的監獄基礎設施條件和獄管人員素質存在差異等不利因素的困擾，

但是在制度層面上已經較為完備，在實務領域也已經初具規模，值得我們在開展這方面的國際、區際司法互助時借鑑。

第二節　中國的被判刑人移管

一、中國國際刑事司法協助中的被判刑人移管

2002年，中國首先與烏克蘭簽訂了被判刑人移管條約。此後，中國又相繼與俄羅斯、西班牙、葡萄牙、澳大利亞、韓國簽訂了被判刑人移管條約。從這些條約看，有的採取「判刑國」和「執行國」的稱謂，有的使用「移交方」和「接受方」的術語。但是對於被移管對象，卻統一使用了「被判刑人」的概念。移管針對的刑罰種類，除了與俄羅斯的雙邊條約僅限於「有期徒刑」外，其他條約都包括所有的「監禁刑」，與烏克蘭的條約直接表述為「有期徒刑和無期徒刑」。1997年，中國首次向烏克蘭移管兩名因在哈爾濱犯有搶劫罪的烏克蘭籍被判刑人。隨後又分別向俄羅斯、喀麥隆、也門等國家移管了被判刑人。但目前尚未有從國外移管被判刑人的實例。[115]

（一）移管的基本原則

中國與前述國家締結的被判刑人移管條約全部貫徹了有利於被判刑人原則、相互尊重國家主權和管轄權原則、雙重犯罪原則和一事不再理原則。[116]值得一提的是，對於「一事不再理」原則，條約或採取「只有判刑國有權對案件進行重新審理」、「只有判刑國有權對判決進行複查」的表述，或約定為「管轄權的保留」——判刑國「保留對其法院所做定罪和量刑進行變更和撤銷的管轄權」。即執行國不能因同一案件事實在接受被判刑人的移管後再進行審理或者重新作出判決。即便是在接受被判刑人過程中進行刑罰轉換，也必須受到判刑國

所作判決所認定的事實的約束。

（二）移管條件

仔細比較目前中國已經締結的這些被判刑人移管條約會發現，其規定的移管條件在內容、甚至在表述上都非常一致：1.被判刑人系執行國的國民。2.被判刑人書面同意移管。如果被判刑人由於年齡、身體或者精神狀況等原因有必要時，經被判刑人的代理人書面同意移管。3.判刑國和執行國雙方同意移管。4.對被判刑人判處刑罰的判決已經生效。5.被判刑人尚需服刑的期限不少於1年。但是，「在特殊情況下，即使被判刑人尚需服刑的時間少於1年，雙方仍可移管」。

（三）聯繫主體

對於負責移管聯繫的中央機關，因中國負責執行刑罰的監獄主管部門為司法部門，所以司法部被指定為我方負責被判刑人移管事務的中央機關。締約另一方則根據其國情而各有不同：烏克蘭、西班牙和澳大利亞負責聯繫被判刑人移管合作的中央機關是司法部，俄羅斯和葡萄牙是總檢察院，韓國則是法務部長。

移管被判刑人的程序一般專條規定了「請求與答覆」、「所需文件」、「通知被判刑人」、「移管的執行」、「刑罰的繼續執行」等內容。理論上完全可以概括為前述的「徵得被判刑人同意」、「提出移管被判刑人的請求」、「審查移管請求並作出決定」、「就有關移管具體事宜進行磋商安排」、「繼續執行判決」等五個程序。

縱觀這些條約關於程序規定的內容，基本上大同小異，都是一些框架性的大的程序要求，但是都對刑罰的繼續執行規定得特別詳細，一般都涵蓋以下內容：如果判刑國所判處的刑罰的種類或者期限不符合執行國的法律，執行國在徵得判刑國同意後，可以將刑罰轉換為本國法律對同類犯罪規定的刑罰予以執行。但轉換刑罰時要求：1.執行

國不得改變判刑國所作判決關於事實的認定。2.不得將剝奪自由刑轉換成財產刑。3.轉換後的刑罰在性質上應當儘可能與判刑國判處的刑罰相一致。4.轉換後的刑罰不得加重判刑國所判處的刑罰,也不得超過執行國法律對同類犯罪規定的最高刑。5.不受執行國法律對同類犯罪規定的最低刑的約束。6.應當扣除在判刑國已經被羈押的期限。對於減刑、假釋等刑罰執行過程中的司法權,除了與俄羅斯的條約之外,都規定由執行國享有;對於赦免,則一致規定「任何一方均可以根據本國法律對已被移管的判刑人給予赦免」。

（五）移管費用

中國與上述六國簽訂的移管條約全部沿襲「移管被判刑人之前所產生的費用,應當由費用產生地的一方負擔。執行移管和移管被判刑人之後的繼續執行刑罰所產生的費用由執行國負擔」的做法。隨後,執行國向被判刑人追還全部或者部分移管費用本來是符合國際慣例的普遍做法,但除了與韓國、與澳大利亞的條約外,中國與其他四國的移管條約沒有執行國向移管的被判刑人追償部分或者全部移管費用的約定。

（六）拒絕移管的情況

關於拒絕移管,僅有較早前中國與烏克蘭和俄羅斯的條約規定了「移管的拒絕」,後期與西班牙、葡萄牙、澳大利亞和韓國簽訂的被判刑人移管條約都沒有類似的規定。中國與烏克蘭和俄羅斯的條約,同時還包含了「除前款所述的情況外,一方仍可以自主決定拒絕另一方的移管請求。」——也符合國際上通行的做法。

二、中國區際刑事司法協助中的被判刑人移管

中國已經與世界上六個國家簽訂了被判刑人移管協議,也已經多

次開展被判刑人移管的活動。但是在區際刑事司法協助中，被判刑人移管合作卻開展得不是非常理想。

（一）現狀

香港、澳門不僅與其他國家簽訂被判刑人移管協定和透過本地區刑事立法兩種方式進行有關被判刑人移管的立法活動，而且也都有與其他國家相互移管被判刑人的成功實踐。[117]2005年5月20日，香港特別行政區與澳門特別行政區在香港簽訂了《關於移交被判刑人的安排》（同年12月26日生效，下稱《安排》）。該《安排》將國際公約、條約在被判刑人移管方面成熟的經驗引入到區際刑事司法協助活動中，是中國範圍內不同法域之間訂立的第一個區際刑事司法協助協議，它為中國區際被判刑人移管合作提供了重要的示範。但遺憾的是大陸與港澳之間尚未有被判刑人移管方面的協議。

（二）大陸與港、澳未能訂立被判刑人移管合作協議的原因

大陸、香港、澳門在判刑人移管方面均已積累了一定的經驗，而且從具體規定看，港澳之間的被判刑人移管協定和本地刑事立法活動與前述大陸和有關國家簽訂的被判刑人移管協議在基本結構和基本內容等方面均有大量相同之處，這些都有利於開展合作。但是大陸與港、澳未能訂立被判刑人移管合作協議有其深層原因：

前文已經述及，被判刑人移管的前提是承認和執行其他國家的刑事判決。所以，一個國家內不同法域之間要進行被判刑人移管合作，就要在本法域的刑事法律中確立承認和執行他法域刑事判決的制度。香港、澳門的立法已經規定或者體現了積極的承認和執行外國刑事判決的制度。香港在其《移交被判刑人士條例》中明確承認其他國家或者地區法院在行使司法管轄權過程中對犯罪人所判處的刑罰，並同意透過移交對該被判刑人繼續執行刑罰。澳門《刑事訴訟法典》也較為全面地規定了承認和執行其他國家或地區刑事判決的制度。除此之

外，香港和澳門還在與其他國家或者地區所簽訂的被判刑人移管協定中貫徹了積極的承認和執行外國刑事判決的原則。所以，港澳之間簽訂《關於移交被判刑人的安排》並不存在法律障礙。但是大陸刑法卻缺乏積極的承認和執行外國刑事判決的制度。根據《中華人民共和國刑法》第7條和第10條，大陸對外國刑事判決奉行消極的承認制度，即對享有刑事司法管轄權的犯罪，雖經外國審判，中國仍有權對同一行為行使審判權，僅將受過外國的刑事處罰作為從輕、減輕和不予追究的情節予以考慮。118雖然，中國大陸在與烏克蘭等六國簽訂的被判刑人移管條約規定了「只有判刑國有權對案件進行重新審理」、「只有判刑國有權對判決進行複查」等內容，這些規定顯然體現了積極的承認和執行外國判決的原則，但是這些條約相當於特別法，並不改變刑法典的基本規定。而且，雖然中國與其他國家已經多次開展了被判刑人移管活動，但這些活動都是中國大陸司法機關將在中國大陸服刑的外籍犯移交給犯罪人國籍國，表明的是他國承認和執行中國大陸的刑事判決，並未涉及中國對其他國家或者地區刑事判決的承認和執行。因此，可以確定，中國對外簽訂的被判刑人移管條約雖然確立積極的承認和執行外國刑事判決原則，也進行了移管被判刑人的實踐，但是並不能為解決區際被判刑人移管提供直接的法律根據，大陸與港澳開展區際被判刑人移管仍然存在制度上的障礙。

第三節　海峽兩岸被判刑人移管制度之構建

　　由於兩岸長期的隔絕，各自在政治、經濟、法律、文化、生活習慣等方面均產生了較大的差別，雙方司法機關在關押、監管對方被判刑人方面，面臨諸多不便。對於被判刑人來說，有的很難適應對岸的生活環境，加之家人難得探視，也導致對被判刑人矯正效果不佳。隨

著兩岸司法互助的發展，一些新的司法合作項目有必要積極開拓，被判刑人移管是兩岸司法合作向縱深發展的必然要求。《南京條約》第11條「罪犯移管（接返）」規定：「雙方同意基於人道、互惠原則，在請求方、受請求方及被判刑人（受刑事裁判確定人）均同意移交之情形下，移管（接返）被判刑人（受刑事裁判確定人）。」這是兩岸第一次規定被判刑人移管合作；《南京協議》後不久，福建省率先開展了向臺灣移管被判刑人的實踐，這是兩岸第一次移管被判刑人實踐。儘管如此，但是這一司法互助形式在兩岸的司法互助中尚未系統開展，所以並沒有多少現成的經驗可資借鑑。由於兩岸政治上處於對立狀態，法治狀況又相差較大，這就使得兩岸間被判刑人移管的合作在一些具體內容上類似於國際被判刑人移管的合作。

一、海峽兩岸被判刑人移管的基本原則

被判刑人移管的基本原則是貫穿於整個移管活動、決定移管合作方向並體現移管合作本質的根本性準則。它們是剛性的，任何時候都不可變更。前文已述，國際被判刑人移管一般遵循四個基本原則。海峽兩岸之間，在被判刑人移管方面到底應當遵循怎樣的基本原則呢？筆者的觀點是：只要不涉及主權，國際被判刑人移管的基本原則都可以借鑑；涉及主權的，可以協商和變通。

（一）有利於被判刑人原則

「有利於被判刑人原則」來源於設置被判刑人移管這種刑事司法協助的目的，而且不涉及主權內容，所以也應當是海峽兩岸被判刑人移管的首要原則。

（二）相互尊重管轄權原則

被判刑人移管合作的前提是雙方必須承認對方刑事判決的效力。

從政治層面分析，目前兩岸是兩個政治實體，均有各自的法律和司法體制，並且都規定自己的司法效力及於對岸，對方的司法判決自然不被認可，所以政治層面顯然不是解決問題的角度。但是兩岸都贊同「一個中國」，也贊同政治問題與法律問題分別處理。實際上，海峽兩岸雖然表面上並不承認彼此的法律和刑事管轄權，但其法治僅在各自控制的範圍內產生效力卻是事實，任何一方企圖否認對方法治的存在都是不符合實際的。從1990年《金門協議》後兩岸業已開展的司法互助實踐看，雙方是在基本承認對方法治的前提下進行商討和合作的，所以撇開敏感的主權問題，相互尊重管轄權是可行的。

（三）雙重犯罪原則

兩岸法律制度的差異使得兩岸的司法互助只能限定於雙方均能接受的兩岸刑法均認為是犯罪的範圍，即雙重犯罪原則。認為被判刑人的行為不構成犯罪的一方，如果接受被判刑人移管，就與其法治相悖。所以《南京協議》關於兩岸合作共同打擊犯罪的範圍就限定於「雙方均認為涉嫌犯罪的行為」。這一原則也是兩岸開展被判刑人移管合作的法律基點。但是，值得注意的是，雙方均認為是犯罪，只是要求雙方有處罰該類行為的明文規定，並不要求罪名和歸類的一致。

（四）一事不再理原則

一事不再理原則本來就是國內法的一項法治原則，國際刑事司法協助中的一事不再理原則是根據國際合作的需要從國內法中延伸過來的。從兩岸各自的規定和目前的實踐看，尤其需要強調這一原則。因為兩岸均規定在處理涉外司法協助時，原則上不承認外國法院的判決的效力，體現了鮮明的主權精神。[119]兩岸在處理互涉刑事案件中，也均對一事不再理原則持否定態度，最典型的是涉及兩岸劫機犯的處理中，均導致雙重審判的結果。（見本書第二章）[120]但是，由於被判刑人移管實質上是一種司法禮讓和互信，這是司法合作的基礎，在大陸

和臺灣開展的司法合作實踐中,實際上已經體現了對彼此判決一定程度的承認與執行,否則司法合作無從談起。事實上,1995年兩岸紅十字會草簽的《兩岸劫機犯遣返及相關事宜協議(草案)》第3條中已經明確規定了「一事不再理」的「遣返原則」。所以兩岸間的移管合作雖然和大陸與港澳之間的移管合作有類似的法律制度上的障礙,但無論從理論上還是實踐方面看,確立一事不再理原則的可能性完全存在。

二、海峽兩岸被判刑人移管的具體問題

正如前面提到的,筆者的觀點是:經過多年發展,國際刑事司法協助中的被判刑人移管制度已經比較成熟和完備。海峽兩岸之間的被判刑人移管合作雖然屬於區際刑事司法互助的範疇,但是除了基本原則中涉及主權問題的內容外,國際被判刑人移管制度中移管條件、聯繫主體(移管渠道)、移管程序、費用等方面的問題完全可以借鑑、或者變通適用於區際刑事司法互助中。筆者以為,根據區際司法互助的特點,兩岸的被判刑人移管制度只需要對以下一些問題進行特別調整:

(一)有關稱謂

在《南京條約》第11條中,被判刑人移管的有關稱謂同時標註了大陸和臺灣的不同稱謂。在臺灣,移管被稱為「接返」,被判刑人被稱為「受刑事裁判確定人」。今後在進一步的合作中,比如簽訂有關被判刑人移管的安排或者協議時,可以考慮統一為「被判刑人移管」,不僅表達準確,也與港澳之間的《安排》相呼應。至於「判刑國」和「執行國」則可以簡單地變更為「判刑方」和「執行方」。

(二)被判刑人移管的渠道

首先,海峽兩岸的被判刑人移管屬於區際刑事司法協助,所以不需要透過外交途徑解決。其次,前文介紹,在中國開展的國際刑事司法互助中,被判刑人移管由司法部為聯繫主體。但是,區際刑事司法協助不同,在確定協助的基本原則的情況下,應儘量簡化程序。所以,也不需要透過中央級機關聯繫。目前,兩岸已經實行「三通」,除非一些特殊敏感案件,一般案件則應當透過由負責關押的司法部門與臺灣有關刑罰執行機構之間建立的聯繫管道進行直接磋商、安排。

（三）被判刑罰的種類

首先,被判刑人被判刑罰的種類應限於自由刑——主要是有期徒刑和無期徒刑。拘役由於刑期太短,移管意義不大；管制是大陸刑法特有的刑種；死刑則是剝奪生命的一種刑罰,本身就不是被判刑人移管適用的對象。其次,判處有期徒刑的剩餘刑期應以1年為宜。一方面,根據兩岸跨境犯罪被判刑人的特點,兩岸人民雖然因為長期隔絕在生活習慣、文化傳統方面有許多差異,但是畢竟不如外國的被判刑人差異如此之大,剩餘刑期太短則欠缺移管的必要性。再次,被判處有期徒刑緩期執行的也適用被判刑人移管。大陸刑法規定的緩刑考驗期為原判刑期以上5年以下,且不少於1年。臺灣「刑法」規定的緩刑考驗期為2年以上5年以下。兩岸關於有期徒刑緩刑的規定有許多相通之處,容易對接,而且對於被判處緩刑的被判刑人,將其移管對其回歸社會更加有益,符合被判刑人移管的目的。

（四）刑罰的執行和轉換

刑罰的執行要根據執行方的法律規定。由於兩岸規定的差異,有時需要將判刑方所判刑罰予以轉換。兩岸將對岸所判刑罰進行轉換時有幾個要求：不得將剝奪自由刑轉換成財產刑；刑罰轉換時,不論性質或刑期,均不得加重判刑方所判刑罰,也不得超過執行方法律對類似罪名規定的最高刑期；執行方在轉換刑罰時應受判刑方所做判決中

對事實調查結果的約束。

（五）對被判刑人移管後的重新審判

移管後，執行方從判刑方接過了對被判刑人的監管權，但是，判刑方並不因交出監管權而喪失了所有權利。如果被判刑人對原來的判決提起申訴，只能由判刑方重新審理，執行方無權重新審判被判刑人原來的判決。這是被判刑人移管制度中相互尊重管轄權原則的要求和體現。但是，對於被判刑人的減刑、假釋、赦免等，判刑方和執行方一般均有權作出。

（五）被判刑人移管的費用

根據國際被判刑人移管實踐，執行國可以向被判刑人追還全部或者部分費用，有些國家的法律和移管條約專門對此做了規定。中國與澳大利亞締結的移管條約在第4條規定，被判刑人或其合法代理人表示同意移管，包括對返還移管費用承擔的同意，應採用書面形式。中國目前尚未制定關於被判刑人移管的國內法，也沒有從外國或者港澳和臺灣移管被判刑人的實例，但是由被判刑人承擔全部或者部分移管費用，或事後向被判刑人追還全部或部分費用，以適當減輕國家為移管被判刑人而承擔的負擔，也應當是中國採取的做法。同樣，由被判刑人承擔的費用主要是移管過程中由其本人發生的費用，包括交通、食宿等費用。《南京協議》第20條對一般的「協助費用」做了規定，但是該規定沒有詳細到移管中被判刑人本人所發生的費用承擔問題。

概括之，展望之，相比大陸與港澳，海峽兩岸之間被判刑人移管合作的前景是：港澳已經回歸，兩岸尚未統一，包括被判刑人移管合作在內的司法互助夾雜更多政治因素；由於兩岸都缺乏積極承認外法域刑事判決的原則，被判刑人移管合作的發展有賴於兩岸各自的發展和修改。所以，似乎存在山重水復之慮，但是相比大陸與港澳，兩岸已有《南京協議》的開拓性約定，相信只要擱置政治、增進互信，未

來的兩岸被判刑人移管合作會有新的長足的發展。

第九章　海峽兩岸司法互助之警務合作

　　從國際刑事司法協助制度的發展歷程看，國際警務合作不僅是國際刑事司法協助的重要內容，而且國際刑事司法協助更是從國際警務合作的引渡逃犯和調查取證等領域發展起來的。隨著國際、區際刑事司法協助的不斷發展，警務合作在刑事司法協助中更占據舉足輕重的地位，是司法協助的名副其實的重頭戲。兩岸警務合作顯然不屬於國際警務合作範疇，而是統一主權之下法律制度不同的地區間的警務合作，即區際警務合作。海峽兩岸的刑事司法互助起步不久，尚處於區際刑事司法協助的早期階段、也是最重要的階段——警務合作階段。

第一節　海峽兩岸警務合作的現狀

一、海峽兩岸警務合作歷程

　　海峽兩岸司法互助經歷了民間交往階段、間接交往階段和半官方交往階段。在民間交往階段，兩岸不存在刑事司法互助，也不存在警務合作。兩岸刑事司法互助和警務合作實際上始於第二個階段的1989年。從1989年至今，根據兩岸警務合作的範圍，我們可以將兩岸警務合作具體劃分為兩個階段：

（一）單項警務合作階段（1989—2009年）

　　1987年，兩岸民間往來開啟後，人、財、物交流迅速擴大。除了越界捕魚、偷渡等老問題外，更滋生了跨越海峽的違法、犯罪等社會

治安問題，由此也導致兩岸警務合作的開啟。1989年4月，大陸公安機關透過國際刑警組織（ICPO）新加坡國家中心局，向臺灣警方成功移交逃匿大陸的臺籍殺人犯楊明宗，正式開啟海峽兩岸警務合作序幕。同年，盜竊銀行匯票的大陸逃犯吳大鵬被臺灣警方查獲後，臺灣透過國際刑警組織將其遣返大陸。

1990年7、8月間，「閩平漁5540號」與「閩平漁5502號」傷亡事件直接促使兩岸紅十字組織進行工作商談。次月，雙方就遣返違規進入對方地區的人員及刑事嫌疑犯或刑事犯簽署了《有關海上遣返協議》，即《金門協議》。此後，直到《南京協議》之間長達19的時間，雙方根據《金門協議》共實施了200餘次遣返作業。港澳回歸後，雙方又嘗試經由港澳警方中介開展司法互助。如2000年來，臺灣警方在大陸公安機關與澳門同行協助下，先後將要犯楊光南、詹龍欄、陳長齡等以空運方式押解回臺，開闢了兩岸遣返的「澳門模式」。

這一時期，兩岸的合作有幾個特點：1.有直接合作，也有間接合作。間接合作如透過國際刑警組織和「澳門模式」。而根據《金門協議》，從「兩馬兩門」進行遣返則是雙方的直接合作。2.有「協議模式」，也有「個案協助模式」。「協議模式」指根據《金門協議》進行的合作。「個案協助模式」是指一些特殊的、不宜根據《金門協議》進行合作的個案——比如犯罪不僅跨越海峽兩岸，更在第三地犯罪或者偽造第三地的身分證件等。3.名為民間機構合作，實為兩岸警務合作。《金門協議》的合作先是雙方紅十字組織，後為大陸海協與臺灣海基會。1991年底，公安部緊跟《金門協議》之後，針對遣返的人員範圍、工作程序及各警種分工等，專門印發了《關於實施大陸與臺灣雙向遣返工作的通知》。警務工作離不開兩岸警方的通力合作，真正主角顯然是居於幕後的兩岸警方。無論是遣返作業，還是個案協助，都是兩岸警方溝通配合的結果。所以，相當長一段時期裡，兩岸的警務合作可謂民間「搭臺」，官方「唱戲」。

但是，總之，無論是透過國際刑警組織和澳門的間接合作，還是根據《金門協議》的直接合作；無論是「協議模式」還是「個案協助模式」；也不管兩岸警務合作是以什麼樣的名義，這一時期的兩岸警務合作基本上僅涉及「遣返」這個單一的項目，兩岸警務合作的落腳點都是「遣返」，基本上不涉及其他領域。

（二）多項警務合作階段（2009年以後）

2001年，大陸與臺灣先後加入了世界貿易組織（WTO）。2003年，大陸與港澳分別簽署了《建立更緊密經貿關係的安排》（CEPA），兩岸及港澳地區迎來更具規模的人、財、物大流動。在經濟進一步融合和逐步邁向一體化的過程中，犯罪也同生共長。不法分子利用兩岸司法制度未能對接的現實，大肆實施跨海峽犯罪。特別是經濟犯罪、毒品犯罪、有組織犯罪和暴力犯罪較為突出。其或針對對岸被害人、或隔岸遙控指揮、或犯罪後逃亡對岸，儼然把臺灣海峽作為實施犯罪和逃避懲罰的防火牆。2009年4月26日，海協與海基會簽署《海峽兩岸共同打擊犯罪及司法互助協議》，即《南京協議》。《南京協議》共涉及犯罪情資交換、協助偵查、人員遣返、文書送達、罪贓移交、罪犯移管（接返）、人道探視等7個方面的刑事司法互助。其中，協助偵查、人員遣返、文書送達、罪贓移交、犯罪情資交換5項都主要屬於警務合作內容。罪犯移管（接返）和人道探視是發生在刑罰執行階段的司法互助內容，雖然也很重要，但應不是司法互助的核心內容。

同樣，《南京協議》也是名為民間機構合作，實為兩岸警務合作。但是，較之《金門協議》，《南京協議》在人員遣返基礎上，增加了其他六項警務合作。雖然從刑事司法互助的內容來看，《南京協議》還沒有涉及刑事判決的承認與執行、刑事管轄權的劃分等重要領域，而且內容粗疏，只是框架性的協議，但是從警務合作內容來看，

基本上涉及了區際司法協助方方面面的內容，已經非常全面。此外，特別值得一提的是，雖然《南京協議》簽署於2009年，所以兩岸區際警務合作從單項拓展到多項合作階段理論上應該始於2009年，但是實踐中除了罪贓移交的警務合作迄今尚未開展外，包括犯罪情資交換、協助偵查、文書送達等在內的警務合作在大陸福建、廣東等省與臺灣之間已經開展多年。所以，從實踐角度講，多項的兩岸警務合作階段實際上遠早於2009年。

二、海峽兩岸警務合作的主要內容

顧名思義，區際警務合作是一國內部不同法域的警察機關就有關共同預防、打擊犯罪的相關事宜相互提供支持、便利和幫助。固然，警務合作是刑事司法協助的重要內容，但是警務合作內容並不僅限於刑事司法互助。根據兩岸警務合作的實踐，目前，兩岸警務部門的合作可以概括成以下一些方面：

（一）遣返移交

雙向遣返是兩岸警方率先開展合作的領域。名義上冠以雙方紅十字會，海協與海基會等民間機構，實則由官方的警務人員透過「兩馬」、「兩門」航線實施。據概略統計，從《金門協議》到《南京協議》前的近20年間，雙方遣返212次，總計38936人次。其中，大陸向臺灣遣返非法入境人員、刑事犯和刑事嫌疑犯366人，接回私渡人員38570人。[121]隨著海峽局勢和緩，刑事犯和刑事嫌疑犯的遣返還衍生出「三通」途徑。2008年「三通」後，還實現了29個大陸直航城市與8個臺灣直航城市之間的「即捕即解、就近空運」。《南京協議》後，刑事雙向遣返已移交雙方警務部門直接操作。

（二）協助偵查

2001年7月，廣東佛山發生一起殺害臺商的案件，兇手作案後潛逃回臺灣。廣東警方迅速破案，取得了大量犯罪證據，並將有關證據移交給臺灣警方。臺灣法院依據大陸警方提供的證據，對犯罪嫌疑人作出了有罪判決。[122]2006年11月，福建漳州警方破獲一起電信詐騙案，抓獲15名臺灣籍犯罪嫌疑人，因被害人也全部為臺灣人，福建警方最終將犯罪嫌疑人和蒐集的物證、書證材料全部移交給臺灣。[123]2010年以來，兩岸警方聯手打擊跨境電信詐騙的「10·1」、「8·10」特大跨境電信詐騙案、「11·30」、「3·10」特大跨國、跨境電信詐騙案更成為兩岸區際警務合作的成功典範。總之，兩岸協助偵查的個案不一而足，而且隨著合作的進一步開展，無論是一般性的協查、還是「合作協查、偵辦」，雙方正在積極探索協助偵查的模式的發展和突破。

（三）犯罪情資交換

　　現階段，就閩臺之間關於犯罪情資交換的互助來看，本著安全、及時、準確的情報交流原則，相關享有偵查權的警種都與臺灣方面建立了良好的溝通渠道：刑警部門與臺灣方面主要側重於電信犯罪和通緝犯查緝方面的情報合作，邊防部門主要是毒品、偷渡、通緝犯的查緝和邊防轄區的電信詐騙方面的情報互通。特別是毒品犯罪的情報，在偵辦毒品案件方面兩岸的協作至關重要。如2006年初，臺灣警方正是根據大陸公安機關提供的線索，採取協同行動，查扣海洛因百餘斤，捕獲犯罪嫌疑人多名，成功偵破以鐘萬億為首的特大跨境販毒案。福建邊防總隊與臺灣「法務部調查局」近年透過FT913在交換毒品犯罪情資、共同打擊毒品犯罪方面成果頗豐。

（四）文書送達

　　兩岸之間最早的文書送達是有關繼承、婚姻方面的民事法律文書的送達。根據《南京協議》第12條，刑事法律文書送達主要包括對方人員被限制人身自由、非病死或可疑為非病死等重要訊息的法律文

書。實踐中，兩岸相互協助送達的法律文書多是對方居民被拘留、被逮捕、被判刑或者非正常死亡通知的送達。124

（五）人員互訪

1996年，臺灣刑事偵防協會應邀組團訪問大陸，為海峽兩岸警方的溝通交流、共同防治跨境犯罪，發揮了積極作用。之後，臺灣刑事偵防協會、警察大學、警察專科學校、警政消防研究發展協會的專家、學者多次組團訪問大陸，大陸警學專家和學者也曾組團訪問臺灣。2001年，經中國警察協會和臺灣刑事偵防協會斡旋，臺灣「刑事警察局局長」鄭清松才率團訪問大陸，就打擊跨海峽犯罪與大陸公安機關達成多項共識，兩岸遣返也因此突破了「金馬海運」與「船頭交接」的模式，增列了必要時可經港澳等地中轉空運方式。據有關方面統計，目前，大陸已有27個省市區與臺灣警方開展了跨境警務交流。僅2009年，大陸警方赴臺團組就達22個，臺灣警方也有20個團組來訪。

（六）警學研討

1992年，中國警察學會成立後，海峽兩岸及香港、澳門的警政學者，在警學研究上開展了卓有成效的合作，促進了警務部門的交流。1993年，中國警察學會召開了「93北京國際警學研討會」，來自30多個國家和地區的警政專家、學者與會，香港、澳門、臺灣的警政學者也出席了會議，與大陸的專家學者共同探討警務理論問題。2000、2003年，中國警察學會分別組團出席了由臺灣警察大學主辦的「海峽兩岸警政與防治犯罪問題研討會」，雙方學者共同切磋警務實踐中存在的問題，探討警務理論發展的方向。2005年，在北京召開的亞洲警察研究協會第六屆年會上，兩岸警政學者對警務部門在構建和諧社會中的作用進行了深入的探討。

三、閩臺警務合作實踐的新內容

　　福建與臺灣一向具有地緣優勢。作為與臺灣距離最近的省份，福建也是涉臺犯罪的高發地。福建警方透過參與處置各類涉臺案事件，與臺灣「刑事警察局」、「海巡署」、「調查局」、「移民署」等開展多項警務合作，積累了豐富的對臺工作經驗，摸索出一套與臺灣方面有效溝通的做法。但是由於兩岸特殊的政治環境，福建警方做得多、說得少，或者「只做不說」。2009年5月14日，國務院公布了《支持福建加快建設海峽西岸經濟區若干意見》，確立了以福建省為主體的「海峽西岸經濟區」建設的戰略部署，福建成為「先行先試」區域，也成為兩岸開展共同打擊刑事犯罪和司法互助的重要協商地和先行先試地。

　　（一）業務聯絡機制

　　2009年初，兩岸警方正式啟動了「FT913」機制，邁出了跨海峽警務合作與共同打擊犯罪的關鍵一步。「FT913」是目前兩岸警方明確獲得授權、直接進行聯繫的公共平臺，專門負責雙方警務合作的業務接洽、日常管理、協調指導等事項。原則上，「FT913」應本著歸口管理的初衷，逐步收回相關事權，統一規範互動合作，並儘量簡化報批程序，切實提高協作成效。也就是說，現在兩岸互涉警務與刑案請協可直接訴諸「FT913」，無需再透過兩會等代為聯繫、轉達，或經原有渠道進行溝通、處置。「FT913」受理請協申請後，其常設兩岸警務聯絡員將在第一時間知會對方有關事項，並及時反饋相關訊息，協助、指導辦案單位妥善處理互涉事務。

　　（二）應急處突機制

　　《南京協議》第13條規定「雙方同意以書面形式提出協助請求。但緊急情況下，經受請求方同意，得以其他形式提出，並於十日內以

書面確認」。「FT913」作為雙方警務溝通聯絡的一般平臺,尚不足以應對緊急情況或者突發性案(事)件。應急處突機制是指在面對突發性案(事)件,作為臨時性過渡安排,處警單位在向「FT913」報備警情的同時,可以採取先期措施,包括透過原有的溝聯管道以應付緊急情況;而「FT913」接警後應迅速聯繫對岸,積極參與、主動配合現場處置。2010年5月,福建邊防總隊獲得授權,在「FT913」架構下,正式建立與臺灣「海巡署」的直接聯繫,以協同應對海上突發案(事)件、打擊海上刑事犯罪。

(三)對口協作機制

自2008年,公安部不僅開通了福建、廣東、上海、江蘇、山東共5個對臺工作「窗口」,各業務警種涉臺對口聯繫也逐步建立。福建刑警總隊首先獲得授權,建立「獵狐辦」,與臺灣「刑事警察局」攜手打擊越發猖獗的電信犯罪;福建邊防總隊可與臺灣「海巡署」、「移民署」直接合作;2010年5月,福建出入境管理部門、廈門市公安局也獲得授權,分別與臺灣「移民署」、金門縣「刑事警察局」建立直接聯繫。其他未獲指定授權的警種、部門也可透過「FT913」,選擇突出的犯罪類型或合作事項,探索雙方警務人員直接接洽與聯合執法。如福建交警總隊近期開展的臺地車輛牌照、駕駛證件「入閩有效」的嘗試。臺灣方面則授權「刑事警察局」、「海巡署」、「調查局」、「移民署」等與大陸警方建立聯繫、開展互動,其「刑事警察局」下屬9個總隊均可參與閩臺警務合作。[125]

第二節 海峽兩岸警務合作的發展

面對當前跨海峽刑事犯罪的形勢,海峽兩岸警務合作的願望都很迫切。事實上兩岸警務部門的合作也較為密切,但是囿於兩岸的政治

格局，短期內期望兩岸警務合作邁開大步確實並不現實。所以只能局部地、漸進地開展，特別是從現實的操作性的角度展開，可能更有利於問題的解決。所以，以下有關兩岸警務合作面臨的主要問題即從微觀的層面展開。

一、當前海峽兩岸警務合作面臨的主要問題

（一）合作主體尚待進一步對接

根據大陸司法體制，公安機關享有一般刑事案件的偵查權。檢察機關雖然主要作為法律監督機關，但是也享有職務犯罪的案件偵查權。此外，國家安全機關、軍隊保衛機關、海關走私犯罪調查機關、監獄等也分別享有特定刑事案件的偵查權。從檢警關係看，法律規定是「分工負責、互相制約」——公安機關主要負責偵查、檢察機關主司法律監督。公安機關在職能管轄上，負責對大部分刑事案件的偵查，是大陸司法體制中最主要的偵查機關，而且在偵查權的行使過程中，除了逮捕由檢察機關批准以外，公安機關有權決定並採取其他所有的偵查措施，包括對財產和對人身的強制措施。換言之，大陸公安機關享有獨立的偵查權——雖然必須接受檢察機關的監督。但是，臺灣的情況則大為不同。根據臺灣法律，有權對刑事案件行使偵查權的機關包括檢察官、司法警察官、司法警察。但是檢察官是偵查犯罪的主體，司法警察官和司法警察則協助檢察官偵查犯罪，是偵查的輔助機關。在強制措施方面，司法警察官和司法警察要採取拘提或者逮捕措施，均需要申請檢察官簽發拘票，需要運用其他如搜索、扣押等針對財產的強制手段則需經檢察官准許。其檢警之間是指揮與被指揮、領導與被領導關係。所以，就偵查權的大小而言，大陸公安機關對應的是臺灣的檢察官。此外，設立於臺灣「內政部」的警政署和「法務部調查局」在負責刑事案件調查方面的職權職責也各有不同。總之，

兩岸因為分屬不同法域，司法體制也完全不同，導致在兩岸警務合作方面，到底哪個機關是合作主體；在對口協作方面，到底大陸的哪個機關與臺灣的哪個機關對口等等這些問題目前還沒有完全理順。實踐中，諸如需要臺灣警方協助的事項，或者往往需要輾轉曲折才能找到合作對象，或者發現臺灣警方並沒有對應的職權。

(二) 兩岸迫切需要瞭解、熟悉對方法律文化制度及其差異

眾所周知，兩岸雖同屬一個中國，但雙方各屬於不同法域。無論是法律傳統還是法律淵源，無論法律制度還是法律文化，也無論刑事實體法、還是刑事程序法都大相逕庭。所以，《南京協議》在確立共同打擊犯罪的「雙重犯罪」原則時，緊接著規定：「一方認為涉嫌犯罪，另一方認為未涉嫌犯罪但有重大社會危害，得經雙方同意個案協助。」此外，為兼顧雙方法律的差異，全文共有8處以括號的形式標註另一方的立法表達：如第1條「合作事項」第（四）項「認可及執行民事裁判與仲裁裁決（仲裁判斷）」；第（五）項「移管（接返）被判刑人（受刑事裁判確定人）」。此處括號前是大陸的法律用語，括號後則是臺灣的表述習慣。儘管《南京協議》已經充分考慮了兩岸法律文化制度的不同，但是作為一個框架性的安排，並不能對司法互助的實踐提供實質性的幫助。兩岸法律文化制度的迥然不同使雙方辦案部門在個案協辦中無不面臨著法律「對接」的具體困難。如協議「著重打擊的犯罪」中，槍械、人口販運、組織偷渡、跨境有組織犯罪等罪名並不是大陸刑法的規範罪名，兩岸在認定罪與非罪方面必定存有不同認識，像「背信」這種行為應該對應大陸刑法哪個罪名等，都需要專門研究。

「各個法域的訴訟結構和訴訟文化具有極強的歷史延續性和穩定性，即使涉及訴訟法律的修改也是整體社會認知的變遷而絕非司法協助之原因所能撼動。這個問題不獨存於兩岸的司法協助中，而存於所

有不同法域的司法協助中，不論是國際司法協助抑或區域司法協助。即便是回歸祖國10多年的香港，雖與大陸存在眾多有關司法協助的法律文件（包括與中央的和與地方的），這個問題仍成為兩地司法協助的主要障礙。」126面對兩岸法律制度和法律文化差異的客觀現實，修改對方法律顯然並不現實，期待兩岸法律的融合也不是指日可待。加強兩岸警方的交流和溝通，特別是瞭解、熟悉、研究雙方法律文化制度及其差異是當務之急，也才是解決之道。

（三）協助偵查所獲得證據的有效性亟待規範

從海峽兩岸司法互助的對象看，可以簡單劃分為對人、對物和對證據的協助。對人的協助如人員遣返，對證據的協助如協助偵查，對物的協助主要指罪贓移交。關於人員遣返，如果案件本身不涉及刑事管轄權爭議，實踐中兩岸的合作目前已經比較暢通，而罪贓移交方面的司法互助，兩岸警務合作尚未觸及這塊領地。目前實踐中提上議事日程和相對突出的問題就是協助偵查。不同的訴訟制度對證據的要求各有不同，從大陸與港澳司法協助和閩臺司法互助的實踐看，對於透過司法互助取得的證據往往無法為另一方證據法所接受，也就是說證據的有效性問題是最大的問題。

《南京協議》第18條「雙方同意依本協議請求及協助提供之證據資料、司法文書及其他資料，不要求任何形式之證明」的規定雖然可以簡化司法互助的程序、提高共同打擊犯罪的效率，但卻不能解決對方提供的文書、證據的效力問題。而且，雖然《南京協議》第8條還載明「受請求方在不違反己方規定前提下，應儘量依請求方要求之形式提供協助。」但兩岸警方的法律地位並不一致，雙方對彼岸法律文化制度及其差異亦未有充分瞭解和系統研究，所以警務合作中往往花費不菲的人力物力財力協助對方取證，但是結果卻事倍功半——透過司法互助取得的證據並不能為另一方證據法所接受。如目前最突出的證

人證言的效力：臺灣2002年新修改的「刑事訴訟法」第159條規定，「證人於審判外之陳述，除法律有規定者外，不得作為證據。」此處的「除法律有規定者外」並不包括司法協助中的委託取證。也就是說，臺灣的刑事訴訟較嚴格貫徹了英美法系的「當事人主義」，強調證據的「言詞和直接原則」，而大陸的刑事訴訟制度則不強調「言詞和直接原則」，實踐中證人證言一般以書面形式出現。這樣，大陸警方獲取的證人證言和被害人陳述這類筆錄形式的證據，在隨案移送給臺灣警方後，辯方律師均提出質疑，法官最後也判定該證據無效。兩岸司法協助中涉及的證據問題蓋因各自證據法的約束而皆有類似之虞。

二、海峽兩岸警務合作的發展

海峽兩岸的警務合作尚處於起步階段，欲往前推進，需要按照循序漸進、先易後難的思路，著重開展以下工作：

（一）加強海峽兩岸法律制度文化的交流和研究

無論是合作主體的對接，還是協助偵查所獲證據有效性的規範，前提都是建立在對彼此法律文化制度的深刻瞭解基礎上。海峽兩岸同文同種，溝通交流沒有任何語言和文字障礙，這是兩岸警務合作的最大便利和優勢。首先可藉助2006年後形成的兩岸及港、澳年度警學研討會，或透過警察院校的學術聯誼，組織專家、學者與實踐部門一起，共同就兩岸區際警務合作的相關理論和實踐問題進行系統研究。理論研究來源於實踐，最後是為了服務於實踐。《南京協議》第2條「雙方同意業務主管部門人員進行定期工作會晤、人員互訪與業務培訓合作，交流雙方制度規範、裁判文書及其他相關資訊」，所以，「業務主管部門人員」——警方的參與、甚至主導至關重要。如香港警方與公安部已經形成「六上六下」的培訓交流格局，即每年公安部

和香港警方分別派出六個團組到對方研修、學習。但是除了短期互訪外，兩岸警方尚缺失常規的、持續的交流和研修。未來兩岸警務合作中，應不僅著眼於定期、不定期地互相派員參訪，而應著重考慮建立兩岸包括警方、學術機構、警察院校在內的互動聯繫，推進雙向交流、研修、學習，特別是加強與警務合作有關的相關法律制度的研究，推動兩岸防治和共同打擊犯罪向更高層次發展。

（二）務實合作、共同探索海峽兩岸區際警務合作模式

與海峽兩岸區際司法協助一樣，兩岸的區際警務合作既不同於國際警務合作，也不同於一般的區際警務合作。臺灣是中國的一部分，但還不是特別行政區，兩岸的政治格局還不是真正意義上的「一國兩制」，所以，與大陸與港澳之間的區際警務合作也不甚相同。所以，海峽兩岸區際警務合作應有別於一般的區際刑事司法協助，也有別於大陸與港澳的刑事司法協助，是世界上全新的區際警務合作，這需要兩岸務實合作，共同探索。根據先期開展的粵港、粵澳警務合作經驗，結合兩岸警務合作的實際，當前可著手拓展三項合作：一是定期警務會晤機制，二是對口協作機制，三是兩岸警方聯合行動。目前，兩岸之間除了人員互訪、個案協助外，還沒有建立定期警務會晤機制。可以選擇福建，與臺灣警方每年定期舉行一定級別的警務工作會晤和刑偵主管工作會晤，就兩岸現階段的社會治安問題進行磋商，尋求解決的方法和合作的途徑。「對口協作機制」，如兩地警方在重案、經偵、緝毒、反黑、反洗錢等職能部門之間建立對口聯繫渠道，加強情報交流、調查取證和個案合作。目前福建省與臺灣有關方面對口協作機制尚在初建階段，而且範圍還比較侷限。「兩岸警方聯合行動」，如針對突出的治安問題或影響較大的重案、要案，開展專項治理，組織戰役性行動，以便達成階段性治安目標。2000年以後，粵港澳三方聯手開展一系列包括打擊跨境涉黑犯罪的「獵狐行動」、「曙光行動」、「旭日行動」、「驕陽行動」，涉毒犯罪的「春雷行

動」、跨境組織賣淫犯罪的「藍鳥行動」、「火百合行動」等，成效明顯「127前述」10·18、1011、303·10專案不僅是兩岸警方聯合行動的成功案例，而且也是兩岸警方聯合行動邁出的堅實的一大步。

（三）發揮區位優勢、建立閩臺警務合作先行先試區

中央司法高層已經授權廣東省作為大陸司法機關同港澳進行個案協查的窗口，如最高人民檢察院授權廣東高級人民檢察院可以直接與香港廉政公署、澳門檢察院進行個案協查合作，此亦可借鑑為在福建省設立對臺刑事司法互助和警務合作的總窗口。福建作為「先行先試」地區，經中央授權，已經開展了大量的與臺灣警方的交流與個案協作，探索了一些兩岸警務合作的經驗和做法。對其中創新的好的經驗和做法需要加強研究，進行理論上的總結、分析和論證，進而上升為兩岸警務合作的制度化、協議化的規範。此外，藉助海峽西岸經濟區建設與福建對臺「先行先試」政策，前述定期警務會晤機制、對口協作機制和兩岸警方聯合行動都可以依託福建進一步開展，並由此拓寬兩岸警務合作的空間和範圍。

第三節　海峽兩岸警務合作之打擊跨境電信詐騙

為探求兩岸合作打擊跨境犯罪的策略和方向，公安部組成「兩岸合作打擊跨境犯罪」課題組赴福建、廣東、浙江、上海等地調研，實地瞭解情況。電信詐騙作為兩岸跨境犯罪中最為突出的犯罪類型而成為該課題研究的重點。筆者作為該課題的主要參加者全程參與了調研工作。

一、海峽兩岸跨境電信詐騙犯罪的現狀

電信詐騙屬新型犯罪，最早興起於2000年後的臺灣，至2004年已成臺灣治安重大威脅。近年來，隨著兩岸人員與經貿往來日益密切，不法分子更是利用兩岸政治分隔所造成的打擊之難，大肆實施跨境電信詐騙犯罪。由於電信詐騙利用的VOIP（Voice over internet protocol）網路電話不僅比傳統電話成本更低，而且更難查出犯罪源頭，因此而猖獗之勢，簡直可以與當年的「劫機潮」相「媲美」。

（一）電信詐騙在兩岸跨境犯罪中最為突出

　　2008年開始，一個電話騙走上千萬元，一個「安全帳戶」將儲戶的百萬元席捲而空，大陸各地頻發民眾被騙的巨額電信詐騙案。2009年4月26日，《南京協議》簽署當日，臺灣「陸委會」對媒體表示：協議簽署後，兩岸最大宗的犯罪案件，也就是電信詐騙，將難以繼續生存，過去無論是以臺灣為基地詐騙大陸，或以大陸為基地詐騙臺灣的方式，都將因兩岸合作，而難以為繼。128如今，《南京協議》簽署已兩年多，來自各方的消息均證實，電信詐騙犯罪不僅沒有下降，而且已經取代毒品犯罪成為兩岸跨境犯罪最高發的類型。無論是根據我們調研的福建、廣東、浙江、上海四省市，還是廈門、福州、泉州、珠海、杭州、寧波六市公安機關的統計，在兩岸跨境犯罪中，電信詐騙犯罪的發案數均雄踞第一。

（二）兩岸跨境電信詐騙呈發展蔓延之勢

　　兩岸跨境電信詐騙發展蔓延的兩大趨勢明顯：一方面，向大陸腹地延伸。2004年電信詐騙成為臺灣治安威脅之時，詐騙犯慣於躲在大陸遙控在臺的下游共犯針對臺灣民眾實施。隨著臺灣民眾防騙能力的提高，詐騙集團開始將主機設在臺灣，撥打大陸普通群眾的電話。一開始，經濟較發達的沿海省份首先成為高發區域，隨著警方的打擊和宣傳攻勢，犯罪分子轉而把詐騙的目光投向廣袤的內陸省份。2010年底，跨境電信詐騙犯罪已經波及包括西藏在內的大陸所有省份。另一

方面，電信詐騙犯罪幾乎同時向亞太地區蔓延。兩岸聯手打擊電信詐騙後，詐騙集團轉而將主機設到東南亞等國，或者租用香港、美國的網路平臺，再從這些地方將詐騙電話打到大陸、香港、臺灣等地及日本、韓國甚至東南亞國家。電信詐騙犯罪不僅跨境，更呈跨國化的趨向。

（三）兩岸跨境電信詐騙的源頭在臺灣

跨境電信詐騙除了眾所周知的高智慧、集團化、非接觸式、手段不斷翻新等特點外，從合作打擊的角度看，其重要的特點是組織、策劃者或者核心成員均為臺灣人。他們負責設計詐騙模板、提供硬體設備和場所、物色網路電話技術人員和地下錢莊、招募和培訓接線員、僱用專業拆帳人員和取款「車手」。調研中，各地反映，大陸抓獲的犯罪成員一般都是犯罪團夥中負責提供網路服務、接聽電話、到銀行取款或者向境外匯款的一線或者底層人員，尚未發現一起組織、策劃、指揮者為大陸人的跨境電信詐騙案。2010年，公安部和臺灣警方聯手偵破的「10·1」、「8·10」特大跨境電信詐騙案，兩岸警方聯合菲律賓警方破獲的「11·30」特大跨國、跨境電信詐騙案，2011年，兩岸聯合柬埔寨、印尼、馬來西亞、泰國警方同步收網的「3·10」特大跨國、跨境電信詐騙案等一系列案件均「由臺灣人組織操控」。擒賊要擒王，犯罪集團主謀身在臺灣，正是利用跨境打擊之難，如果沒有將幕後主犯繩之以法，犯罪分子將迅速捲土重來、東山再起。面臨兩岸跨境電信詐騙的態勢，兩岸警方合作打擊的重要性由此凸顯。

二、兩岸打擊跨境電信詐騙的合作方式

面對嚴峻的跨境電信詐騙犯罪形勢，兩岸警方已經探索出以下合作打擊機制：

（一）兩岸「合作協查、偵辦」

《南京協議》第5條「協助偵查」規定：「雙方同意……於必要時合作協查、偵辦。」「合作協查、偵辦」的特點有二：一是合作的綜合性。它突破了傳統協助形式的單一性限制，可以開展詢問證人、調取書證材料、搜查、扣押和凍結等各種取證活動，而且還可以進行臨時拘留、緝捕犯罪嫌疑人、審訊等偵查措施，甚至可以採用電子監聽和監視等特殊偵查手段。二是取證的直接性。相對於委託取證，參加聯合偵查的當事方可以就某個具體的偵查事務直接進行交流和處理，是一種更加有效的偵查合作形式。

根據當事方合作的程度，「合作協查、偵辦」可以分為：1.分工負責、互相配合式的合作。即指合作雙方按照商定的分工，分別由各自偵查機關在本地採取相應的偵查手段和措施。2.聯合辦公式的合作。指由雙方組成相對統一的專案組，統一採取行動，步調一致地開展偵查活動。前述「10·1」、「8·10」、「11·30」案即屬前者。而「3·10」案件中，公安部與臺灣警方還成立了「聯合專案指揮部」，派出聯合工作組，趕赴柬埔寨、印尼。這是海峽兩岸警方第一次派出聯合工作組前往第三地，標誌著兩岸偵查合作從「分工負責、互相配合式」邁向更加緊密的「聯合辦公式」。所以，公安部相關領導接受海內外媒體採訪時表示：「3·10」案件中，共同辦案的國家、地區之多，抓獲犯罪嫌疑人數量之多，打掉的犯罪窩點之多和兩岸警方合作之緊密均「前所未有」。129

（二）閩臺打擊電信詐騙犯罪專項合作

2006年10月，福建省刑偵總隊獲得公安部授權，與臺灣警方建立「閩臺打擊電信詐騙犯罪專項聯絡通道」。至今，閩臺兩地警方透過專項聯絡通道，共協辦68個電信詐騙犯罪集團（詐騙臺灣居民的犯罪團夥45個，詐騙大陸居民的犯罪團夥21個，詐騙韓國居民的犯罪團夥2

個）；福建省抓獲電信詐騙犯罪嫌疑人484名（其中臺灣籍156名，遣返78名），臺灣抓獲166名（其中大陸籍2名）；共組織4次個案聯合約步行動；已辦理協查78件。

（三）大陸各地與臺灣警方個案協查

此外，廣東、上海、福建省廳作為二級聯繫窗口，在授權範圍內或經報公安部港澳臺辦批准可以與臺灣警方直接進行個案合作、協查。經公安部授權，福建邊防總隊與臺灣「海巡署」、「移民署」，廈門市公安局與金門「刑事警察局」已建立三級聯繫窗口。在授權範圍內或經報省廳、公安部港澳臺辦，福建邊防總隊、廈門市公安局經常與臺灣警方直接進行個案合作、協查。福州、珠海、泉州等市透過省廳的聯繫窗口可間接與臺灣警方開展警務合作。調研中瞭解，2008年後，以臺灣人為主的電信詐騙犯罪已經造成省內民眾3億多人民幣損失的浙江省，因為沒有獲得授權，與臺灣警方協助需要透過公安部相關部門，以致緩不濟急，要求獲得授權的呼聲很高。

三、兩岸合作打擊跨境電信詐騙的難題及原因分析

綜合實踐部門的體會，兩岸合作打擊跨境電信詐騙面臨三大難題：

（一）緝捕難

「緝捕難」是指緝捕電信詐騙組織、策劃、核心人物難。截至目前，臺方尚未遣返任何電信詐騙嫌犯予大陸，主要基於以下兩種情況：

1.電信詐騙的臺籍主犯在大陸實施針對大陸居民的犯罪後在案發前潛逃回臺的，臺灣以「本方居民不移交」為由沒有遣返有的臺籍主犯負責在大陸招兵買馬、搭建詐騙平臺、或者培訓人員，但在案發前

即已潛回臺灣。「本方居民不移交」來自於國際刑事司法協助中的「本國國民不引渡」原則。後者雖算不上一條被普遍接受的國際法原則，但中國《引渡法》也將其奉為禁止性規範，規定如果引渡請求針對中國國民的，「應當拒絕引渡」。臺灣「引渡法」也奉行同樣的原則。雖然兩岸之間刑事嫌疑犯的遣返屬於區際「逃犯移交」，性質上不同於國與國之間的「引渡」，但是兩岸雙方實際上從未將本方居民遣返（或移交）給對岸。

2.電信詐騙的臺籍主犯在臺灣實施針對大陸居民犯罪的，臺灣以本岸具有刑事管轄權為由沒有遣返

對於藏匿在臺灣、隔空詐騙大陸居民的臺籍主犯，大陸要求移交的理由是：用於詐騙的銀行帳戶開戶地、贓款轉移地、部分詐騙窩點等犯罪行為地在大陸，更重要的是「被害結果發生地」也在大陸，因此不僅大陸享有刑事管轄權，而且由大陸管轄更有利於偵查、審判和執行。臺灣認為主犯的組織、策劃、指揮行為在本地、贓款最終流向即部分犯罪結果也在本域等，也主張其擁有屬地管轄權，因此不移交（但是這種情況比前面一種情況好的是，臺灣方面對這些主犯追究了刑事責任）。大陸和臺灣刑法都奉行屬地管轄為主、屬人管轄等為輔的刑事管轄權原則，而且對「屬地管轄」、「屬人管轄」的含義和表述都非常相似。

（二）取證難

1.兩岸的政策導向不同導致協查的單向性

「取證難」首先表現為協查的單向性。雖然不乏得到臺灣警方大力協助的事例，但被調研單位普遍感到，協助臺灣取證的多，但向臺灣請求協助卻往往沒有得到回覆，有的因為渠道不暢乾脆放棄了。其原因在於兩岸的政策導向因素。大陸各地公安機關在涉臺事務中，一般會從維護兩岸同胞正當權益出發，按照中央對臺工作的總體部署和

要求，從國家和民族利益的高度和政治大局，全力協助、積極完成協查任務。

2.兩岸司法體制差異導致協查範圍窄

根據司法體制，大陸公安機關享有獨立的偵查權，有權決定並採取逮捕以外的所有偵查措施，檢察機關主司法律監督，檢警關係是「分工負責、互相制約」。臺灣的情況是：檢察官是偵查主體，司法警察官和司法警察是偵查輔助機關。後者要採取拘提或者逮捕措施，均需要申請檢察官簽發拘票，需要運用搜索、扣押等針對財產的強制手段則需經檢察官准許。其檢警之間是指揮與被指揮。實踐中，諸如需要臺灣警方協助的事項，往往是輾轉曲折之後發現臺灣警方並沒有對應的職權。

跨境電信詐騙案中，大陸向臺灣警方請求協查的主要有：被大陸抓獲的臺方涉案人員身分資料、前科記錄，臺方被害人陳述（或報案記錄），臺方同案犯供述，搜查、扣押、書證、物證等內容。目前臺灣警方提供的協助主要是查詢涉案人員身分和前科資料。幫助大陸警方取得被害人陳述（或報案記錄）的情況也開始增多，提取書證、物證的請求（如在臺灣的網路服務器上的數據等）多數沒有下文。像臺灣警方應福建邊防總隊協查請求，提供「涉案銀行帳號」已經是盡最大努力了。

3.程序複雜、量大導致協查時間長

調研中獲悉，除了獲得公安部授權並且與臺灣警方合作、交流、互訪開展得較多的聯繫窗口能在較短的時間內得到臺方的協查結果外。其他單位按照涉臺案件工作程序和審批權限，從發出協查請求到臺灣警方答覆協查結果，最短的2個月，最長的在7個月後得到答覆。而電信詐騙從被害人接到電話或者簡訊，到贓款流出境外，可以在短短的幾個小時內完成。此外，電信詐騙涉及的大陸省份眾多，要求協

查的量大，臺灣警方應接不暇、力不從心也是導致協查時間長的重要原因。

（三）追贓難

跨境犯罪的「追贓難」包括追繳贓款難和移交贓款難兩方面。對於受害民眾而言，最關心的是自己被騙走的錢財能不能追回。面對民眾的期盼，當前，無論是公安部高層，還是兩岸警方辦案部門，都在積極研究追贓難題的破解。

1.犯罪分子化整為零和透過地下錢莊轉移贓款導致追繳贓款難

電信詐騙中，轉移贓款的運作模式一般是：一旦被害人上當將存款匯入詐騙集團設置的「安全帳戶」，集團主要成員就立即通知「拆帳人員」或透過「網上銀行」將贓款分散轉移至全國、甚至全世界的幾十、上百個二級、三級帳戶，或者通知各地專門負責取款的「車手」從ATM機上取現，將贓款化整為零。緊接著，這些贓款將流入詐騙團夥事先物色的「地下錢莊」，後者透過境外銀行帳戶將相應的外幣支付給詐騙集團，達到將贓款轉移出境的目的。整個贓款轉移的過程環節多、地點分散、期間資金鏈還不時中斷、隱蔽性強。

2.兩岸相互不認可對方的刑事判決是贓款移交難的根本原因

迄今為止，兩岸之間尚未有開展罪贓移交合作的案例。《南京協議》第9條「罪贓移交」約定：「雙方同意在不違反己方規定範圍內，就犯罪所得移交或變價移交事宜給予協助。」——雖然僅有一條，但這是海峽兩岸司法互助領域第一次提到「罪贓移交」。「罪贓移交」之所以成為《南京協議》中最後需要從條文變為實踐的合作事項，有其深層次的原因：罪贓移交的依據是刑事判決，即前提是承認對方刑事判決的效力。也就是說，罪贓移交實際上是司法協助的事項（而不是警務合作事項）——這可以從《南京協議》將其規定在「第三章司

法互助」中得到進一步說明。顯然,《南京協議》第10條「裁判認可」僅限於「民事確定裁判與仲裁裁決(仲裁判斷)」——對刑事判決的相互認可與執行予以擱置。相互不認可刑事判決,移交罪贓的司法協助就無從談起。

四、兩岸合作打擊跨境電信詐騙的對策

(一)達成刑事訴訟移管協議,解決緝捕難問題

兩岸刑事訴訟移管是指兩岸基於聯合有效懲治互涉犯罪之目的,在一岸因某種原因不能或者不便對犯罪嫌疑人行使管轄權的情況下,讓渡自己的刑事管轄權,將案件移管給對岸審理的一種刑事司法合作活動。[130]在移管中,移出方是無法行使管轄權的犯罪地或者受害人所在方,移入方一般是犯罪嫌疑人所屬方或者與其有緊密聯繫的一方。針對緝捕難的兩種情況,雖然原因有所不同,但是解決的辦法都指向「刑事訴訟移管制度」。

1.達成刑事訴訟移管協議,跨越「本方居民不移交」之合作壁壘

兩岸開始共同打擊犯罪和司法互助的時間並不長,能有今天的局面實屬不易,現階段要想突破「本方居民不移交」之合作壁壘並不現實。在不可能將藏身島內的詐騙集團主犯——本方居民遣返(移交)給對岸的情況下,如果能接受對岸的移管——如果大陸也願意進行移管合作,則同樣達到了懲罰犯罪的目的。「刑事訴訟移管」本身就是為了彌補「本方居民不移交」在懲治犯罪方面的漏洞而產生的。在許多國家,「刑事訴訟移管」就是不引渡本國國民或不移交本方居民的一種替代措施。

2.達成刑事訴訟移管協議、迴避直接的刑事管轄權衝突

刑事管轄權不僅是司法協助中最複雜的內容,而且被認為屬於公

法問題，與司法權關係密切，司法權又是國家主權的一部分，因而在兩岸之間還屬於最敏感的問題。《南京協議》不涉及兩岸刑事管轄權。針對在臺灣詐騙大陸居民的臺籍主犯，臺灣雖沒有遣返，但是對案件本身也進行了司法管轄，也懲處了犯罪，似乎沒有必要再談「移管」，其實不然：在沒有「移管」的司法互助下，雙方沒有溝通、沒有協作，大陸不將被害人陳述、報案材料、證人證言、同案犯供述、相關物證書證移交給臺灣，臺灣方面很難形成證據鏈，甚至能不能立案本身就是問題，懲處效果可想而知。而雙方如果達成「刑事訴訟移管」協議，則大陸可以有效地協助臺灣對嫌犯追究刑事責任，臺灣最後再將判決結果通報大陸，從而達到強化合作，提高打擊效果的目的。世界上，在發生刑事管轄權衝突的國家和地區之間，最終的解決辦法往往都是「協商」，而協商的結果不外乎引渡（移交）或者進行刑事訴訟移管。131

（二）增加協助取證形式、應對取證難題

面對取證方面的困難，兩岸的政策考量固然不是本書所能探討，司法體制層面，亦非本節所要關注。但據瞭解，臺灣司法體制中的偵查權似乎存在著「兩張皮」現象，臺警方實際擁有的偵查權空間與法律的實際規定並不完全一致，即兩岸警務合作的重要性仍然不言而喻。而且臺灣也是跨境電信詐騙的重災區，從調研中我們間接瞭解到，臺灣警方與大陸合作的願望也非常迫切。以下擬從警務合作的、微觀的、操作的層面探討應對的策略：

1.派員調查取證

協助取證，從大的方面分類，就是委託取證、派員調查取證和聯合偵查三種形式。《南京協議》只規定了委託取證和聯合偵查（前述《南京協議》第5條規定的「合作協查、偵辦」即屬聯合偵查性質）兩種，沒有規定可以「派員調查取證」。目前實務中的「取證難」實指

「委託取證」難。「派員調查取證」，是指請求方的主管機關派員前往被請求方境內參加有關的調查取證活動。派員調查取證雖不具備「聯合偵查」的綜合性，但較之委託取證，更直接、更積極，屬更高層次的取證合作。只是派員調查取證中，對於被請求方而言，允許對方在其境內實施偵查權，似乎又有涉敏感性。調研得知，已經有警方為個案赴臺灣取證，但是不以偵查員的真實身分，具體操作中也與典型的「派員調查取證」有所區別，用的基本屬於「證據交換」、「個案研商」的名義。所以，從長遠的角度看，未來的兩岸司法互助中增加「派員調查取證」應該不是問題。當然，由於派員赴對岸取證的司法成本較高，所以一般重要的案件才採取這種方式。

2.遠程視頻取證

「遠程視頻取證」，指請求方司法機關在境內，透過衛星等電子傳送和視像播放系統，連線處於被請求方境內的證人、鑒定人或者其他有關人員，為相關案件作證的調查取證方式。遠程視頻取證的對象主要是被害人、證人、鑒定人。遠程視頻取證可以發生在法庭審理階段，也可以在偵查階段進行。特別是對於本方法律不要求證人必須出庭作證的請求方，在偵查階段透過遠程視頻取證，不僅完全能夠達到派員調查取證、或者委託調查取證相同的效果，而且將極大提高取證的效率，節約司法成本。《南京協議》雖然沒有明確遠程視頻取證的協助方式，但作為傳統取證方式的創新，「遠程視頻取證」並沒有突破兩岸取證合作的現有框架。實際上，兩岸警方在實務中已經不乏採用遠程視頻取證的案例了。[132]我們認為：便捷、直觀的遠程視頻取證應當成為兩岸取證互助的重要發展方向。

（三）標本兼治、破解追贓難題

追贓難的原因告訴我們，追贓是個更為複雜的問題，需要打防並舉，需要標本兼治：

1.相互認可刑事判決是罪贓移交協助的前提

基於前文贓款移交難的原因分析，破解追贓難題的前提已呼之欲出。海峽兩岸雖然表面上並不承認彼此的刑事判決，但其法治僅在各自控制的範圍內有效卻是事實。從《金門協議》到《南京協議》至今，兩岸司法互助的事實已經體現了對彼此判決一定程度的承認與執行，否則司法合作無從談起。1995年兩岸紅十字會草簽的《兩岸劫機犯遣返及相關事宜協議（草案）》第3條還明確規定了「一事不再理」的「遣返原則」，而「一事不再理」的前提即承認對方刑事判決的效力。《南京條約》第11條確立的「被判刑人移管」合作事項的前提也是認可對方的刑事判決。2010年10月，福建省與臺灣警方還合作率先開展了兩岸第一例移管（接返）被判刑人實踐。兩岸都贊同「一個中國」，也贊同政治問題與法律問題分別處理。從歷史和現實來看，兩岸之間，撇開敏感的主權問題，相互認可刑事判決的可能性存在。

2.實行協助費用「互免」原則的例外

從已經發生的跨境電信詐騙案看，大陸無疑是犯罪所得的流出方，臺灣是犯罪所得的流入方。從這個意義上說，目前，「罪贓移交」合作的需求基本上是單向的。這頗似當年的劫機犯罪：1980年代後期大陸不斷發生劫持飛機飛往臺灣的刑事犯罪後，大陸多次表達與臺灣方面就遣返劫機犯進行磋商的意向，但一直沒有得到回應。直到1997年，臺灣發生了劉善忠劫持臺灣航空器飛往大陸的案件後，雙向合作需求的產生才啟動劫機犯遣返的商談。根據《南京協議》確立的兩岸司法互助費用承擔的「互免」原則，雙方的追贓合作顯然並不對等，這不能不說也是兩岸尚未開創此項合作的重要原因。所以，既然犯罪所得是大陸流向臺灣，我們或可在《南京協議》規定的司法互助費用「互免」原則之外設定例外。

具體而言：《南京協議》第20條「協助費用」規定：「雙方同意

相互免除執行請求所生費用。」由於追繳犯罪所得是個非常複雜的過程，在「罪贓移交」之前，需要對「罪贓」進行追查、扣押（或查封、凍結）、透過法院的判決進行沒收等程序。在諸多合作環節中，還可能因為犯罪嫌疑人洗錢導致追查困難的現實問題。所以，《南京協議》約定的「罪贓移交」的司法互助，在協助費用承擔方面應有一個例外。即在將贓款返還給被害人之前，優先扣除被請求方在犯罪所得追繳過程中為偵查、起訴、審判而發生的合理費用。因為，客觀上被請求方追繳犯罪所得的行動還常常受限於有限的財政資源。如果給予一定的回報，不僅可以彌補被請求方為複雜的追繳行動耗費的大量財力，還有利於激勵被請求方，從而有利於追繳犯罪所得合作的迅速有效開展。

3.嚴厲打擊地下錢莊、加強警銀深度合作，杜絕贓款流出境外

詐騙犯罪的最終目的是獲得贓款。在偵破電信詐騙案件中，警方與其「拿著法律手續滿世界跑，到處找銀行查帳號」，不如設法杜絕贓款流出境外。

首先，地下錢莊是犯罪分子轉移贓款的樞紐和非法買賣外匯的網路中心。其經營者唯利是圖，通常不理會資金的來源。但是最高人民法院、最高人民檢察院《關於辦理詐騙刑事案件具體應用法律若干問題的解釋》規定，為電信詐騙提供「地下錢莊」服務的，以共犯論處，此為打擊電信詐騙犯罪提供了有力的法律利器。為有力配合電信詐騙案件的偵破，公安機關對於地下錢莊的涉案情報，要認真經營、聯合行動技術部門祕密監控，適時破案，徹底打擊，依法懲處。

其次，電信詐騙高度依賴銀行業務和現代通訊「兩個支點」，侵害的對象也都是銀行和電信的客戶。臺灣打擊電信詐騙的經驗也告訴我們，加強警方與銀行、電信兩大行業的深度合作才能從源頭上遏制犯罪。從贓款流轉的過程看，離不開「網銀」和銀行卡等現代金融工

具。實際上，從公安部到地方公安機關，已經嘗試從制度層面建立了與銀行業合作防範和阻斷被騙錢款轉移的措施，但是仍然面臨銀行開戶審查不嚴、資金監管薄弱、網銀轉帳不規範等問題。看來，警方與銀行之間深化合作，構建緊密、互動、制度化的合作關係，尚待時日。

中國歷史上還沒有和平統一的先例，在兩岸分隔多年，臺灣問題多少已被「國際化」的情形下，要實現兩岸的和平統一，其難度之大，實屬空前。當前，海峽兩岸和平發展的局面初步形成，但兩岸關係也正面臨著新的機遇和挑戰。要實現兩岸和平統一這一目標，不僅需要擴大交流，在經貿、文化等方面逐漸營造出兩岸實際對接的物質界面，更需要對兩岸關係未來的發展進行新的探索。司法作為介於政治和經濟之間的一個領域，其合作必有利於營造緩和的兩岸政治氣氛。而跨境電信詐騙作為兩岸之間最突出的犯罪現象，對其合作打擊或許正可以作為兩岸加強交流、增加政治互信的「切入點」。

結語

　　當前，海峽兩岸和平發展的局面初步形成，但兩岸關係也正面臨著新的機遇和挑戰。政治融合的前提是經濟、文化的融合，司法作為介於政治與經濟、文化之間的一個領域，其合作必有利於營造緩和的兩岸政治氣氛。因此，兩岸刑事司法互助是兩岸統一大業的重要組成部分和推動因素。要實現兩岸和平統一這一目標，不僅需要擴大交流，在經濟、文化等方面逐漸營造出兩岸實際對接的物質界面，更需要對兩岸刑事司法互助未來的發展進行新的探索。

　　作為世界上獨一無二的司法協助模式，海峽兩岸刑事司法互助沒有先例可循。在進行理論的創新和實踐的探索中，首先需要研究世界上最相類似的制度和模式；其次也應當觀照大陸與港、澳之間業已開展的刑事司法協助。雖然後者尚處於探索和磨合之中，某種意義上也與兩岸刑事司法互助同生共長。因此，本書參考、借鑑了世界上其他國家的區際刑事司法協助和大陸與港、澳之間區際刑事司法協助的文獻資料和研究成果。

　　《金門協議》之前，兩岸之間並沒有直接的刑事司法互助實踐，因此，有關研究也付之闕如。《金門協議》之後，理論界和實踐部門才開始探索兩岸刑事司法互助問題。但在2009年之前，有關著作和論文主要側重從區際民事司法互助和兩岸刑法的比較方面進行研究。如《區際衝突法研究》、《海峽兩岸交往中的法律問題研究》、《臺港澳刑法與大陸刑法比較研究》、《中國區際刑法專論》等。《南京協議》簽署後，相關研究得到一定拓展，但是主要成果還是體現在福建省、廣東省等一些機構和團體舉辦的各種論壇彙編的論文集。這些研究成果開闊了筆者的視野，也為本書提供了豐富的滋養。

本書第一章梳理了從《金門協議》到《南京協議》至今，海峽兩岸關係的發展與刑事司法互助的歷程，其次對《金門協議》和《南京協議》內容與意義進行了學理上的解讀。既是全書的導入，也試圖在開篇部分即對兩岸刑事司法互助進行全景展現。

根據寫作的思路，擬圍繞《南京協議》確立的兩岸刑事司法互助事項展開。但是，深入之後發現，《南京協議》雖然對刑事管轄權問題沒有規定，但是，海峽兩岸的刑事管轄權劃分是兩岸刑事司法互助中最根本的問題，是繞不過去的問題。所以在本書的第二章探討了這一問題，也提出瞭解決的基本思路。該思路也為本書確定了基本觀點，並體現在其他章節中。

從第三章開始，探討了兩岸刑事司法互助中的逃犯移交、文書送達、調查取證、罪贓移交、被判刑人移管等事項。雖然基本圍繞《南京協議》，但不侷限於《南京協議》。比如第七章的刑事訴訟移管，雖然《南京協議》同樣沒有就此達成一致，但選擇刑事訴訟移管作為本書不可或缺的一部分，主要是因為它可能是兩岸管轄權爭議、逃犯移交和罪贓移交等一系列司法互助難題的破解之道，而且已經在實踐中。此外，也沒有完全依照《南京協議》確定的範圍逐一進行專題研究。比如雙方聯絡機制、業務互訪、情報交流、人道探視等方面的內容，由於眾所周知的涉密因素，沒能納入本書的撰寫計劃，僅在一些章節中有零星體現，這也是筆者的遺憾之處。

此外，由於筆者身處公安院校的緣故，研究的視角主要側重於警務合作的角度。誠然，警務合作是刑事司法協助的初始階段，兩岸警務合作更是兩岸刑事司法互助最主要、最重要的承擔者。從這個意義上說，兩岸警務合作左右、甚至決定著兩岸合作打擊犯罪和司法協助的走向。所以，在本書的最後，專章論及警務合作，並以當前兩岸跨境犯罪最突出的案件類型為例，探討了兩岸刑事司法互助與合作打擊

跨境犯罪的對策。本意是想透過線性的呈現給讀者更直觀的印象，也表現出一種更貼近應用研究的努力。

　　本書雖題為「海峽兩岸刑事司法互助研究」，但受限於各種因素，其重點仍然只能放在大陸方面。兩岸相互開放和開展刑事司法互助的時間並不長，能有今天的局面已屬不易。雖然由於各個歷史階段的不同形勢，大陸對臺政策也有所不同，但是大陸和臺灣同屬一個中國的事實從來沒有改變，和平發展兩岸關係和實現祖國統一符合兩岸人民的共同利益。對兩岸刑事司法互助制度進行更加全面、深入的探討和細心的建構，是兩岸法學研究人員的共同職責，讓我們一起努力！

主要參考文獻

（一）圖書類

[1]趙秉志，新編國際刑法學[M]，北京：中國人民大學出版社，2004.

[2]趙秉志，陳弘毅.國際刑法與國際犯罪專題探索[C]，北京：中國人民公安大學出版社，2003.

[3]黃風，國際刑事司法合作的規則與實踐[M]，北京：北京大學出版社，2008.

[4]黃風，凌岩，王秀梅.國際刑法學[M]，北京：中國人民大學出版社，2007.

[5]黃風、趙林娜，國際刑事司法合作：研究與文獻[C]，北京：中國政法大學出版社社，2009.

[6]馬進保，中國區際偵查合作[M]，北京：群眾出版社，2003.

[7]黃風，引渡制度[M]，北京：法律出版社，1990.

[8]菲利，實證派犯罪學[M]，北京：中國政法大學出版社，1987.

[9]黃進，區際司法協助的理論與實務[M]，武漢：武漢大學出版社，1994.

[10]黃風，中國引渡制度研究[M]，北京：中國政法大學出版社，1997.

[11]趙秉志、黃曉亮.中國區際刑法專題整理[C].北京：中國人民公安大學出版社，2009.

[12]馬進保,中國區際偵查合作[M],北京:群眾出版社,2003.

[13]何帆,刑事沒收研究——國際法和比較法的視角[M],北京:法律出版社,2007.

（二）論文類

[1]趙秉志,黃曉亮.論中國區際刑事司法合作法律機制的構建——以〈海峽兩岸共同打擊犯罪及司法互助協議〉為切入點[A].中國法官協會、福建省法官協會.海峽兩岸司法實務研討會論文彙編[C].福州,2009。

[2]時延安,〈海峽兩岸共同打擊犯罪及司法互助協議〉之學理研究[A].中國法官協會、福建省法官協會.海峽兩岸司法實務研討會論文彙編[C].福州,2009.

[3]陳茂華,〈海峽兩岸共同打擊犯罪及司法互助協議〉的法律解讀[J].福建警察學院學報,2009,（6）。

[4]劉南男,郝宏奎.關於在〈海峽兩岸共同打擊犯罪及司法互助協議〉架內兩岸合作打擊犯罪機制構建的研究[J].公安研究,2010,（2）。

[5]李智,範兆城,論〈海峽兩岸共同打擊犯罪及司法互助協議〉對兩岸司法互助制度的影響[A].中國法官協會、福建省法官協會.海峽兩岸司法實務研討會論文彙編[C].福州,2009.

[6]陳雷,王君祥,論海峽兩岸司法合作新機制——從〈金門協議〉到〈海峽兩岸共同打擊犯罪及司法互助協議〉[A].中國法官協會、福建省法官協會.海峽兩岸司法實務研討會論文彙編[C].福州,2009。

[7]陳堅,兩岸刑事司法互助的歷史和最新展望——兼評〈海峽兩岸共同打擊犯罪及司法互助協議〉[A].中國法官協會、福建省法官協

會.海峽兩岸司法實務研討會論文彙編[C].福州,2009。

[8]鐘巧燕,試論兩岸刑事司法互助制度的構建[A].中國法官協會、福建省法官協會,海峽兩岸司法實務研討會論文彙編[C].福州,2009,(7)。

[9]陳樹良,周迪,海峽兩岸刑事司法實務協助問題研究[A].中國法官協會、福建省法官協會,海峽兩岸司法實務研討會論文彙編[C].福州,2009。

[10]林振通.兩岸區際刑事司法互助的實踐與思考[A].中國法官協會、福建省法官協會,海峽兩岸司法實務研討會論文彙編[C].福州,2009。

[11]時閩.論海峽兩岸共同打擊犯罪及司法互助——兼評〈海峽兩岸共同打擊犯罪及司法互助協議〉[A].中國法官協會、福建省法官協會.海峽兩岸司法實務研討會論文彙編[C].福州,2009。

[12]高泉和,兩岸刑事司法互助之研究[A].中國法官協會、福建省法官協會,海峽兩岸司法實務研討會論文彙編[C].福州,2009。

[13]陳光中,海峽兩岸刑事管轄權衝突及解決路徑[A].中國法官協會、福建省法官協會,海峽兩岸司法實務研討會論文彙編[C].福州,2009。

[14]趙秉志,肖中華,中國大陸與港澳地區刑事管轄權衝突的解決(上)[N].人民法院報,2003-2—24(3)。

[15]高銘暄,徐宏,海峽兩岸互涉犯罪管轄協調問題探討[A].中國法官協會、福建省法官協會,海峽兩岸司法實務研討會論文彙編[C].福州,2009。

[16]時延安.中國區際刑事管轄權衝突問題[N].法制日報,2003-7—

24（3）。

[17]時延安，中國區際刑法概念及基本體系[A].趙秉志、黃曉亮，中國區際刑法專題整理[C].北京：中國人民公安大學出版社，2009。

[18]陳泉生，海峽兩岸刑事訴訟法律的衝突及其解決途徑[J].臺灣研究集刊，1993，（3）。

[19]莫洪憲，鞏金麟，海峽兩岸的罪案刑事管轄——區際管轄權衝突視野下的考察[A].中國法官協會、福建省法官協會，海峽兩岸司法實務研討會論文彙編[C].福州，2009。

[20]高銘暄，趙秉志，海峽兩岸互涉刑事法律問題的宏觀探討[A].趙秉志、黃曉亮，中國區際刑法專題整理[C].北京：中國人民公安大學出版社，2009。

[21]梁庭標，劉小巧，試論中國區際刑事管轄權法律衝突[J].福建政法管理幹部學院學報，2003，（4）。

[22]李姍，論中國區際刑事管轄權的衝突及解決[J].四川教育學院學報，2004，（3）。

[23]楊方泉，大陸與港澳臺跨境犯罪二分法及其意義[J].政法學刊，1997，（4）。

[24]呂岩峰，李海瀅，國際刑事管轄權衝突的「適當法」觀照——來自國際私法學的借鑑[J].當代法學，2004，（7）。

[25]楊凱，當代中國區際刑事管轄衝突解決原則探討[J].湘潭大學學報（哲學社會科學版），2004，（3）。

[26]馬進保，中國區際移交逃犯制度新探[J].中國人民公安大學學

[27]皮修雁，論大陸與澳門間的司法協助[A].單長宗，中國大陸與澳門司法協助縱橫談[C].北京：人民法院出版社，1999。

[28]徐京輝,一國兩制框架下的中國區際刑事法律及刑事司法協助[A].趙秉志、何超明,中國區際刑事司法協助探索[C].北京:中國人民公安大學出版社,2002。

[29]黃風.關於「死刑不引渡」問題的探討[A].高銘暄、趙秉志.刑法論叢(第1卷)[C].北京:法律出版社,1998。

[30]周柏均,林秉文:中港移交逃犯協定研究[EB/OL].[2011-5-11].http://www.legco.gov.hk。

[31]徐京輝,「一國兩制」框架下的中國區際刑事法律及刑事司法協助——理論與實踐若干問題之探討[A].趙秉志,中國區際刑法問題專論[C].北京:中國人民公安大學出版社,2005。

[32]趙秉志,關於中國大陸與香港特別行政區建立刑事司法互助關係的研討[A].高銘暄、趙秉志:中國區際刑法與刑事司法協助研究[C].北京:中國方正出版社,2000。

[33]凌兵,大陸與香港刑事管轄權衝突及引渡問題研究[A].趙秉志:世紀大劫案:張子強案件及其法律思考——中國大陸與香港刑事管轄權衝突問題[C].北京:中國方正出版社,2000。

[34]趙國強,關於大陸與香港相互移交犯罪嫌疑人的幾點思考[A].一國兩制下的司法合作學術會議[C].香港:香港大學法律學院,1999。

[35]呂岩峰,中國區際刑事司法協助中的案犯移交問題[J].長春市委黨校學報,2000,(5)。

[36]胡陸生,李江海,國內不同法域逃犯移交問題的解決思路[J].法學論壇,2009,(9)。

[37]柯良棟,論中國區際移交逃犯應遵循的原則及模式[J].法學家,2008,(4)。

[38]柯良棟，大陸與澳門相互移交逃犯應遵循的原則論綱[A].國際區際刑事司法協助研究[C].澳門：澳門特區檢察院，2002。

[39]方泉，澳門與大陸移交逃犯的法律安排——兼議澳門＜刑事司法互助法＞的原則規定論[J].中國刑事法雜誌，2009，（7）。

[40]陳沛林，論香港特別行政區區際刑事司法協助的現狀與展望[J].法學雜誌，2008，（2）。

[41]賈宇，論大陸與港澳臺移交案犯合作[J].法律科學，1993，（2）。

[42]趙國強，論一國兩制下的移交逃犯機制[J].行政（澳門），2007，（4）。

[43]趙秉志，陳一榕，試論政治犯罪不引渡原則.[J]現代法學，2001，（2）。

[44]高艷平，美國適用政治犯不引渡原則的發展趨勢[J].政法論壇，1988，（6）。

[45]鄭淑娜，臺刊載文談政治犯罪[J].中國法學，1992，（2）。

[46]龐仕平，韓霖，論國家安全視野中的「政治犯罪」[J].國際關係學院學報，2006，（1）。

[47]吳景芳，兩岸共同打擊犯罪應有之做法[J].中興法學（臺北），1998，（44）。

[48]林錦村，論海峽兩岸之刑事司法協助[J].法令月刊（臺北），1996，（12）。

[49]柯葛壯，論兩岸刑事司法協助[A].趙秉志，黃曉亮：中國區際刑法專題整理[C].北京：中國人民公安大學出版社，2009。

[50]張憲初，談香港大陸區際民商事司法協助的幾個問題[A].北京國際法律大會：法律研討會論文集[C].北京：中國人民公安大學出版社，2005。

[51]趙秉志，陳一榕，試論政治犯罪不引渡原則[J].現代法學，2001，（2）。

[52]龐仕平，韓霖，論國家安全視野中的「政治犯罪」[J].國際關係學院學報，2006，（1）。

[53]周露露，歐盟引渡制度的新發展及對中國的啟示[J].法學，2003，（12）。

[54]楊柳，大陸與香港移交逃犯合作之法律障礙及對策分析[J].時代法學，2008，（4）。

[55]托爾斯泰·施泰因，國際恐怖主義和引渡權[A].當代聯邦德國國際法律論文集[C].北京：北京航空航天大學出版社，1992。

[56]劉道倫，兩岸共同打擊犯罪存在的問題及對策[J].福建法學，2009，（1）。

[57]王綽光，吳冠霆，由臺灣之證據法則論被告以外之人於大陸公安面前之陳述[A].中國法官協會、福建省法官協會，海峽兩岸司法實務研討會論文彙編[C].福州，2009。

[58]陳龍環，試論兩岸刑事取證協作制度的構建[A].中國法官協會、福建省法官協會，海峽兩岸司法實務研討會論文彙編[C].福州，2009。

[59]董武全，兩岸刑事司法實務互助機制之構建與展望[A].中國法官協會、福建省法官協會，海峽兩岸司法實務研討會論文彙編[C].福州，2009。

[60]陳朱貴，兩岸司法文書送達互助制度暨取證互助、證據採信制度之研究[A].中國法官協會、福建省法官協會，海峽兩岸司法實務研討會論文彙編[C].福州，2009。

[61]蔡麗賓，涉臺刑事案件證據認定之管見[A].中國法官協會、福建省法官協會，海峽兩岸司法實務研討會論文彙編[C].福州，2009。

[62]林雪標，涉臺刑事案件證據的調取與採信[A].中國法官協會、福建省法官協會，海峽兩岸司法實務研討會論文彙編[C].福州，2009。

[63]林建斌，兩岸刑事司法取證互助研究[A].中國法官協會、福建省法官協會，海峽兩岸司法實務研討會論文彙編[C].福州，2009。

[64]施建清，兩岸刑事司法取證互助、證據採信制度探析[A].中國法官協會、福建省法官協會，海峽兩岸司法實務研討會論文彙編[C].福州，2009。

[65]鮑艷，關於解送在押人員出國作證的有關規定[A].黃風、趙林娜、張磊，國際刑事司法合作：研究與文獻[C].北京：中國政法大學出版社：2009。

[66]張曉鳴，鮑艷，跨國視頻音頻取證問題初探[A].黃風、趙林娜、張磊，國際刑事司法合作：研究與文獻[C].北京：中國政法大學出版社：2009。

[67]周曉永，國際執法合作中的遠程視像取證[A].黃風、趙林娜、張磊，國際刑事司法合作：研究與文獻[C].北京：中國政法大學出版社：2009。

[68]胡淑朱，徐快華，兩岸司法文書送達互助制度探究[A].中國法官協會、福建省法官協會，海峽兩岸司法實務研討會論文彙編[C].福州，2009。

[69]朱新平，程明敏，兩岸訴訟文書送達問題研究[A].中國法官協會、福建省法官協會，海峽兩岸司法實務研討會論文彙編[C].福州，2009。

[70]陳燕萍，涉臺民事案件送達程序存在的問題及對策[A].中國法官協會、福建省法官協會，海峽兩岸司法實務研討會論文彙編[C].福州，2009。

[71]李太正，兩岸司法文書送達之回顧與展望[A].中國法官協會、福建省法官協會，海峽兩岸司法實務研討會論文彙編[C].福州，2009。

[72]黃風，來自國際反腐戰線的報告——＜聯合國反腐敗公約若干法律問題＞[N].法制日報，2003—8—21（4）。

[73]趙秉志，海峽兩岸間刑事案件移交和已決犯移管問題研究[A].趙秉志，中國區際刑法問題專論[C].北京：中國人民公安大學出版社，2005。

[74]黃風，關於追繳犯罪所得的國際司法合作若干問題研究[J].政治與法律，2002，（5）。

[75]高俊義，國際刑事司法協助中「犯罪資產分享」問題初探[J].公安研究，2005，（12）。

[76]張磊，澳大利亞2002年＜犯罪收益追繳法＞中的犯罪收益沒收制度[A].黃風，趙林娜，國際刑事司法合作：研究與文獻[C].北京：中國政法大學出版社，2009。

[77]張靜，劉炯，試論被沒收犯罪收益分享機制[A].黃風，趙林娜，國際刑事司法合作：研究與文獻[C].北京：中國政法大學出版社，2009。

[78]向黨，論國際偵查措施——追繳犯罪收益[J].公安研究，1998，

[79]張明，被判刑人移管研究[A].黃風，趙林娜，國際刑事司法合作：研究與文獻[C].北京：中國政法大學出版社，2009。

[80]趙秉志，中國大陸與港澳特區之間被判刑人移管機制構建探討[J].環球法律評論，2009，（5）。

[81]劉志偉，外國被判刑人移管的原則、條件及被判刑人移管程序研究[A].趙秉志，陳弘毅，國際刑法與國際犯罪專題探索[C].北京：中國人民公安大學出版社，2003。

[82]趙秉志，黃芳，香港特別行政區與外國移交被判刑人制度研究[A].趙秉志、陳弘毅，國際刑法與國際犯罪專題探索[C].北京：中國人民公安大學出版社，2003。

[83]徐吉童，被判刑人移管中的幾個理論與實踐問題探討[A].黃風，趙林娜，國際刑事司法合作：研究與文獻[C].北京：中國政法大學出版社，2009。

[84]劉志偉，左堅衛，外國被判刑人移管的原則、條件及程序探討[J].北京科技大學學報，2003，（1）。

[85]趙秉志，黃曉亮，港澳特區關於移交被判刑人的安排之考察與啟示[J].法學論壇，2009，（7）。

[86]黃風，中華人民共和國國際刑事司法協助法（立法建議稿）[J].法學評論，2008，（1）。

[87]吳仲柱，兩岸警務協作實踐與深化路徑[J].中國人民公安大學學報，2009，（3）。

[88]白俊華，海峽兩岸偵查程序中若干問題的比較[J].中國人民公安大學學報，2003，（3）。

[89]朱恩濤，加強警學研究，促進警務合作[A].中國警察協會，海

峽兩岸暨香港澳門警學研討會論文集[C].上海，2006。

[90]朱穗生，加強警務合作，打擊跨境犯罪——粵港澳臺四地警務合作的實踐與思考[A].中國警察協會,海峽兩岸暨香港澳門警學研討會論文集[C].上海，2006。

[91]王連蒲，海峽兩岸偵查制度比較研究[J].福建公安高等專科學校學報，2007，（3）。

[92]趙永琛，論區域警務合作[J].政法學刊，1999，（2）。

[93]閔劍，對當前國際警務合作方式的探討[J].上海公安高等專科學校學報，2005，（2）。

[94]張建良、熊安邦，中國區際警務合作模式的探析[J].雲南警官學院學報，2009，（1）。

[95]顧風高，鄭德明，建立互信民生為先務實合作——來關於加強海峽兩岸警務交流合作的幾點思考[J].公安學刊，2009，（6）。

[96]林德華.海峽兩岸共同打擊跨境詐欺犯罪對策探討[A].中國警察協會,海峽兩岸暨香港澳門警學研討會論文集[C].蘇州，2010。

[97]葉俊，周治國，深度警銀合作：電信詐騙犯罪的有效阻擊點[J].上海公安高等專科學校學報，2009，（12）。

[98]謝連焱，電信詐騙的防控體系研究[J].法制與社會，2011，（5）。

[99]林宜隆，張志岑等，VOIP網路電話詐欺的犯罪分析與防治因應對策之研究[A].中國警察協會,海峽兩岸暨香港澳門警學研討會論文集[C].蘇州，2010。

[1]2008年3月，承認「九二共識」的中國國民黨在新一屆臺灣領導人選舉中勝出，新領導人馬英九表示「兩岸同屬中華民族」。兩岸關係出現了新氣象，一度中斷的海協和海基會商談得以重啟。5月26日，中國國民黨副主席江丙坤當選臺灣海基會新任董事長。6月3日，海協第二屆理事會推舉原中共中央臺辦、國務院臺辦主任陳雲林為新會長。6月11日，海協會長陳雲林和海基會董事長江丙坤舉行第一次兩會領導人會談（即第一次「江陳會」），簽署《兩岸包機會談紀要》和《海峽兩岸關於大陸居民赴臺灣旅遊協議》，並就此後兩會制度化交流和協商等達成多項共識。同年11月3日，兩會領導人在臺北舉行第二次會談（即第二次「江陳會」），雙方簽署四項協議，內容涉及兩岸空運、海運、郵政與食品安全，四項協議推動兩岸「三通」基本實現。2009年4月26日兩會領導人在南京舉行第三次會談（即第三次「江陳會」），簽署《海峽兩岸共同打擊犯罪及司法互助協議》。

[2]參見林其旺：《兩岸共同打擊犯罪將有具體進展——第三次「江陳會」有望將簽署相關協議》，載《法制日報》2009年4月24日。

[3]在第三次「江陳會」後，臺灣「陸委會」發言人劉德勛透露，「陸委會」擬在臺灣駐澳門的「澳門事務處」增設刑事聯絡官，以強化澳門在兩岸共同打擊犯罪時，遣返通緝犯的角色。[EB/OL].（2009-5-11）[2010-11-5].http://www.stnn.cc.

[4]參見劉暢，張勇：《兩岸法學專家法律界人士解讀＜海峽兩岸共同打擊犯罪及司法互助協議＞》，載《法制日報》，2009年4月28日。

[5]臺灣方面認為張慶國、龍貴雲已由臺灣「行政院」以專案透過准許兩人留臺，因此在後來計算大陸應遣返的劫機犯名單中只有餘下的18人（也不包括卓長仁等6人）。

[6]「在單向需求的情況下,正如市場交易中稀缺資源的供應者會採取待價而沽的策略那樣,沒有需求的一方會以問題的解決為籌碼要求另一方接受不合理的條件,這會導致問題的久拖不決。但是當需求是雙向的情況下,就會出現非解決問題不可的態勢。兩岸劫機犯遣返問題的解決自然也難以逃脫上述事件的發生,恰好打破了單向需求造成的僵持局面,並為問題的解決帶來轉機。」載《兩岸關係》月刊,1997年7月總第25期。

[7]參見陳光中:《海峽兩岸刑事管轄權衝突及解決路徑》,載《海峽兩岸司法實務研討會論文彙編》(福州),2009年7月。

[8]或稱海峽兩岸互涉犯罪。筆者認為「跨境犯罪」的稱法更準確,所以本書採「跨境犯罪」說。

[9]這類跨境犯罪還不包括涉港澳和外國因素,如果犯罪主體中還有港澳居民或者外國人、或者犯罪地涉及港澳和其他國家,情況就更複雜了。

[10]參見時延安:《中國區際刑法概念及基本體系》,載趙秉志、黃曉亮主編:《中國區際刑法專題整理》,中國人民公安大學出版社,2009年1月出版。

[11]參見時延安:《中國區際刑法概念及基本體系》,載趙秉志、黃曉亮主編:《中國區際刑法專題整理》,中國人民公安大學出版社,2009年1月出版。

[12]這裡的基本原則實際上也是海峽兩岸司法互助的基本原則。

[13]趙秉志先生認為「屬地原則」、「屬人原則」、「保護原則」和「普遍原則」是國際法的概念,不應適用於中國國內區際刑事管轄權衝突的解決,主張用「地域原則」的概念來代替「屬地原則」。參見趙秉志、肖中華:《中國大陸與港澳地區刑事管轄權衝突的解決

（上）》，載《人民法院報》，2003年2月24日。時延安先生回應認為：沒有必要考察這些國際法原則的深層內涵，但是仍可以借鑑相通的原理來解決相似的問題。參見時延安：《中國區際刑事管轄權衝突問題》，載《法制日報》，2003年7月24日。筆者贊同後者。

[14]參見趙秉志、肖中華：《中國大陸與港澳地區刑事管轄權衝突的解決（上）》，載《人民法院報》，2003年2月24日。

[15]參見陳光中：《海峽兩岸刑事管轄權衝突及解決路徑》，載《海峽兩岸司法實務研討會論文彙編》（福州），2009年7月。

[16]參見楊凱：《當代中國區際刑事管轄衝突解決原則探討》，載《湘潭大學學報（哲學社會科學版）》，2004年第3期。

[17]以著名的洛克比空難案為例，該案的最終解決即是「個案協商」結果——1988年12月21日，美國泛美航空公司一架波音747客機從德國法蘭克福經倫敦飛往紐約時，在蘇格蘭的洛克比上空發生爆炸，共造成270人死亡。1990年秋天，由美英兩國情報機構組成的調查組認定洛克比空難系利比亞人哈利法·弗希邁和阿卜杜勒·巴賽特·阿里·麥格拉希所為。根據《關於制止危害民用航空安全的非法行為的公約》，美國作為航空器登記國、英國作為犯罪發生地和航空器著陸地國、利比亞作為案犯國籍國均主張管轄權。然而該案最後是美、英、利比亞之間經過漫長的政治磋商，最終決定在海牙按照蘇格蘭法律審理。轉引自呂岩峰、李海瀅：《國際刑事管轄權衝突的「適當法」觀照——來自國際私法學的借鑑》，載《當代法學》，2004年第7期。作者在文中還表達了這樣的觀點：國際刑事管轄權本身就是敏感的問題，往往最後爭議的解決「不是國際法院裁判的結果，更不是我們殷殷期盼的適當法的適用，而只是國家間政治協商的產物。」

[18]參見趙秉志主編：《新編國際刑法學》，中國人民大學出版社，2004年6月第1版，第361頁。

[19]參見胡陸生、李江海：《國內不同法域逃犯移交問題的解決思路》，載《法學論壇》，2009年第9期。

[20]參見馬進保：《中國區際移交逃犯制度新探》，載《中國人民公安大學學報》，2002年第6期。

[21]在福建「遠華」特大走私案中，主要犯罪嫌疑人賴昌星出逃加拿大。由於中國與加拿大沒有簽署引渡條約，所以引渡賴昌星面臨重重困難，中國主管機關正設法使加拿大主管機關透過遣返非法移民的方式將其移交中國。

[22]參見皮修雁：《論大陸與澳門間的司法協助》，載單長宗主編：《中國大陸與澳門司法協助縱橫談》，人民法院出版社，1999年出版，第59頁；徐京輝：《「一國兩制」框架下的中國區際刑事法律及刑事司法協助》，載趙秉志、何超明主編：《中國區際刑事司法協助探索》，中國人民公安大學出版社，2002年出版，第13頁。

[23]根據被請求引渡人所處的訴訟階段，引渡可以分為訴訟引渡和執行引渡。前者所針對的是處於偵查、預審或者審判階段的犯罪嫌疑人或者被告人；後者所針對的則是已經被判處刑罰或者正在執行刑罰的人。參見黃風、凌岩、王秀梅著：《國際刑法學》，中國人民大學出版社，2007年版，第193頁。

[24]大陸與港澳之間官方一般稱「逃犯移交」，新聞報導有稱「逃犯移交」，也有稱「遣返」。包括「逃犯移交」在內的海峽兩岸的司法互助與大陸與港澳之間的司法互助不同之處在於，港澳已經回歸，但兩岸尚未統一。

[25]蔣安杰、郭宏鵬、劉百軍：《第二屆「海峽兩岸司法實務研討會」碩果纍纍》，載《法制日報》，2010年8月4日。

[26]參見黃風：《中國引渡制度研究》，中國政法大學出版社，

1997年出版,第912頁。

[27]受政治庇護權有著不遭受遣返或者引渡的權利,但是政治庇護不是專門針對引渡的刑事保護制度,而是普遍適用於外國人的一種政治保護制度。在很多西方國家,引渡主要屬於司法範疇的事項,而庇護則屬於行政範疇的事項。

[28]分別參見:《關於偵察、逮捕、引渡和懲治戰爭罪犯和危害人類罪犯的國際合作原則》,《關於防止和懲處侵害應受國際保護人員包括外交代表的罪行的公約》,《防止及懲治種族滅絕罪公約》及《禁止並懲治種族隔離罪行國際公約》,《禁止酷刑和其他殘忍、不人道或有辱人格的待遇或處罰公約》,《關於在航空器內的犯罪和其他某些行為的公約》、《關於非法劫持航空器公約》及《關於制止危害民用航空安全的非法行為的公約》。

[29]參見黃風:《關於「死刑不引渡」問題的探討》,載高銘暄、趙秉志主編:《刑法論叢》(第1卷),法律出版社,1998年出版,447-458頁。

[30]參見周柏均、林秉文:《中港移交逃犯協定研究》,第18頁。網址:http://www.legco.gov.hk。

[31]分別參見《引渡法》第8條「外國向中華人民共和國提出的引渡請求,有下列情形之一的,應當拒絕引渡」:第(二)項「在收到引渡請求時,中華人民共和國的司法機關對於引渡請求所指的犯罪已經作出生效判決,或者已經終止刑事訴訟程序的」;第(五)項「根據中華人民共和國或者請求國法律,引渡請求所指的犯罪純屬軍事犯罪的」;第(六)項「根據中華人民共和國或者請求國法律,在收到引渡請求時,由於犯罪已過追訴時效期限或者被請求引渡人已被赦免等原因,不應當追究被請求引渡人的刑事責任的」;第(七)項「被請求引渡人在請求國曾經遭受或者可能遭受酷刑或者其他殘忍、不人

道或者有辱人格的待遇或者處罰的」；第（八）項「請求國根據缺席判決提出引渡請求的。但請求國承諾在引渡後對被請求引渡人給予在其出庭的情況下進行重新審判機會的除外」。

[32]參見趙秉志：《關於中國大陸與香港特別行政區建立刑事司法互助關係的研討》，載高銘暄、趙秉志主編：《中國區際刑法與刑事司法協助研究》，中國方正出版社，2000年出版，第73-74頁；趙國強：《關於大陸與香港相互移交犯罪嫌疑人的幾點思考》，載《一國兩制下的司法合作學術會議》，香港大學法律學院1999年出版，第6頁。

[33]參見趙秉志：《關於中國大陸與香港特別行政區建立刑事司法互助關係的研討》，載高銘暄、趙秉志主編：《中國區際刑法與刑事司法協助研究》，中國方正出版社，2000年出版，第71-72頁；趙國強：《關於大陸與香港相互移交犯罪嫌疑人的幾點思考》，載《一國兩制下的司法合作學術會議》，香港大學法律學院1999年出版，第5頁。

[34]參見周柏均、林秉文《中港移交逃犯協定研究》，第61-78頁。網址：http://www.leg-co.gov.hk。

[35]參見趙國強：《論一國兩制下的移交逃犯機制》，載《行政》（澳門），2007年第4期。

[36]以上引自方泉：《澳門與大陸移交逃犯的法律安排——兼議澳門〈刑事司法互助法〉的原則規定》，載《中國刑事法雜誌》，2009第7期。

[37]參見周柏均、林秉文：《中港移交逃犯協定研究》，第24-30頁。網址：http://www.leg-co.gov.hk。

[38]其中，大陸接受劫機犯罪嫌疑人5批18人，向臺灣遣返劫機犯

罪嫌疑人1批1人。此外，2007年1月25日、26日大陸順利完成向臺灣遣返陳益華、薛球、李漢揚、李金瓚和黃玉蘭、楊介文兩個電信詐騙團夥要犯，在海峽兩岸引起了很大反響。國務院臺灣事務辦公室舉行例行新聞發布會[EB/OL].（2009-02-011）[2010-08-23].http://www.china.com.cn.

[39]參見陳夢婕：《我省警方快速遣返白鴻森創兩岸新紀錄》，載《福建日報》，2010年3月8日。

[40]參見黃風：《引渡制度》，法律出版社，1990年出版，第156-160頁。

[41]參見菲利：《實證派犯罪學》，中國政法大學出版社，1987年出版，第36頁。

[42]參見黃風、凌岩、王秀梅著：《國際刑法學》，中國人民大學出版社，2007年版，第188頁。

[43]參見黃進：《區際司法協助的理論與實務》，武漢大學出版社，1994年版，第127頁；呂岩峰：《中國區際刑事司法協助中的案犯移交問題》，載《長春市委黨校學報》，2000年第5期。

[44]參見賈宇：《論大陸與港澳臺移交案犯合作》，載《法律科學》，1993年第2期。

[45]參見方泉：《澳門與大陸移交逃犯的法律安排——兼議澳門＜刑事司法互助法＞的原則規定》，載《中國刑事法雜誌》，2009年第7期。

[46]「兩岸之間協助緝捕和移交案犯，在形式上雖與國家之間的引渡有相似之處，但其性質顯然不同。」參見柯葛壯：《論兩岸刑事司法協助》，載趙秉志，黃曉亮編著：《中國區際刑法專題整理》，中國人民公安大學出版社，2009年出版，第156-157頁；「與會者認為，

中國區際刑事司法協助中的案犯移交與國際刑事司法協助中的引渡，性質不同，問題相似。」參見蔣安杰，郭宏鵬，劉百軍：《第二屆「海峽兩岸司法實務研討會」碩果纍纍》，載《法制日報》，2010年8月4日；中國外交部條法司參贊徐宏認為，現有的司法協助安排「基本上是參照國際的做法，區際特色不夠明顯，有的甚至比國際的做法更加嚴格。」參見香港大學法學院副院長張憲初：《談香港大陸區際民商事司法協助的幾個問題》，載北京國際法律大會《法律研討會論文集》，2005年9月，第66頁。

[47]「政治犯罪」與「政治犯」（political prisoner）是兩個概念：後者是意識形態的概念，指的是被關押的人。其中，「犯」是指「被囚禁的人」，即英文的「prisoner」而不是「offender（罪犯）」。

[48]參見趙秉志，陳一榕：《試論政治犯罪不引渡原則》，載《現代法學》，2001年第2期。

[49]卡斯蒂奧尼案件（Castioni case）是1891年發生在英國和瑞士之間的關於政治犯罪不引渡的著名案例。1890年9月瑞士的一個州發生政治起義，在群眾向州政府大廈進攻時，他們的首領之一雷·卡斯蒂奧尼開槍打死了一名政府官員。起義失敗後，卡斯蒂奧尼逃到英國。瑞士政府根據兩國間的引渡條約，要求英國逮捕並引渡卡斯蒂奧尼。英國政府根據其1870年《引渡法》第3條的規定，認為該罪行是由政治動亂引起，並認為是政治動亂的一部分，屬於政治性質的罪行，拒絕引渡並指出：在政治起義的過程中和促進政治起義中犯下的普通罪行，應被視為政治犯罪。雷·卡斯蒂奧尼案後來成為英美法系國家在判斷某一行為是否具有政治特點時參照的主要判例之一。參見趙秉志主編：《新編國際刑法學》，中國人民大學出版社，2004年版，第388頁。

[50]參見龐仕平，韓霖：《論國家安全視野中的「政治犯罪」》，載《國際關係學院學報》，2006年第1期。

[51]英國國際法學者奧本海在其《國際法》一書中語。轉引自趙秉志主編：《新編國際刑法學》，中國人民大學出版社，2004年版，第387頁。

[52]引自托爾斯泰·施泰因：《國際恐怖主義和引渡權》，載《當代聯邦德國國際法律論文集》，北京航空航天大學出版社，1992年出版，第320-321頁。

[53]雖然該公約同時允許締約國透過保留的方式排除第5條第1款規定的適用，但還規定無論如何不得將恐怖主義犯罪、共謀及有組織犯罪視為政治犯罪。

[54]引自周露露：《歐盟引渡制度的新發展及對中國的啟示》，載《法學》，2003年第12期。

[55]「政治迫害」條款是政治犯罪不引渡原則的補充和引申條款，其內容一般為：被請求方有充分理由認為請求方提出的引渡請求旨在對被請求引渡人因其種族、宗教、國籍、性別、政治見解（或者政治信仰）等原因而提起刑事訴訟或者執行刑罰，或者被請求引渡人在司法程序中的地位將會因上述原因受到損害，便不應予以引渡。參見黃風著：《國際刑事司法合作的規則與實踐》，北京大學出版社，2008年7月第1版，第117頁。

[56]「政治犯罪」這一概念在中國的法律文件和與外國簽訂的雙邊條約中的表述經歷了一個過程：相繼採用了「犯罪具有政治性質」、「因為政治原因的犯罪」、「政治犯罪或與之有關的犯罪」、「政治性質的犯罪」等表述。

[57]臺灣對外簽訂的「引渡條約」主要使用「政治性犯罪」、「政治性罪行」、或所涉犯罪「具有政治性質」等。如1994年4月12日簽訂的「中華民國與馬拉威共和國間引渡條約」第4條：規定「引渡請求所

涉及之犯罪行為，如被請求國認系屬政治性犯罪者，得拒絕之。」

[58]《金門協議》第1條「遣返原則」規定：「應確保遣返作業符合人道精神與安全便利的原則」。《南京協議》第6條「人員遣返」規定：「雙方同意依循人道、安全、迅速、便利原則，在原有基礎上，增加海運或空運直航方式，遣返刑事犯、刑事嫌疑犯，並於交接時移交有關證據（卷證）、簽署交接書。」

[59]參見趙秉志主編：《新編國際刑法學》，中國人民大學出版社，2004年6月第1版，第378頁。

[60]對於逃犯移交，《金門協議》和《南京協議》均使用了「遣返」一詞；而且《金門協議》約定的「遣返」對象還包括「違反有關規定進入對方地區的居民」。

[61]如臺灣學者吳景芳、林錦村認為在兩岸逃犯移交的司法互助中，拒絕提供協助的理由可有政治犯罪等。參見吳景芳：《兩岸共同打擊犯罪應有之做法》，載《中興法學》（臺灣），1998年第44期；林錦村：《論海峽兩岸之刑事司法協助》，載《法令月刊》（臺灣），1996年第12期。大陸學者對此基本持否定態度，如柯良棟：《論中國區際移交逃犯應遵循的原則及模式》，載《法學家》，2008年第4期；賈宇：《論大陸與港澳臺移交案犯合作》，載《法律科學》，1993年第2期；方泉：《澳門與大陸移交逃犯的法律安排——兼議澳門＜刑事司法互助法＞的原則規定》，載《中國刑事法雜誌》，2009年第7期；馬進保著：《中國區際偵查合作》，群眾出版社，2003年出版，第335-342頁。

[62]參見趙秉志，陳一榕：《試論政治犯罪不引渡原則》，載《現代法學》，2001年第2期。

[63]參見劉暢，張勇：《兩岸法學專家法律界人士解讀＜海峽兩岸

共同打擊犯罪及司法互助協議＞》，載《法制日報》，2009年4月28日。

[64]詳見1993年3月22日任建新在第八屆全國人民代表大會第一次會議上所作《最高人民法院工作報告》「第五部分：關於涉外和涉港澳、涉臺案件的審判工作」。

[65]參見胡淑朱，徐快華：《兩岸司法文書送達互助制度探究》，朱新平，程明敏：《兩岸訴訟文書送達問題研究》，陳燕萍：《涉臺民事案件送達程序存在的問題及對策》，載海峽兩岸司法實務研討會組委會編：《海峽兩岸司法實務研討會論文彙編》，2009年7月，福州。

[66]參見劉永良，江金峰：《海基會致函永定法院：感謝送達法律文書》，載《福建日報》，2008年5月6日。

[67]參見臺灣李太正：《兩岸司法文書送達之回顧與展望》，載海峽兩岸司法實務研討會組委會編：《海峽兩岸司法實務研討會論文彙編》，2009年7月，福州。

[68]《國際刑法學》一書認為：既然民商事司法文書不能採用郵寄的方式送達，刑事訴訟文書就更不能在中國採用郵寄的方式送達。參見黃風，凌岩，王秀梅：《國際刑法學》，中國人民大學出版社，2007年7月第1版，第298頁。

[69]參見劉道倫：《兩岸共同打擊犯罪存在的問題及對策》，載《福建法學》，2009年第1期。

[70]參見劉道倫：《兩岸共同打擊犯罪存在的問題及對策》，載《福建法學》，2009年第1期。

[71]臺灣的「刑事訴訟法」第180條：「證人有下列情形之一者，得拒絕證言：一現為或曾為被告或自訴人之配偶、直系血親、三親等

內之旁系血親、二親等內之姻親或家長、家屬者。二與被告或者自訴人訂有婚約者。三現為或者曾為被告或自訴人之法定代理人或現由或曾由被告或自訴人為其法定代理人者。對於共同被告或自訴人中一人或數人有前項關係，而就僅關於他共同被告或他共同自訴人之事項為證人者，不得拒絕證言。」第181條：「證人恐因陳述致自己或與其有前條第1項關係之人受刑事追訴或者處罰者，得拒絕證言。」第182條：「證人為醫師、藥師、助產士、宗教師、律師、辯護人、公證人、會計師或其業務上佐理人或曾任此等職務之人，就其因業務所知悉有關他人祕密之事項受訊問者，除經本人允許者外，得拒絕證言。」第185條第2項：「證人與被告或自訴人有第180條第1項之關係者，應告以得拒絕證言。」第186條第2項：「證人有第181條之情形者，應告以得拒絕證言。」

[72]參見董武全：《兩岸刑事司法實務互助機制之構建與展望》，載海峽兩岸司法實務研討會組委會編：《海峽兩岸司法實務研討會論文彙編》，福州，2009年7月。

[73]參見董武全：《兩岸刑事司法實務互助機制之構建與展望》，載海峽兩岸司法實務研討會組委會編：《海峽兩岸司法實務研討會論文彙編》，福州，2009年7月。

[74]參見臺灣王綽光、吳冠霆：《由臺灣之證據法則論被告以外之人於大陸公安面前之陳述》，載海峽兩岸司法實務研討會組委會編：《海峽兩岸司法實務研討會論文彙編》，福州，2009年7月出版。

[75]《中華人民共和國刑事訴訟法》第47條：「證人證言必須在法庭上經過公訴人、被害人和被告人、辯護人雙方訊問、質證，聽取各方證人的證言並且經過查實以後，才能作為定案的根據。」《最高人民法院關於執行＜中華人民共和國刑事訴訟法＞若干問題的解釋》[19980902]第58條：「證據必須經過當庭出示、辨認、質證等法庭調查

程序查證屬實，否則不能作為定案的根據。對於出庭作證的證人，必須在法庭上經過公訴人、被害人和被告人、辯護人等雙方詢問、質證，其證言經過審查確實的，才能作為定案的根據；未出庭證人的證言宣讀後經當庭查證屬實的，可以作為定案的根據。」

[76]參見周斌：《兩岸警方同步收網抓獲451人電信詐騙團夥》，載《法制日報》，2010年8月26日。

[77]《南京協議》第15條「不予協助」：「雙方同意因請求內容不符合己方規定或執行請求將損害己方公共秩序或善良風俗等情形，得不予協助，並向對方說明。」第14條「執行請求」第二款：「若執行請求將妨礙正在進行之偵查、起訴或審判程序，可暫緩提供協助，並及時向對方說明理由。」第三款：「如無法完成請求事項，應向對方說明並送還相關資料。」

[78]《南京協議》第4條「合作範圍」第一款：「雙方同意採取措施共同打擊雙方均認為涉嫌犯罪的行為。」

[79]也有學者認為：聯合偵查，又稱聯合調查，表現為兩個以上的國家為了打擊涉及它們各自刑事司法管轄的犯罪活動而組建共同的臨時偵查機構，共同開展有關的偵查和取證活動。因此，其特點之一是合作主體的廣泛性。它不再限定以司法機關為合作主體，公共安全機關、稅務稽查機關、經濟或者金融等監管機關等執法機關，均可以藉助聯合調查的形式開展針對有關違法犯罪活動的先期調查。也許正是出於這樣的考慮，《聯合國打擊跨國有組織犯罪公約》和《聯合國反腐敗公約》沒有將「聯合調查」制度放在「司法協助」條款中規定，而是單獨加以規範。《聯合國反腐敗公約》更是有意將其放在了「執法合作」條款之後。所以「聯合調查」既可以適用於司法協助，也適用於執法合作。參見黃風、凌岩、王秀梅：《國際刑法學》，中國人民大學出版社，2007年7月第1版，第314-315頁。筆者認為，在中文

中，聯合調查或者聯合偵查的概念是不同的，前者的主體包括了執法部門，但是後者的主體應當僅限享有偵查職能的刑事司法機關，本書所探討的聯合偵查指後者。

[80]為開展聯合偵查目的而組建的臨時機構一般被稱為「聯合偵查組」。聯合偵查組由組長、組員和附屬組員組成。組長應當由調查活動開展地國家從本國主管機關的官員中選派。隨著調查從一國轉移到另一國，組長相應地也改由另一國的主管機關官員擔任。組員來自於調查活動開展地國家的主管機關，附屬組員則來自調查活動開展地以外國家的主管機關。

[81]參見臺灣王綽光、吳冠霆：《由臺灣之證據法則論被告以外之人於大陸公安面前之陳述》，載海峽兩岸司法實務研討會組委會編：《海峽兩岸司法實務研討會論文彙編》，福州，2009年7月出版。

[82]參見張曉鳴，鮑艷：《跨國視頻音頻取證問題初探》，載黃風，趙林娜主編：《國際刑事司法合作：研究與文獻》，中國政法大學出版社，2009年2月出版，第72-87頁。

[83]實際上，上個世紀跨海峽之間還有私渡問題，但是私渡情況比較複雜，其中大部分並不涉及犯罪。在《金門協議》中，兩岸商定統一將私渡行為稱為「違反有關規定進入對方地區」。

[84]參見張磊：《澳大利亞2002年＜犯罪收益追繳法＞中的犯罪收益沒收制度》，載黃風、趙林娜主編：《國際刑事司法合作：研究與文獻》，中國政法大學出版社，2009年2月第1版，第158頁；向黨《論國際偵查措施——追繳犯罪收益》，載《公安研究》，1998年第3期。黃風、凌岩、王秀梅著：《國際刑法學》，中國人民大學出版社，2007年出版，第318-331頁。

[85]關於犯罪所得，1990年1月8日《關於洗錢、搜查、扣押、沒收

犯罪所得的公約》規定，係指源於刑事犯罪的任何收益。

[86]「追繳犯罪收益」是指有關國際的警察機構或者其他司法機構在懲治國際犯罪活動中，對犯罪分子在國際間轉移的非法收入聯合採取的追查、凍結或扣留及沒收等一系列措施。參見向黨：《論國際偵查措施——追繳犯罪收益》，載《公安研究》，1998年第3期。

[87]參見張靜；劉炯：《試論被沒收犯罪收益分享機制》，載黃風、趙林娜主編：《國際刑事司法合作：研究與文獻》，中國政法大學出版社，2009年2月第1版，第139頁。

[88]目前僅見《中華人民共和國禁毒法》第57條規定：在國際禁毒合作中可以與外國分享被沒收犯罪所得。

[89]參見趙秉志主編：《新編國際刑法學》，中國人民大學出版社，2004年6月第1版，第416頁。

[90]參見何帆：《刑事沒收研究——國際法和比較法的視角》，法律出版社，2007年版，第177-178頁。

[91]參見張靜；劉炯：《試論被沒收犯罪收益分享機制》，載黃風、趙林娜主編：《國際刑事司法合作：研究與文獻》，中國政法大學出版社，2009年2月第1版，第139頁。

[92]在國際司法協助中的，賠償被害人損失可以直接作為處置的方式之一，也可以包括在「返還」內，即先返還給財產來源國，再由來源國在返還的財產中對被害人進行賠償。

[93]如1999年《聯合國制止向恐怖主義提供資助的國際公約》第8條第3款指出，「每一個有關締約國得考慮同其他締約國締結協定，在經常性或逐案的基礎上，分享執行本條所述沒收而取得的資金。」2000年《聯合國打擊跨國有組織犯罪公約》也使用這一概念並做了類似規定。在《聯合國反腐敗公約》的談判過程中，針對腐敗犯罪所得

是否分享，由於各國分歧較大，導致最後的條文作了妥協，沒有明確規定分享制度，但在其第57條第5款規定：「在適當情況下締約國還可以特別考慮就所沒收財產的最後處分逐案訂立協定或共同接受的安排。」2005年《聯合國關於分享沒收的犯罪所得或財產的示範協定》更是明確將「分享」一詞置於文件的名稱中，以13個條款的篇幅對犯罪所得分享進行了詳細的規定。《美洲國家反腐敗公約》第15條第2款指出，在一國國內法允許的情況下，一國可以將部分或者全部沒收財產轉移到另一個在調查或訴訟中提供了協助的國家。美洲防止毒品濫用管制委員會《關於與販賣毒品和其他嚴重犯罪有關的洗錢犯罪管理規定》第7條d款指出：根據第5條沒收的，法院或其他權力機構可以根據法律規定，將不必銷毀並對公眾無害的財產或工具，與參與或協助沒收這些財產的調查或法律程序的國家，按照其相應的參與程度進行分享。旨在促進英聯邦國家間在刑事司法領域合作的《關於雙邊刑事司法協助的哈拉雷計劃》第28條第3款指出：被請求方可以將被沒收的財產返還給請求方，或者按照其認為合理的比例與請求方進行分享。反對洗錢金融行動特別工作組「四十條建議」的第38條指出：各國主管部門應迅速採取行動，回應外國提出的識別、凍結、扣押和沒收被清洗財產、洗錢或其上游犯罪的收益、用於或企圖用於實施這些犯罪的工具或同等價值的財產的請求；各國還應協調扣押和沒收的程序的法律協議，其中可以包括對沒收資產的分享。美國是世界上犯罪所得流入的主要國家之一，目前美國在國內法上對「被沒收犯罪所得分享制度」規定得較為完善，2005年《聯合國關於分享沒收的犯罪所得或財產的示範協定》的草案即由美國提交，其也是世界上最善於運用「被沒收犯罪所得分享制度」的國家之一。其他在國內法上已經建立「被沒收犯罪所得分享制度」的國家還有：英國、瑞士、澳大利亞、加拿大、巴哈馬、巴西、格林納達、列支敦士登、墨西哥等。參見參見張靜；劉炯：《試論被沒收犯罪收益分享機制》，載黃風、趙林娜

主編：《國際刑事司法合作：研究與文獻》，中國政法大學出版社，2009年2月第1版，第139頁。

[94]參見黃風：《來自國際反腐戰線的報告——＜聯合國反腐敗公約＞》若干法律問題》，載《法制日報》，2003年8月21日。

[95]《南京協議》第10條「協助費用」規定：「雙方同意相互免除執行請求所生費用，但請求方應負擔下列費用：（一）鑒定費用；（二）筆譯、口譯及謄寫費用；（三）為請求方提供協助之證人、鑒定人，因前往、停留、離開請求方所生之費用；（四）其他雙方約定之費用。」

[96]參見黃風：《關於追繳犯罪所得的國際司法合作若干問題研究》，載《政治與法律》，2002年第5期。

[97]《南京協議》第10條「裁判認可」：「雙方同意基於互惠原則，於不違反公共秩序或善良風俗之情況下，相互認可及執行民事確定裁判與仲裁裁決（仲裁判斷）。」

[98]參見張靜；劉炯：《試論被沒收犯罪收益分享機制》，載黃風、趙林娜主編：《國際刑事司法合作：研究與文獻》，中國政法大學出版社，2009年2月第1版，第154頁。

[99]趙秉志主編：《新編國際刑法學》，中國人民大學出版社，2004年6月第1版，第419頁。

[100]「刑事管轄權的轉移」，參見趙秉志主編：《中國區際刑法問題探索》，法律出版社，2002年版，第136頁。「刑事案件移交」，參見趙秉志撰：《海峽兩岸間刑事案件移交和已決犯移管問題研究》，載趙秉志主編：《中國區際刑法問題專論》，中國人民公安大學出版社，2005年3月第1版，第295-339頁；「刑事訴訟程序移管」，參見趙秉志主編：《新編國際刑法學》，中國人民大學出版社，2004

年6月第1版，第419-424頁；「刑事訴訟移管」，參見黃風、凌岩、王秀梅著：《國際刑法學》，中國人民大學出版社，2007年版，第332-340頁。

[101]「或引渡或起訴原則」的含義是：對於國際公約或者國際條約所規定的犯罪，一締約國接到另一締約國提出關於引渡犯罪嫌疑人的請求時必須作出這樣的選擇：或者對被請求引渡人實行引渡，或者將其移交本國司法機關進行追訴和審判。參見黃風、凌岩、王秀梅著：《國際刑法學》，中國人民大學出版社，2007年版，第188頁。

[102]國際刑事司法協助可以區分為廣義和狹義。狹義的國際刑事司法協助指刑事訴訟文書的送達、調查取證、解送被羈押者出庭作證、移交物證和書證、凍結或者扣押財產、提供情報等，也被稱為「小司法協助」。廣義的國際刑事司法協助包括：「小司法協助」、引渡、相互承認和執行刑事判決、刑事訴訟移管。廣義的刑事司法協助有時也被稱為「刑事司法合作」。參見黃風、凌岩、王秀梅著：《國際刑法學》，中國人民大學出版社，2007年版，第270頁。

[103]有的條約甚至規定「財稅犯罪例外原則」，即將財稅類犯罪也排除出刑事訴訟移管的合作範圍之外。參見黃風，凌岩，王秀梅著：《國際刑法學》，中國人民大學出版社，2007年版，第335頁。

[104]關於刑事訴訟移管，規定比較詳盡的還是《歐洲刑事訴訟移管公約》和聯合國《刑事訴訟移管的示範條約》，可以作為各國開展該項活動的參考。

[105]參見趙秉志：《海峽兩岸間刑事案件移交和已決犯移管問題研究》，載趙秉志主編：《中國區際刑法問題專論》，中國人民公安大學出版社，2005年3月第1版，第311頁。

[106]兩岸刑事訴訟移管是指兩岸基於聯合有效懲治互涉犯罪之目

的，在一岸因某種原因不能或者不便對犯罪嫌疑人行使管轄權的情況下，讓渡自己的刑事管轄權，將案件移管給對岸審理的一種刑事司法合作活動。參見趙秉志：《海峽兩岸間刑事案件移交和已決犯移管問題研究》，載趙秉志主編：《中國區際刑法問題專論》，中國人民公安大學出版社，2005年3月第1版，第316頁。

[107]即2010年「11·30」特大跨國、跨境電信詐騙案。

[108]「合理、有效懲治防範犯罪原則」說，參見趙秉志，肖中華：《中國大陸與港澳地區刑事管轄權衝突的解決（上）》，載《人民法院報》，2003年2月24日。「法益受損嚴重方管轄原則」說，參見陳光中：《海峽兩岸刑事管轄權衝突及解決路徑》，載海峽兩岸司法實務研討會組委會《海峽兩岸司法實務研討會論文彙編》（福州），2009年7月。「最初受理管轄原則」說，參見楊凱：《當代中國區際刑事管轄衝突解決原則探討》，載《湘潭大學學報（哲學社會科學版）》，2004年第3期。

[109]《刑法》第6條規定了屬地管轄，第7條規定了屬人管轄，第8條規定了保護管轄；臺灣「中華民國刑法」第3、4條規定了屬地管轄，第6、7條規定了屬人管轄，第5、8條規定了保護管轄；而且各類管轄原則的具體內容均非常相似。

[110]對於外國判決是否認可，理論界有三種劃分：對外國判決的積極認可、對外國判決的消極認可和對外國判決的不認可。也有學者把兩岸刑法的這種規定歸入「對外國判決的不認可」。筆者以為兩岸刑法的相關規定還是體現了一定程度上的對外國判決的認可，所以贊同屬於「對外國判決的消極認可」說。

[111]除了對劫機犯罪的處理外，大陸目前在其他互涉案件中也是否定這一原則的。例如1991年6月13日發生的巴拿馬籍貨輪「鷹王號」走私香煙案，大陸方面曾經表示：對臺灣對此案的處理，大陸保留追

訴的權利。參見趙秉志：《海峽兩岸間刑事案件移交和已決犯移管問題研究》，載趙秉志主編：《中國區際刑法問題專論》，中國人民公安大學出版社，2005年3月1版，第324頁。

[112]參見張明：《被判刑人移管研究》，載黃風，趙林娜主編：《國際刑事司法合作：研究與文獻》，中國政法大學出版社，2009年出版，第158頁。

[113]參見趙秉志主編：《新編國際刑法學》，中國人民大學出版社，2004年版，第432頁。

[114]參見張明：《被判刑人移管研究》，載黃風，趙林娜主編：《國際刑事司法合作：研究與文獻》，中國政法大學出版社，2009年出版，第164頁。

[115]參見黃風：《國際刑事司法合作的規則與實踐》，北京大學出版社，2008年版，第259-265頁。

[116]中國與烏克蘭、俄羅斯、西班牙、葡萄牙、澳大利亞和韓國簽訂的被判刑人移管條約均採取了世界上一些國家的做法，將「雙重犯罪」原則規定在「移管的條件」部分。

[117]香港回歸前，英國《1986年遣返囚犯（海外屬地）令》曾在香港實施。1997年6月6日，香港政府公布實施《移交被判刑人士條例》；回歸後至今，該《移交被判刑人士條例》繼續在香港生效實施。同時，香港政府根據基本法的規定已經與澳大利亞、法國、義大利、菲律賓、葡萄牙、斯里蘭卡、泰國、英國、美國、比利時等國簽訂了有關被判刑人移管的協定。澳門回歸前，1997年4月1日生效的《澳門刑事訴訟法》第5卷「與本地區以外當局之關係」部分，分兩編規定了承認與執行其他國家或者地區之刑事判決的有關問題。1999年12月7日，澳門政府與葡萄牙政府在里斯本簽訂《關於轉移被判刑人之

協定》（同年12月17日生效）。經中華人民共和國政府與葡萄牙共和國互換照會商定，該協定於1999年12月20日後繼續在澳門特別行政區實施。為配合上述立法活動，澳門政府立法會於2002年2月26日通過了《訂定司法互助請求的通報程序法》。

[118]《刑法》第7條：「中華人民共和國公民在中華人民共和國領域外犯本法規定之罪的，適用本法，但是按本法規定的最高刑為三年以下有期徒刑的，可以不予追究。」第10條：「凡在中華人民共和國領域外犯罪的，依照本法應當負刑事責任的，雖然經過外國審判，仍然可以依照本法追究，但是在外國受過刑罰處罰的，可以免除或者減輕責任。」——也有論者認為該規定甚至談不上是對外國刑事判決的消極承認，僅僅是在行使本國的刑事管轄權時考慮外國法院的刑事判決及執行情況。近年來學術界認為，中國大陸刑法典的上述規定已經落後於有關國際公約以及大多數國家刑法立法關於承認和執行外國刑事判決的立法規定，不符合國家刑事司法管轄權讓渡的趨勢，也在一定程度上違背了一事不再理原則。

[119]參見前注《刑法》第7條、第10條，此處略。臺灣現行「中華民國刑法」第9條規定：「同一行為，雖然經外國確定裁判，但仍得依本法處斷。但在外國已經受到刑之全部或一部之執行者，免其刑之全部或一部之執行。」1992年臺灣制定的「臺灣與大陸地區人民關係條例」第75條也規定：「在大陸地區或在大陸船艦、航空器內犯罪，雖在大陸地區曾受處罰，仍得依法處斷。但得免其刑之全部或一部之執行。」

[120]雖然，大陸目前仍無對兩岸司法合作中是否堅持一事不再理原則的明確規定，但是除了對劫機犯罪的處理，在其他互涉案件中也是否定這一原則的。例如1991年6月13日發生的巴拿馬籍貨輪「鷹王號」走私香煙案，大陸方面曾經表示：對臺灣對此案的處理，大陸保

留追訴的權利。參見趙秉志：《海峽兩岸間刑事案件移交和已決犯移管問題研究》，載趙秉志主編：《中國區際刑法問題專論》，中國人民公安大學出版社，2005年出版，第324頁。

[121]國務院臺灣事務辦公室舉行例行新聞發布會[EB/OL].（2009-02-011）[2010-08-23].http://www.china.com.cn.

[122]該案例來源於朱恩濤《加強警學研究，促進警務合作》一文，載中國警察協會主編：《海峽兩岸暨香港澳門警學研討會論文集》（上海），2006。

[123]該案例來源於公安部《兩岸合作打擊跨境犯罪研究》【編號2008LLYJJCXH103】課題組《福建邊防總隊調研記錄》2010年8月23日。

[124]此外，還有起訴書、刑事裁定書或者判決書的送達，但其屬於檢察院、法院送達的內容，不屬於警務合作。

[125]參見吳仲柱：《兩岸警務協作實踐與深化路徑》，載《中國人民公安大學學報》，2009年第3期。

[126]參見陳茂華：《〈海峽兩岸共同打擊犯罪及司法互助協議〉的法律解讀》，載《福建警察學院學報》，2009年第6期。

[127]參見朱穗生：《加強警務合作，打擊跨境犯罪——粵港澳臺四地警務合作的實踐與思考》，載中國警察協會主編：《海峽兩岸暨香港澳門警學研討會論文集》（上海），2006。

[128]佚名：《兩岸將設「犯罪情資交換平臺」》，載《聯合晚報》（臺北），2009年4月26日。

[129]在中國區際刑事司法協助中，大陸與港澳雖然尚未簽訂司法互助協議，也未有關於「合作協查、偵辦」的安排，但是實際上彼此

之間的偵查合作已經開展多年。如2000年以後，粵港澳三方聯手開展的打擊跨境涉黑犯罪的「獵狐行動」、「曙光行動」、「旭日行動」、「驕陽行動」，打擊跨境毒品犯罪的「春雷行動」、打擊跨境組織賣淫犯罪的「藍鳥行動」、「火百合行動」等實際上就是「合作協查、偵辦」。

[130]參見趙秉志：《海峽兩岸間刑事案件移交和已決犯移管問題研究》，載趙秉志主編：《中國區際刑法問題專論》，中國人民公安大學出版社，2005年，第316頁。

[131]2010年12月27日，海峽兩岸聯合菲律賓警方破獲「11.30」特大跨國、跨境電信詐騙案後。2011年2月2日，大陸警方將24名犯罪嫌疑人自菲律賓押解回國，其中包括14名臺灣犯罪嫌疑人。隨後，大陸、臺灣警方相互派員到對岸進一步研商合作辦案事宜。為有利於遏制電信詐騙犯罪源頭、維護受害人權益，大陸警方在完成了對「11·30」電信詐騙案的偵查後，於2011年7月6日將涉案的14名臺灣犯罪嫌疑人移交臺灣方面進行懲處。——此案中，從理論上說，兩岸警方對案件均有管轄權，但將臺灣犯罪嫌疑人移交給臺灣處理便於追繳贓款贓物，也有利於維護兩岸共同打擊犯罪的良好局面，最後大陸將臺灣籍犯罪嫌疑人移交臺灣追究刑事責任，這實際上就是刑事訴訟移管。

[132]近年，中國公安、檢察機關已經多次採取這種方式與美國、加拿大等國司法機關開展協助。如中美兩國司法機關在廣東開平中國銀行特大貪污、挪用公款案件的合作中，先後多次開展遠程視頻取證，取得較好的效果。寧波等地警方在與臺灣警方合作打擊電信詐騙案件中，已經運用騰訊QQ向被害人和證人取證。

國家圖書館出版品預行編目(CIP)資料

大陸對海峽兩岸刑事司法之研究與實踐：從金門協議到兩岸電信詐騙的司法合作 / 張淑平 著. -- 第一版. -- 臺北市：崧燁文化，2019.01

面； 公分

ISBN 978-957-681-759-5(平裝)

1.刑事訴訟法 2.兩岸交流

586.2 107023428

書　名：大陸對海峽兩岸刑事司法之研究與實踐：從金門協議到兩岸電信詐騙的司法合作
作　者：張淑平 著
發行人：黃振庭
出版者：崧燁文化事業有限公司
發行者：崧燁文化事業有限公司
E-mail：sonbookservice@gmail.com
粉絲頁　　　　　　網　址
地　址：台北市中正區重慶南路一段六十一號八樓815室
8F.-815, No.61, Sec. 1, Chongqing S. Rd., Zhongzheng Dist., Taipei City 100, Taiwan (R.O.C.)
電　話：(02)2370-3310　傳　真：(02) 2370-3210
總經銷：紅螞蟻圖書有限公司
地　址：台北市內湖區舊宗路二段121巷19號
電　話：02-2795-3656　傳真：02-2795-4100　網址：
印　刷：京峯彩色印刷有限公司（京峰數位）

　　本書版權為九州出版社所有授權崧博出版事業股份有限公司獨家發行電子書繁體字版。若有其他相關權利及授權需求請與本公司聯繫。

定價：450 元

發行日期：2019 年 01 月第一版

◎ 本書以POD印製發行